John Dewey: Erfahrung und Natur

Klassiker Auslegen

Herausgegeben von
Otfried Höffe

Band 66

John Dewey:
Erfahrung und Natur

—

Herausgegeben von
Michael Hampe

DE GRUYTER

ISBN 978-3-11-055151-8
e-ISBN (PDF) 978-3-11-055295-9
e-ISBN (EPUB) 978-3-11-055305-5
ISSN 2192-4554

Library of Congress Cataloging-in-Publication Data
A CIP catalog record for this book has been applied for at the Library of Congress.

Bibliografische Information der Deutschen Nationalbibliothek
Die Deutsche Nationalbibliothek verzeichnet diese Publikation in der Deutschen Nationalbibliografie; detaillierte bibliografische Daten sind im Internet über http://dnb.dnb.de abrufbar.

© 2017 Walter de Gruyter GmbH, Berlin/Boston
Druck und Bindung: CPI books GmbH, Leck
♾ Gedruckt auf säurefreiem Papier
Printed in Germany

www.degruyter.com

Vorwort

Ob ein Werk literarischer oder philosophischer Autorinnen oder Autoren über deren Lebenszeit hinaus von Bedeutung bleibt, ist für Zeitgenossen schwer einschätzbar. John Deweys Werk hat, anders als das von Wittgenstein oder Heidegger, in den letzten 100 Jahren *unterschiedlich* große Aufmerksamkeit erfahren. Zeitweilig, zur Hoch-Zeit der sprachanalytischen Philosophie, konnte man befürchten, dass es in Vergessenheit geraten könnte. Dass ihm jetzt ein Band in der Reihe „Klassiker Auslegen" gewidmet wird, ist neben der regen Diskussion und Anwendung Deweyischer Gedanken in unterschiedlichen philosophischen Schulen ein weiteres Indiz dafür, dass Deweys Denken es geschafft hat, sich in der Geistesgeschichte auf Dauer zu etablieren. Dies belegt auch die Tatsache, dass Otfried Höffe, der Herausgeber dieser Reihe, diesen Band von sich heraus angeregt hat. Mich hat diese Anregung sehr gefreut und ich bin Otfried Höffe für sie dankbar, weil sie zeigt, dass Dewey auch jenseits der Kreise derer, die sich professionell mit dem Pragmatismus befassen, in seiner Bedeutung anerkannt wird.

Einige Bücher Deweys hätten sich als mögliche Objekte dieser kollektiven Kommentierung angeboten: *Art as Experience*, *Logic. The Theory of Inquiry* oder auch *The Quest for Certainty*. *Experience and Nature* ist thematisch vielleicht das umfassendste Buch Deweys und deshalb auch geeignet, um als Einführung in die Gedankenwelt dieses Philosophen überhaupt zu dienen.

Die Autorinnen und Autoren dieses Bandes haben sich in einem kleinen Workshop vor der endgültigen Abfassung ihrer Kommentare gegenseitig ihre Sichtweisen zu Dewey vorgestellt. Mir scheint, dass das diesem Buch zugute gekommen ist. Ich danke ihnen allen, dass sie die Mühen, sich auf diese Weise aufeinander abzustimmen, auf sich genommen haben.

Meine Mitarbeiterinnen und Mitarbeiter an der Professur für Philosophie der ETH Zürich Victoria Laszlo, Fabienne Forster und Martin Münnich haben sich stark für diesen Band engagiert. Victoria Laszlo und Martin Münnich haben sich mit großer Sorgfalt der Korrektur und Vereinheitlichung der Texte gewidmet. Fabienne Forster hat die Bibliographie am Ende des Bandes erstellt. Auch ihnen danke ich herzlich für ihren Einsatz für diesen Band.

Zürich im Mai 2017, M. H.

Inhalt

Zitierweise und Siglen —— IX

Michael Hampe
1   Einleitung —— 1

Michael Hampe
2   Die Bedeutung der Lebenserfahrung für die Methode der Philosophie —— 17

Martin Hartmann und Arvi Särkelä
3   Eine Metaphysik der „lebendigen Mischung" —— 33

Katrin Wille
4   Natur als Drama. Deweys Neubestimmung der Teleologie —— 49

Jens Kertscher
5   Erkenntnis als natürlicher Prozess. Natur, Mittel und Wissen —— 65

Jasper Liptow
6   Natur, Kommunikation und Bedeutung —— 81

Jörg Volbers
7   Subjektivierung der Erfahrung. Zu Deweys Rekonstruktion der Subjektivität —— 97

Marc Rölli
8   Kontinuum der Qualitäten —— 113

Helmut Pape
9   Bewusstsein zwischen Qualität und Bedeutung —— 127

Maria-Sibylla Lotter
10 Erfahrung als Kunst. Dewey über die Funktion der Kunst im Alltagsleben —— 143

Andreas Hetzel
11 Philosophie als verallgemeinerte Kritik —— 159

Peter Godfrey-Smith
12 John Dewey's *Experience and Nature* —— 175

Fabienne Forster
Auswahlbibliographie —— 187

Hinweise zu den Autoren und Autorinnen —— 197

Personenregister —— 199

Sachregister —— 203

Zitierweise und Siglen

Die Schriften John Deweys werden nach folgenden Ausgaben zitiert:

- EN   John Dewey. The Later Works, 1925–1953, Vol. I: 1925, ed. by Jo Ann Boyston, Carbondale and Edwardsville 1981; dt.: Erfahrung und Natur. Übersetzt von Martin Suhr, Frankfurt a. M. 1995.
- EW   John Dewey. The Early Works [= EW], 1882–1898, 5 vols, ed. by Jo Ann Boyston, Carbondale and Edwardsville.
- MW   John Dewey. The Middle Works [= MW], 1899–1924, 15 vols, ed. by Jo Ann Boyston, Carbondale/Edwardsville.
- LW   John Dewey. The Later Works [= LW], 1925–1953, 17 vols, ed. by Jo Ann Boyston, Carbondale and Edwardsville.
- KE   Kunst als Erfahrung. Übersetzt von Christa Velten u. a., Frankfurt a. M. 1988.

Auf andere Literatur wird mit dem Namen des Verfassers und dem Erscheinungsjahr Bezug genommen.

Michael Hampe
1 Einleitung

1.1 Zur Geschichte von *Erfahrung und Natur*

George Santayana bezeichnete in einer Besprechung für das *Journal of Philosophy* im Dezember 1925 Deweys *Experience and Nature* als die „sicherlich gewichtigste und prägnanteste Darstellung", die Dewey von seiner Philosophie bisher gegeben hat.[1] 2013 charakterisierte Godfrey-Smith in der Zeitschrift *Topoi* den Text als „den besten [...], der bisher in der pragmatistischen Tradition geschrieben wurde."[2] Der 1859 in Burlington/Vermont in kleinbürgerliche Verhältnisse geborene Dewey war 64, als sein so charakterisiertes Buch erschien. Für Roy Wood Sellars (den Vater des später in der sprachanalytischen Philosophie ebenfalls zu Berühmtheit kommenden Wilfrid Sellars) stellt der zu dieser Zeit als Professor an der Columbia Universität in New York tätige Pragmatist das „Oberhaupt der produktiven amerikanischen Denker."[3]

Als nach der Machtergreifung Hitlers im Jahr 1933 und dem „Anschluss" Österreichs an das „Dritte Reich" 1938 der „Wiener Kreis" zerschlagen wurde, emigrierte 1936 Rudolf Carnap von Prag nach Chicago. Von Wien gingen 1938 Philipp Frank nach Boston, 1939 Carl Gustav Hempel und Richard von Mises nach New York und Boston. 1940 kommt Kurt Gödel aus Wien in Princeton an. Der Wechsel dieser Philosophen über den Atlantik änderte in kurzer Zeit die philosophische Landschaft in den USA. Als Dewey 1952 starb, war der Pragmatismus bereits auf dem Rückzug. Er verlor zwar nie *ganz* die philosophische Aufmerksamkeit. Doch statt „Experience" und „Nature" wurden „Language" und „Science" für Jahrzehnte zu den Obsessionen des philosophischen Denkens in den USA. Deweys Werke traten in den Hintergrund. Er blieb zunächst vor allem als Pädagoge in der Diskussion. Die Bezüge von sprachanalytischen Autoren wie Quine und Putnam auf ihn blieben zwar nicht lediglich sporadisch, doch konnten sie Deweys Werk nicht die ihm eigentlich gebührende Aufmerksamkeit erhalten. Der Empirismus Deweys (aber auch der von William James) erschien durch den

---

[1] Santayana 1925, 673: „[C]ertainly the weightiest and most incisive account he has given of his philosophy".
[2] Godfrey-Smith 2014, 290b: „Experience and Nature is – despite its excesses, its endless repetition, its occasional incomprehensibility – the best book written in the pragmatist lineage so far." In diesem Band S. 175.
[3] Sellars 1926, 89: „[T]he dean of productive American thinkers".

semantic ascent und die Kritik am Mythos des Gegebenen in der sprachanalytischen Philosophie obsolet geworden zu sein.[4]

Erst als Richard Rorty 1979 seinen *Mirror of Nature* publizierte, die sprachanalytische Erkenntnistheorie scharf kritisierte und Wittgenstein, Heidegger und Dewey als die „drei bedeutendsten Philosophen unseres Jahrhunderts" charakterisierte, denen es gelungen sei, die cartesianische Suche nach Gewissheit und die „Kantische Konzeption von der Philosophie als Fundamentalwissenschaft" zu verabschieden und durch ein „therapeutisch[es]" und „bildend[es] Philosophieverständnis" zu ersetzen, kehrte Dewey als aktuell relevanter Denker in die philosophische Debatte zurück. Im Zuge der Diskussion um Rortys Neo-Pragmatismus, in Deutschland aber auch im Kontext der Kritischen Theorie von Apel und Habermas, die die Relevanz vor allem von Peirce, aber am Rande auch von Dewey für ihre Unternehmungen entdeckten,[5] kam es zu einer Wiederbelebung der Dewey-Rezeption. In Deutschland manifestierte sich diese Renaissance auch durch das Erscheinen von Übersetzungen der Deweyschen Hauptwerke: *Kunst als Erfahrung* 1980, *Erfahrung und Natur* 1995, *Die Suche nach Gewissheit* 1998, *Logik. Die Theorie der Forschung* 2002. Inzwischen ist Dewey als ein klassischer philosophischer Autor des 20. Jahrhunderts anerkannt und seine Texte sind, vor allem an amerikanischen Departementen, die Kurse in „american philosophy" anbieten, kanonisiert worden.[6] Die Tatsache, dass auch in der Reihe „Klassiker Auslegen" jetzt ein Kommentarband zu Deweys *Erfahrung und Natur* erscheint, belegt, dass

---

4 Quine beginnt seinen berühmten Aufsatz „Ontologische Relativität" mit einer Bemerkung über seinen Besuch von Deweys Vorlesung „Art as Experience" in Harvard im Jahre 1931. Vgl. Quine 1975, 41f. Hilary Putnam beendet sein Buch *Für eine Erneuerung der Philosophie*, das schon im Titel Dewey anklingen lässt, mit einem Kapitel über Deweys Politikbegriff. Vgl. Putnam 1997, 227–252. Ob man den Putnam dieses Buches noch dem *semantic ascent* und der sprachanalytischen Philosophie verpflichtet sehen soll, ist natürlich fraglich. Kurz nachdem die Gesellschaft für Analytische Philosophie in Deutschland gegründet worden war (1990) hielt Putnam am Berliner Wissenschaftskolleg eine Rede (1994), in der er nebenbei bemerkte, dass er es merkwürdig fände, dass in Deutschland eine solche Gesellschaft just dann gegründet wird, wo diese Richtung in den USA zu ihrem Ende kommt. Ob er mit dieser Einschätzung Recht behalten hat, sei hier dahingestellt.
5 Apel und Habermas nehmen Dewey vor allem als Lehrer von Mead wahr, aber auch als einen kritischen Wissenschaftsphilosophen und radikaldemokratischen Philosophen der Praxis. Vgl. Apel 1973, 207 und 372. Und: Habermas 1985, 79.
6 Vgl. etwa den Kurs an der University Houston/Texas: http://www.uh.edu/~cfreelan/courses/americanphil/american.html, oder an der American University in Washington: http://www.american.edu/cas/philrel/courses/, oder an der Denver University: http://www.ucdenver.edu/academics/colleges/CLAS/Departments/philosophy/Documents/Spring%202016%20Course%20Descriptions.pdf [alle 9.03.2017].

die deutsche Philosophie, wie so häufig, diese US-amerikanische Entwicklung inzwischen nachvollzogen hat.

Santayana, Roy Wood Sellars und Dewey haben sich alle selbst als „Naturalisten" beschrieben. Es war dieser Naturalismus, der den Deweyschen Pragmatismus auch für die in die USA emigrierten logischen Positivsten und ihre sprachanalytischen Schüler nach dem sogenannten „linguistic turn" gelegentlich noch interessant machte und der für das aufgeklärte Denken der Gegenwart bis heute relevant ist. *Experience and Nature* stellt die überarbeitete Fassung der ersten Paul Carus-Lectures dar, von denen Sellars in seiner Besprechung die Erwartung äußerte, dass sie zu „einer Reihe von Büchern" führen werden, „die man in dasselbe Regal einstellen werden wird wie die Produkte der Gifford Stiftung"; gemeint sind die berühmten Gifford Lectures, die Dewey 1928 hielt und die 1929 als *The Quest for Certainty* erschienen sind. Nach Dewey hielt Arthur Lovejoy die Carus Vorlesungen zum Thema „The Revolt Against Dualism". Auch Deweys *Experience and Nature* ist Teil dieses Aufstandes gegen die Dualismen von Geist und Materie, Leib und Seele oder Mensch bzw. Erfahrung und Natur. Heute ist es nicht mehr so leicht nachzuvollziehen, worin das Problematische eines Dualismus eigentlich bestehen soll. In der Physik gibt es den Dualismus von Welle und Teilchen, in der Biologie den von Individuum und Art, die Psychologie unterscheidet zwischen Emotion und Kognition. Diese Liste ließe sich beinahe beliebig verlängern. Wann ist eine Unterscheidung eine notwendige Differenzierung, eine Einsicht in die Vielfalt der Wirklichkeit, wann ist sie ein schmerzhafter Dualismus, der die Welt „zerfallen" lässt?

Dewey hält mit vielen seiner Zeitgenossen die Dualismen von Geist und Körper und von Erfahrung und Natur für das Produkt einer unakzeptablen, weil undemokratisch hierarchischen sozialen Ordnung, für eine Quelle von Irrtümern und Verwirrungen und will sie deshalb auflösen. Er sah die Dualismen, die das moderne Denken kennzeichneten, als Symptome „tieferer kultureller Spannungen" an.[7] Er will dabei keine Unterscheidungen zum Verschwinden bringen, die sich als nützlich erwiesen haben. Es geht ihm vielmehr darum, ähnlich wie Hegel, die *Gegensätze*, als die diese Dualismen gesehen werden, zu „*verflüssigen*", die Unterscheidungsmöglichkeiten, die sie anbieten, zwar beizubehalten, jedoch zu zeigen, dass, wenn etwas etwa als menschliche Erfahrung zu charakterisieren ist, es durchaus auch als etwas *Natürliches* betrachtet werden kann, dass etwas, das psychisch ist, auch eine leibliche Manifestation hat usw. Von besonderer er-

---

[7] Vgl. in seiner Einleitung Deen zu Dewey 2012, XXVII: „Dewey explicitly argued that the dualisms dividing modern philosophy express deeper cultural tensions." Dewey sah es in den Augen von Deen deshalb als die Aufgabe der Philosophie an, die „gebrochene" („broken") moderne Kultur durch eine „kritische und rekonstruktive Theorie der Kultur" wieder zu heilen.

kenntnistheoretischer Relevanz ist bei diesen Vermittlungsbemühungen Deweys zwischen den „alten" Gegensätzen, dass er zeigen will, dass die Wissenschaften und die Erfahrungen, aus denen sie entstehen, eine *Fortsetzung* natürlicher Prozesse sind, dass sie nicht der Natur „gegenüberstehen". Es war dieser Grundgedanke aus Deweys *Erfahrung und Natur*, der später Richard Rorty zur Kritik derjenigen Erkenntnistheorie inspirierte, die den menschlichen Geist als Spiegel begreift, der der Natur gegenübersteht, sie möglichst klar abzubilden habe und für diese Abbildung zu präparieren sei.

1934 erschien Deweys *Kunst als Erfahrung* und im Alter von 79 Jahren publizierte er 1938 seine *Logik, die Theorie der Forschung*. Anders als bei Kant, der eine „kritische Wende" durchmachte und erst mit 57 (im Jahr 1781) begann, als kritischer Philosoph zu publizieren, nachdem er sich von der Leibniz-Wolffschen Metaphysik durch die Lektüre der Werke David Humes veranlasst abgewandt hatte, hat Dewey keine Wende in seinem Denken vollzogen. Er liefert vielmehr ab seinem 60. Lebensjahr (ab 1919, als *Reconstructions in Philosophy* erschien) in einer Reihe von gewichtigen Büchern die *Summe* seines bisherigen Denkens ab, zieht Überlegungen zusammen und stellt Verbindungen her in Büchern, von denen *Erfahrung und Natur* als das bedeutendste angesehen werden kann.

1.2 Naturalismus, Szientismus, Prozessmetaphysik und Kulturkritik

In *Erfahrung und Natur* wird deutlich, dass der Versuch, Bifurkationen im Denken naturalistisch zu überwinden den Focus aller denkerischen Bemühungen Deweys darstellt. Er schreibt: „Für mich sind die menschlichen Angelegenheiten, soziale wie kulturelle, Projektionen, Fortsetzungen, Komplikationen der Natur, die in der physischen und vormenschlichen Welt existiert. Es gibt keine Kluft, keine zwei Sphären der Existenz, keine ‚Bifurkation'."[8] Ein solcher Naturalismus ist nichts Neues in der Philosophiegeschichte. Spinozas Versuch, Denken und Ausdehnung als zwei Attribute einer Substanz zu begreifen, die er als „Gott oder die Natur" kennzeichnete,[9] stellt die vielleicht bekannteste Variante einer solchen Bemühung in der neuzeitlichen Philosophie in Reaktion auf den Cartesischen Substanzendualismus dar. Doch zu Spinozas Zeiten gibt es den Begriff der Natur*wissenschaft*

---

[8] „The human affairs, associative and personal, are projections, continuations, complications, of the nature which exists in the physical and pre-human world. There is no gulf, no two spheres of existence, no ‚bifurcation'." Dewey 1927, 58.

[9] Spinoza 1980, 392f.: „Das Vermögen, wodurch die einzelnen Dinge und folglich der Mensch sein Sein erhält, ist das Vermögen Gottes oder der Natur selbst (ipsa Dei, sive Naturae potentia) [...]".

noch nicht. Die Sammlung von Aristotelischen Schriften wie seine *Physikvorlesung*, die Schrift *Über die Seele*, die Abhandlung über *Entstehen und Vergehen*, *Über die Himmel* und die *Teile der Tiere* führten nicht zu dem Anspruch, dass „Natur" ein *Grund*begriff zu sein habe, der auf einer Ebene mit dem Gottes-, dem Substanz- und dem Seinsbegriff steht. Genau eine solche Nobilitierung des Naturbegriffs zu einem philosophischen Generalterminus geschieht jedoch in der Philosophie Spinozas. Diese philosophische Nobilitierung des Naturbegriffs wird von Dewey aufgegriffen. Die seit dem 17. Jahrhundert in der Philosophiegeschichte existierende naturalistische „Bewegung", in die sich Dewey damit einreiht, und zu der auch Autoren wie Schelling oder Goethe zu rechnen sind, ist von der zu unterscheiden, die die Natur*wissenschaften* zu den einzigen Disziplinen machen will, die uns sagen, was es gibt, wofür (mit Einschränkungen) W. V. O. Quine in seinem Werk immer wieder eingetreten ist.[10] Zwischen *Naturalismus* und *Szientismus* muss also unterschieden werden. Dewey ist kein Szientist. Er ist ein *Freund* der Naturwissenschaften, doch seine Verwendungen der Begriffe der „Erfahrung" und „Natur" sind mehr als Appelle, die Erfahrungs- und Naturwissenschaften ontologisch ernst zu nehmen. Er will vielmehr zeigen, dass Erfahrung „tief in die Natur hineinreich[t]" (EN 13, dt. 19), dass die Natur selbst ein Erfahrungs*prozess* ist. Dewey glaubt, dass es solche in die Natur hineinreichenden Erfahrungsprozesse *gibt*, doch sie sind als solche keine Gegenstände der Naturwissenschaften.

Mit seinen prozessphilosophischen Spekulationen über Natur und Erfahrung will Dewey die Streitigkeiten zwischen idealistischen und realistischen Erkenntnistheorien ebenso beenden, wie die zwischen reduktionistischen und konstruktivistischen Ontologien. Vor allem geht es Dewey jedoch um die *Kritik einer Gesellschaftsordnung*, die ein vermeintlich lediglich als Mittel dienendes technisches Wissen einer angeblich selbstgenügsamen theoretischen Grundlagenforschung unterordnen will und Menschen danach klassifiziert, mit welcher Wissensordnung sie zu tun haben. Erfahrung lässt sich nach Dewey weder auf die physikalisch verstandene Materie reduzieren noch die Materie der Physik auf Erfahrung. Deshalb sind sein Naturalismus und Empirismus weit davon entfernt, einem physikalistischen Materialismus das Wort zu reden. Natur ist für ihn kein Konstrukt erfahrender Geister oder von Symbolsystemen und Erfahrung von menschlichen Geistern ist kein Epiphänomen der neuronalen Materie. Deshalb hat sein Naturalismus wenig mit den szientistischen Spielarten der Gegenwarts-

---

10 Quine 1980, 474: „Sind die physikalischen Gegenstände im allgemeinen gegeben, ist der Naturwissenschaftler derjenige, der in Sachen Wombats und Einhörner zu entscheiden hat. Sind die Klassen oder sonst ein umfassendes Gebiet von Gegenständen, die der Mathematiker braucht, gegeben, ist es Sache des Mathematikers, zu sagen, ob es gerade Primzahlen gibt [...]".

philosophie zu tun, die unter der Flagge „Naturalismus" segeln wie Deweys Denken.

Dewey will also grundlegende philosophische Dispute *auflösen*, indem er die Bedeutungen von „Erfahrung" und „Natur" *erweitert*. Anders als Spinoza geschieht das nicht im Kontext einer Naturfrömmigkeit, die auf die Möglichkeit eines glücklichen Lebens durch rationale Selbstbefreiung zielt. Deweys Kritik an der Verwendung des Begriffs „Ewigkeit", der in seinen Augen einen „hypnotischen Einfluss" auf das Denken ausgeübt hat (EN 32, dt. 42f.), steht vielmehr im Kontext einer Art *Säkularisierung* des Spinozistischen Naturalismus. Nie verwendet Dewey die Formel „Gott oder die Natur". Es gibt in der Deweyschen Natur nichts Ewiges. Das bedeutet, dass es auch keine ewigen Gegenstände der Erkenntnis gibt, über die es unerschütterliches Wissen zu erwerben gäbe. Ungewissheit ist keine Unvollkommenheit der menschlichen Erkenntnis, sondern eine Manifestation der natürlichen Prozessualität der Erfahrung und ihrer Gegenstände. Dieser prozessphilosophische Gedanke ist bereits wesentlich für Alfred North Whitehead gewesen, der seine eigenen philosophischen Anstrengungen als eine Fortführung von Deweys Denken begriffen hat und dessen Denken bis in den Pragmatismus von Richard Rorty weiterwirkt (der über Whitehead bei Charles Hartshorne in Chicago seine Master-These schrieb und bei dem an Peirce anschließenden Prozessmetaphysiker Paul Weiss in Yale über Potentialität promoviert hat (Gross 2008)).

Kritik an Ewigkeit und Gewissheit wird meist als Einladung zum *Relativismus* gelesen – im Anschluss an Platons Auseinandersetzung mit der Heraklitschen Prozessphilosophie im *Theaitetos*. Dewey sieht jedoch spätestens seit seinen *Reconstructions of Philosophy* den Anspruch, auf etwas Ewiges zugreifen zu können und über ein absolut gewisses Wissen verfügen zu wollen, als Teil eines *sozialen Priviligierungsprogramms*: Eine Priesterkaste, die politische Herrschaft beansprucht, will diese durch vermeintlich unerschütterliches Wissen vom Ewigen sozial legitimieren und so ihre Macht zementieren. Dewey schreibt: „Sowie sich das Herrschaftsgebiet einer Regierung ausdehnt, gibt es ein definitives Motiv dafür, ehemals freie und fließende Vorstellungen zu systematisieren und zu vereinheitlichen." Herrscher sehen sich in ihrem Expansionsdrang „dazu veranlasst Traditionen und Glaubensüberzeugungen zu zentralisieren, um [...] Prestige und [...] Autorität zu erweitern und zu stärken." Wo „Reiche" entstehen: im antiken Israel, in Griechenland und in Rom werden Lokalkulte und vielfältig differierende Überzeugungszusammenhänge von den Priestergremien der Zentralgewalten zusammengezogen, systematisiert und in allgemeine theologische und philosophische Doktrinen umgewandelt und als solche doktrinär und autoritär verwaltet (Dewey 1989, 57). Was als harmloses Kriterium von Wissenschaftlichkeit angesehen werden kann: das Streben nach absoluter Gewissheit, Widerspruchsfreiheit und Systematizität des gesamtem menschlichen Wissens sieht Dewey vor diesem Hintergrund als eine epistemische Fortsetzung zentralisierten politischen Herrschaftsstrebens an. Sofern die europäische Philosophie dieses epistemische Streben unterstützt hat, hat sie damit auch zentralisierte und expansive autoritäre Herrschaft unterstützt und den kulturellen und epistemischen Pluralismus unterminiert. Epistemische Systematisierung und politische Zentralisierung werden in dieser Perspektive zu Spiegelbildern voneinander: Zentralisierte Herrschaft systematisiert Wissen und eliminiert nicht ins System integrierbares Wissen. Wissenssysteme stützen umgekehrt zentralisierte Herrschaftsansprüche, indem sie diese mit technisch verwertbaren oder die Herrschaft vermeintlich direkt legitimierenden (bspw. genealogischen oder theologischen) Einsichten ausstatten. Es wird deutlich, dass Dewey in dieser Kritik der antipluralistischen Tendenzen der europäischen Wissenskultur zentrale Gedanken von Paul Feyerabend antizipiert (vgl. Feyerabend 2005). Auch gibt es Parallelen zwischen diesem kritischen Zug des Deweyschen Prozessdenkens und der Kritik an der Verdinglichung bei Theodor W. Adorno, die Adorno auch selbst gesehen hat. In seiner Logik der Sozialwissenschaften schreibt Adorno, dass Dewey wie Hegel „an ein offenes, nicht fixiertes, nicht verdinglichtes Denken" appelliert. Diesem Denken sei, so Adorno, „ein experimentierendes, um nicht zu sagen spielerisches Moment unabdingbar." (Adorno 1972, 555)[11] Adornos Anti-Systematik in der negativen Dialektik, sein Konzept immanenter Kritik der Wirklichkeit und seine Kritik an der Verdinglichung sind starke Parallelen zu Deweys Denken. (Der Kulturpessimismus und Antiamerikanismus von Adorno und Horkheimer haben jedoch vielleicht verhindert, dass Dewey, als ein Autor, der das Leben wirklich für verbesserbar hielt und die USA als ein durchaus verheißungsvolles demokratisches Projekt ansah, in ihrem Werk eine prominentere Rolle gespielt hat.)

Das Paradebeispiel und der Erzfeind ist in diesem Zusammenhang der Kritik an der hierarchisierenden Systematisierung und dem verdinglichenden Denken von Dewey bis Rorty und Feyerabend vor allem das Werk Platons. „Platonismus oder Pragmatismus" lautet bei dieser Kontrastierung die Losung (vgl. Rorty 1984, 1–22).[12] Die Orientierung am Ewigen, das unabhängig von der Erfahrung existiert, aber doch durch bestimmte Verfahren und ein bestimmtes Personal gewusst werden kann, soll die Erkenntnis aus dem unübersichtlichen Wirrwarr, der Widersprüchlichkeit, die ein Kind der Vielfalt ist, herausführen. Gleichzeitig wird dadurch das kontemplative Ewigkeitswissen einer Priesterkaste oder der Philo-

---

[11] Ich danke Arvi Särkelä für den Hinweis auf diese Stelle.
[12] Für Feyerabend ist die Logik des Seins von Parmenides hier von besonderer Relevanz, vgl. Feyerabend 2005, 79–100.

sophenkönige als Herrschaftswissen ausgezeichnet, etwa in Platons Dialog *Der Staat*.[13]

Deweys Pragmatismus stellt diesem Wissenskonzept das des pragmatistischen *Arbeitswissens* gegenüber, das nicht nach absoluter Gewissheit strebt und keine ewigen Objekte kennt, sich entwickelt und situativ angepasst werden muss. Weil die „soziale Trennung in eine arbeitende und eine müßige Klasse, zwischen Gewerbe und [...] Kontemplation" zu einer „metaphysischen Trennung in Dinge, die bloße Mittel sind, und Dinge die Zwecke sind" überführt wurde, in eine Abwertung alles Technischen als eines Sklavischen und eine Aufwertung von allem Nicht-Technischen als etwas Nobles und Selbstgenügsames, sind in Deweys Vermittlungsbemühungen des Theoretischen und Praktischen Ethik, Politik, Ontologie, Erkenntnistheorie und Sozialphilosophie nicht voneinander zu trennen. Kritik am Streben nach absoluter Gewissheit, an der Annahme ewiger Gegenstände als Objekte kontemplativen Wissens und an zentralistischen Herrschaftsansprüchen in einer stratifizierten Gesellschaft gehen für Dewey also Hand in Hand. In seinem Pragmatismus versucht er deshalb nicht nur die Trennungen zwischen Erfahrung und Natur, Geist und Materie, Subjekt und Objekt aufzuheben, sondern auch die methodischen Abgrenzungen zwischen philosophischen Disziplinen, vor allem die zwischen theoretischer und praktischer Philosophie, besonders aber zwischen Erkenntnistheorie und Sozialphilosophie zu relativieren. In diesen Bemühungen ein „big picture" hervorzubringen, in dem Erkennen, Handeln, Wissenschaften, Künste und Politik ihren Platz zugewiesen bekommen und als aufeinander verweisende Aktivitäten sichtbar werden, liegt Dewey quer zu allen Spezialisierungstendenzen, die die Entwicklung der sprachanalytisch geprägten Philosophie bis heute bestimmen und die „seriöse" philosophische Arbeit zum Produkt möglichst eng eingegrenzter Fragestellungen machen.

In der Erzeugung dieses „big picture" wertet Dewey die Begriffe „Natur" und „Erfahrung" zu „Großbegriffen" auf, die Positionen einnehmen wie bei Marx das „Kapital", bei Descartes die „Substanz", bei Kant die „Vernunft" oder bei Hegel der „Geist". Die Verwendung solcher Großbegriffe führt zu einer methodischen Anlage seines Philosophierens, die in einem gewissen Spannungsverhältnis steht zur

---

13 Auf die Frage, wie aus einem ungerechten Staat ein gerechter werden kann, antwortet Platon bekanntlich: „Wenn nicht [...] entweder die Philosophen Könige werden in den Staaten oder die jetzt so genannten Könige und Gewalthaber wahrhaft und gründlich philosophieren und also dieses beides zusammenfällt, die Staatsgewalt und die Philosophie [...], gibt es keine Erholung von dem Übel für die Staaten [...]", Plato 1958, 473d. Diese Philosophenkönige verfügen über ein die Staaten gerecht machendes Wissen, aus dem heraus sie handeln können, weil sie die ewige Idee des Guten geschaut haben. Diese Idee dient ihnen als immer gültige Orientierung bei ihren Handlungsentscheidungen. Vgl. dazu Hampe 2014, 236–269.

Kritik an epistemischen (und politischen) Imperialismen und zur Empfehlung, die Vielfalt zu unterstützen und nicht „von oben" durch eine Priester- oder Philosophenkaste steuern zu wollen, sondern eine *Selbstorganisation* des Wissens und der Gesellschaften zu fördern. Vielleicht gibt es hier eine Diskrepanz zwischen der Form und dem Inhalt des Deweyschen Philosophierens, die später Paul Feyerabend in *Against Method* abzuschütteln versuchte. Deutlich wird jedenfalls, dass Dewey die Kritik an Systemen absoluten Wissens nicht durch einen postmodernen Relativismus ersetzen wollte, sondern durch ein System des kontingenten selbstorganisierten Wissens.

Deweys *Erfahrung und Natur* hat entsprechend den Charakter eines philosophischen „Meisterwerks" wie Hegels *Phänomenologie des Geistes* oder Spinozas *Ethik*. Es behandelt eine ungeheure Bandbreite an philosophischen Themen: allgemeine Ontologie, Geschichtsphilosophie, Sprachphilosophie, Erkenntnistheorie, das Leib-Seele-Problem, Philosophie der Wahrnehmung und des Bewusstseins, Ästhetik und Wertlehre. Es gehört zu den systematischen Problemen der Deutung dieses Buches, wie es einerseits eine solche „Großtheorie" abgeben und andererseits die hierarchischen Organisationen des abendländischen Denkens, die ebenfalls zu solchen Großtheorien geführt haben, erfolgreich kritisieren kann. Es ist klar, dass es keine absoluten Gewissheiten über die Natur und die Erfahrung sein können, die das Zentrum dieses Systems ausmachen.

1.3 Abriss des Gedankengangs

Dewey beginnt sein Buch im *ersten Kapitel* mit *methodischen* Überlegungen. Es geht ihm um die Rückbindung der Philosophie an die Erfahrung, vor allem an die alltägliche *Lebenserfahrung*. Erst durch eine solche Rückbindung kann die Philosophie die Relevanz, die sie einmal für das Leben von Menschen hatte, wiedergewinnen. Denn Freude, Sinn, Bedeutung und Glück spielen sich in der alltäglichen Erfahrung der Menschen ab. Weil es nach Dewey die Aufgabe der Philosophie ist, das menschliche Leben zu befördern, hat sie die Bedeutung der Erfahrung ernst zu nehmen. Die Methode der Erfahrung ist daher für Dewey *nicht* eine empiristische Erkenntnistheorie. Eine solche Erkenntnistheorie ist längst in den Erfahrungswissenschaften etabliert und bedarf nicht der philosophischen „Absegnung". Vielmehr hat sich die Philosophie so wie die erfahrungswissenschaftlichen Disziplinen in etwas zu verankern, das ihren eigenen Bemühungen eine Orientierung gibt, und dies ist in ihrem Fall eben die Lebenserfahrung.

Im *zweiten Kapitel* zeigt Dewey, wie Martin Hartmann und Arvi Särkelä herausarbeiten, dass seine scharfe Kritik der traditionellen Philosophie nicht mit einer generellen Absage an die Metaphysik verbunden ist, keine Destruktion des metaphysischen Denkens nach sich zieht, sondern Dewey eine pragmatistische und naturalistische Metaphysik als *Transformation* der bisherigen Metaphysik zu etablieren versucht. Erfahrungsgebundenheit und Gesellschaftskritik stehen für Dewey nicht im Widerspruch zum Projekt einer Metaphysik. Vielmehr zeigt die Annahme eines grundlegend praktischen Charakters der Wirklichkeit, wie menschliche Praxis, einschließlich die der Kritik, überhaupt etwas Wirkliches sein und zur Verwirklichung von Möglichkeiten beitragen kann. Risiko, Unsicherheit, Instabilität sind für Dewey, so wird in Hartmanns und Särkeläs Analyse deutlich, Aspekte der Welt, deren Wirklichkeit Menschen anzuerkennen haben. Menschen, die nicht Metaphysik betreiben, tun dies auch. Sie wissen, dass die Welt gefährlich sein kann. Nur die Metaphysik der Ewigkeit und Gewissheit ist dieser ernüchternden Erkenntnis ausgewichen oder hat sie zu kompensieren versucht. Erst eine Metaphysik, die diesen Aspekten der Welt gerecht zu werden versucht, wird auch eine menschliche oder humanistische sein, die mit dazu beitragen kann, dass sich die *Emanzipationshoffnungen* von Menschen historisch einmal erfüllen.

Katrin Wille zeigt, dass Dewey im *dritten Kapitel* zwei Anliegen verfolgt, die den Begriff der Erfahrung und die kritische Transformation der Metaphysik betreffen. Zum einen thematisiert er eine Dimension der Erfahrung, die des Qualitativen. Darin liegt zum anderen der Schlüssel, um ein traditionelles Thema der klassischen Metaphysik neu zu bestimmen: das der *Teleologie*. Die Dimension des Qualitativen, die in Deweys Spätwerk eine besondere Rolle einnimmt, ist das, was Erfahrungen „durchdringt" und „färbt", was Bedeutsamkeiten stiftet und die zeitliche Rhythmisierung ermöglicht. Dewey transformiert damit die klassische Lehre von der Teleologie von Prozessen in seinem naturalistischen Humanismus in eine *Theorie der Erfüllung*, des Abschlusses von Erfahrungsvorgängen in bestimmten Qualitäten. Die Erfahrungsprozesse sind in ihrem Verlauf nichts Unnatürliches, sondern die Natur ist nichts anderes als eine Geschichte von Geschichten mit jeweils unterschiedlichen Abschlüssen oder Erfüllungen. „Qualität", so Wille, ist für Dewey im Kontext seiner Theorie der Teleologie der Erfahrung deshalb „keine erkenntnistheoretische, sondern [...] eine metaphysische, die allgemeinen Strukturen der Wirklichkeit betreffende Kategorie." (S. 53) Dennoch entzieht sich diese Dimension des Qualitativen leicht dem theoretischen Zugriff und wird problematischer Weise allein auf subjektives Qualitätsempfinden oder auf Zweckhierarchien reduziert. Wille zeigt, dass eine sorgfältige Neubestimmung nötig ist, die sich in drei Schritten vollzieht. Zuerst sind Praxisformen zu beschreiben, in denen die Wirksamkeit des Qualitativen in der Alltagserfahrung deutlich wird. Zweitens muss eine Kritik an reduktiven Theoretisierungen vorgenommen werden, um drittens eine „Logik der Qualitäten" skizzieren zu können. Für diese ist der Begriff der Situation als empfunder qualitativer Zusammenhang von besonderer Bedeutung, der für Deweys Kritik an Dualismen eine entscheidende Rolle spielt.

Im *vierten Kapitel* präsentiert Dewey, so Jens Kertscher, vor allem seine als *Instrumentalismus* bekannt gewordene Erkenntnis- und Wissenschaftstheorie, die mit dem Irrtum aufräumt, wissenschaftliche Gegenstände seien „finale Gegenstände" der menschlichen Erkenntnis und des menschlichen Handelns. Sie sind vielmehr Mittel. Wissenschaftliche Gegenstände sind Teile von infiniten Forschungsprozessen, die nie in eine letzte Gewissheit, die dann nur noch kontempliert werden muss, münden. Das mit der Idee der Möglichkeit einer solchen letzten Kontemplation verbundene *Zuschauermodell der Erkenntnis* wird von Dewey vielmehr vehement kritisiert. Erkenntnis ist für Dewey, wie Kertscher darlegt, immer *Experimentieren* und *Eingreifen*, praktische Einflussnahme auf die Wirklichkeit, die diese verändert. Sofern Realismus und Idealismus von fertigen abgeschlossenen Wirklichkeiten ausgehen, die sich entweder dem Subjekt „von außen" aufdrängen oder von diesem als fix und fertige Strukturen hervorgebracht werden, verfehlen beide den prozessualen Charakter von Erkenntnis. Erkenntnis geht immer weiter und kommt nie zu einem endgültigen Abschluss, so wie die Welt immer weitergeht, nie zu einem Endzustand kommt, u. a. weil sie durch Erkenntnisprozesse verändert wird. Insofern gibt es sehr wohl ein Entsprechungsverhältnis von Erkenntnis und Welt: beide sind unabschließbare Prozesse. Doch es gibt kein *Gegenüber* von Erkenntnis und Welt, weil alle Erkenntnisprozesse Teil des Weltprozesses sind.

Jasper Liptows Interpretation von Deweys Theorie der Bedeutung im *fünften Kapitel* widmet sich ebenfalls den naturalistischen Absichten unseres Autors. Dewey will die Bedeutung, die Wörter und Dinge haben, zusammenschließen, wie Liptow darlegt. Der einheitliche Bedeutungsbegriff, den Dewey hier konstruieren will, geht davon aus, dass Bedeutung in *Kommunikationsprozessen* entsteht. In Kommunikationsprozessen werden Gegenstände oder sprachliche Ausdrücke hinsichtlich ihrer möglichen *Wirksamkeiten* erfahrbar. Liptow hat Zweifel daran, ob Deweys Gedankengang zur Naturalisierung von Bedeutung überhaupt wirklich gelingt und ob er nicht die sprachliche Bedeutung unter der Hand schon voraussetzen muss, also eine *petitio principii* begeht. Er zeigt jedoch auch, dass diese Theorie Deweys, wie immer es um ihre möglichen argumentativen Risse bestellt sein mag, dennoch sehr wichtige Aspekte der neueren Bedeutungstheorie nach 1950, die sich am *Gebrauch* von Zeichen orientiert hat, antizipiert, ja, dass von Dewey aus dieser heute beliebte Holismus der Bedeutung mit der Vorstellung, dass Kommunikation immer kreativ bleibt, also keinen „endgültigen" Bedeutungszusammenhang hervorbringt, sondern ständig neue Bedeutungen erzeugt, sogar ziemlich erfolgreich hinterfragt werden kann.

Das sechste, siebte und achte Kapitel bilden innerhalb des Buches einen engeren thematischen und argumentativen Zusammenhang, insofern als sie verschiedene traditionelle Probleme der *Philosophie des Geistes* auf neue Weise behandeln: das der *Subjektivität*, das des Verhältnisses von *Geist und Materie* und das des *Bewusstseins*. Jörg Volbers zeigt vor dem Hintergrund der postmodernen Kritik an der Relevanz der Vorstellung eines transzendentalen Subjektes, das allem menschlichen Denken zugrunde liegen soll, dass die Auffassung von Subjektivität, die Dewey im *sechsten Kapitel* entwickelt, eine eigenständige Position zwischen dem „Tod" des Subjekts und neueren transzendentalphilosophischen Reanimationsversuchen einer absoluten Subjektivität darstellt. Volbers charakterisiert diese Auffassung als eine, die von einer „riskanten Struktur eines Subjekts, das sich auf eine Zukunft hin entwirft, die sich ihm konstitutiv entzieht" handelt (S. 100). Subjektivität ist also kein sicherer Grund allen Denkens und Handelns für Dewey, sondern selbst prozessual und projekthaft. Dewey leugnet die Kompetenz des Selbstbezuges von Subjektivität nicht, er sieht sie vielmehr in der Selbstbezüglichkeit des Organischen, wie Volbers feststellt, bereits vorstrukturiert. Doch Selbstbewusstsein, Reflexivität muss keine Selbstgewissheit, keinen inhaltlich substantiellen Boden für Erkenntnis liefern, wie in der transzendentalphilosophischen Tradition erhofft wurde. Für Dewey ist Selbstbezug nicht mit Selbsttransparenz verbunden. Da, wo Denken als Handeln begriffen wird, wie bei Dewey, und wo Handeln mit Problemlösung zu tun hat, ist dem Denken, das sich auf sich selbst bezieht, zunächst etwas Unverständliches, nicht ganz Durchsichtiges, eben ein *Problem* gegeben. Um das Problem zu lösen ist evtl. eine *Weiterentwicklung* auch des problemlösenden subjektiven Wesens nötig. Auf die Welt, in der das Problem besteht, kann eventuell nur erfolgreich Einfluss genommen werden, wenn das Subjekt neue Möglichkeiten zu entwickeln und zu verwirklichen lernt. Das subjektive Selbst, so Volbers, „verhält sich zu sich selbst als jemand, der [...] Möglichkeiten hat. Dieses Postulat der Subjektivität hat die Struktur einer Wette, denn behauptet wird ja nur die Möglichkeit einer kontrollierten Einflussnahme." (S. 108) Das „Ich" in den Reflexionsvorgängen kennzeichnet für Dewey die Bereitschaft, Verantwortung für das Denken und Handeln zu übernehmen, das ein Subjekt als sein praktisches Projekt betreibt.

Traditionell eng verknüpft mit dem Problem der Subjektivität ist das des Leib-Seele-Verhältnisses oder die Beziehung von Geist und Materie, die Marc Rölli in seinem Kommentar zum *siebten Kapitel* untersucht. Auch in der Behandlung dieses Problems will Dewey seinen nicht-szientistischen Naturalismus durchhalten. Der Geist ist ein natürliches Phänomen, die Erfassung von sinnlichen Qualitäten ist nicht der Einbruch von etwas Übernatürlichem in die Wirklichkeit. „Psycho-physische Aktivitäten", so zeigt Rölli, „unterscheiden sich von physischen lediglich durch Eigenschaften und Fähigkeiten, die aus ihren Interaktionsbeziehungen hervorgehen. Es gibt nur empirische Ereignisse, die unterschiedlich qualifiziert sind [...]" (S. 119 f.), ein psycho-physisches Problem gibt es für Dewey im eigentlichen Sinne gar nicht, sondern lediglich die Aufgabe, genau zu analysieren, welche Interaktionen zwischen welchen Ereignissen, die immer in einem Relationsgeflecht geschehen, zu welchen Eigenschaften führen. Menschliche Organismen sind in der Lage, Qualitäten, die sie fühlen, zur Kennzeichnung von Objekten zu benutzen. Das geschieht in den sprachlich verfassten Kommunikationsverhältnissen. Nur wer ausblendet, in welchen Relationen ein menschlicher Organismus steht, der eine Farbe wahrnimmt und in welchen Kommunikationsbeziehungen er wie seine Erfahrung von der Farbe einsetzt, gerät in ein Leib-Seele-Problem, weil er die Kontinuitäten zwischen den natürlichen Prozessen ignoriert. Die Sinnesqualitäten dürfen freilich, damit sie in der Kontinuität der Erfahrungsprozesse unterschiedliche Rollen spielen können, nicht auf so genannte primäre Qualitäten reduziert werden, sie müssen als solche wirklich sein. In dieser Voraussetzung kritisiert Dewey, ähnlich wie Husserl, wie Rölli zeigen kann, die modernen szientistischen Versuche, die natürliche Wirklichkeit von allen Qualitäten, die nicht geometrisierbar sind, zu „befreien".

Helmut Pape analysiert in seinem Kommentar zum *achten Kapitel* wie Dewey zwei Formen von Bewusstsein unterscheidet: das *Gewahrwerden von Qualitäten* (*awareness*) und das *Erfassen von Bedeutungen*. Auch in Deweys Bewusstseinstheorie spielt die irreduzible Realität von Sinnesqualitäten eine fundamentale Rolle, weil ohne die Anerkennung ihrer Wirklichkeit auch das Bewusstsein zu etwas Unwirklichem wird. Pape hebt hervor, dass für Dewey „Bewusstsein, naturalistisch gesehen, [...] sich im, mit und an dem Körper und in der Physiologie von Menschen" (S. 130) vollzieht. Weil Bewusstsein im Leib entsteht und der Leib immer in einer bestimmten Situation ist, sind alle bewussten Kognitionen verkörpert und situativ – eine Vorstellung, die Dewey innerhalb der heutigen Psychologie zu einem ausgesprochen modernen Autor macht. Pape expliziert die wichtigen Beziehungen der Deweyschen Philosophie des verkörperten Bewusstseins und der Gefühle von Qualitäten zur Technik der Korrektur von Haltungen und Bewegungen wie sie Frederick Matthias Alexander entwickelt hat. Pape kritisiert in diesem Zusammenhang die Vorstellung, die Dewey im Anschluss an Alexander entwickelt, dass *alle* unsere unbewussten und vermeintlich schädlichen Gewohnheiten, die sich in bestimmten Körperlichkeiten manifestieren, durch bewusste Kontrolle ersetzt werden könnten, dass eine vollständig rationale und bewusste Selbstkontrolle ein richtiges Ziel der menschlichen Entwicklung sein könnte.

Maria-Sibylla Lotter zeigt in ihrer Analyse des *elften Kapitels*, dass Deweys pragmatistische Theorie der Kunst eine der *Lebens*kunst ist, die einen mit der Marxschen Ideologiekritik vergleichbaren Charakter hat, weil sie eine „Kritik an der Leere der gegenwärtigen Lebensform" darstellt (S. 144). Dewey hat nicht um die „philosophischen Fächer" in seinem Buch vollständig zu repräsentieren auch ein Kapitel zur Ästhetik geschrieben, sondern er hat Kunst und ästhetische Erfahrung thematisiert, weil sein ganzes philosophisches Unternehmen auf die Stärkung des Reichtums und der Bedeutsamkeit der Erfahrung hinauslaufen soll. Mit dieser systematischen Absicht stellt er sich, wie Lotter zeigt, in Kontrast zur Kantischen Vorstellung von der *Interesselosigkeit* der Kunst, die bis heute die ästhetischen Debatten in einem nicht unerheblichen Maße mitbestimmt. Die ästhetische Erfahrung soll nach Dewey dagegen nicht aus dem Alltag in ein interesseloses reines Reich hinausführen, sondern das alltägliche Leben „bereichern und verändern" wie Lotter schreibt (S. 145). Dewey relativiert in seiner Theorie der Kunst auch den klassischen Gegensatz von Kunst und Natur, weil beide für ihn in Prozessen der Erfahrung thematisch werden und miteinander verbunden sind. Es ist nach Lotter nicht die Abwesenheit von natürlichem Leiden und Leidenschaften von „Erkenntnisinteressen und Wünschen nach Veränderung der Welt, sondern ihre Integration in eine Erfahrung, die uns nicht nur eine spezifisch ästhetische Lust bereitet, sondern wirklich (emotional *und* intellektuell) etwas bedeutet", die charakteristisch ist für ästhetische Erfahrung (S. 150). Am Ende dieser Deutung wird Deweys ästhetische Sichtweise durch Beispielsdeutungen veranschaulicht, indem Lotter die Rolle der Musik in dem Film der Coen-Brüder *O Brother, Where Art Thou?* und die verändernde Kraft der Rap-Musik betrachtet.

Andreas Hetzel zeigt schließlich, welch eine grundlegende Relevanz Kritik in der Deweyschen Philosophiekonzeption hat, ja dass gelingende Philosophie für Dewey „nichts Anderes wäre, als verallgemeinerte Kritik, sie kennt keine Haltung des Sich-Beruhigens im Besitz und lässt keine Selbstevidenz gelten". (S. 164) Ausgehend von der Unterscheidung zwischen transzendenten Werten und einer wertfreien Wirklichkeit, die Dewey in der Wertphilosophie seiner Zeit vorfindet und kritisiert, entwickelt er eine eigene Konzeption immanenter Kritik, die Hetzel mit der Kunstkritik der Romantik, vor allem von Novalis vergleicht, der hervorhebt, dass die Maßstäbe der Kritik aus dem Werk zu gewinnen seien, das untersucht werden soll. Ebenso gewinnt Dewey seine Maßstäbe der Kritik aus der Wirklichkeit und den Lebensprozessen selbst, die er verbessern möchte. Mit diesem Immanentismus unterscheidet er sich auch von den kritischen Philosophien der Gegenwart von Apel, über Habermas bis zu Honneth und Jaeggi, die auch da, wo sie sich am Pragmatismus orientieren, noch über den Gegenstandsbereichen der Kritik transzendierende Quellen der Bedingungen der Möglichkeit von Kritik zu verfügen glauben. Da, wo solche Bedingungen nicht vorab gegeben sind, um die Berechtigung der Kritik abzusichern, wird Kritik selbst zu einem suchenden Unternehmen, zu einem Experiment, wie das, was sie kritisiert. Das nähert sie auch der Literatur an. „Philosophie und Literatur inszenieren", so schreibt Hetzel, beide

„Experimente mit Leben, die dessen Möglichkeiten zugleich erweitern und steigern." (S. 173)

Literatur

Adorno, T. W. 1972: Zur Logik der Sozialwissenschaften, in: Soziologische Schriften I. Gesammelte Schriften Bd. 8, Frankfurt a. M.
Apel, K.-O. 1973: Transformationen der Philosophie, Band. 2: Das Apriori der Kommunikationsgesellschaft, Frankfurt a. M.
Dewey, J. 1927: Half-Hearted Naturalism, in: The Journal of Philosophy, Vol. XXIV, No. 3
Dewey, J. 1989: Die Erneuerung der Philsophie, Hamburg
Dewey, J. 2012: Unmodern and Modern Philosophy, ed. and with an introduction by Phillip Deen, Carbondale/Edwardsville
Feyerabend, P. 2005: Die Vernichtung der Vielfalt. Ein Bericht, übers. v. Volker Böhnigk und Rainer Noske, Wien
Gross, N. 2008: Richard Rorty. The Making of a Philosopher, online: http://www.press.uchicago.edu/Misc/Chicago/309903.html zuletzt aufgerufen am 16.08.2016
Habermas, J. 1985: Der Philosophische Diskurs der Moderne. Zwölf Vorlesungen, Frankfurt a. M.
Hampe, M. 2014: Die Lehren der Philosophie, Frankfurt a. M.
Platon 1958: Politeia, in: ders., Sämtliche Werke, übers. v. Friedrich Schleiermacher, Hamburg
Putnam, H. 1997: Für eine Erneuerung der Philosophie, übers. v. Joachim Schulte, Stuttgart
Quine, W. V. O. 1975: Ontologische Relativität und andere Schriften, übers. v. Wolfgang Spohn, Stuttgart
Quine, W. V. O. 1980: Wort und Gegenstand, übers. v. Joachim Schulte und Dieter Birnbacher, Stuttgart
Rorty, R. 1979: Philosophy and the Mirror of Nature, Princeton NJ
Rorty, R. 1984: Heidegger wider die Pragmatisten, in: Neue Hefte für Philosophie Vol. 23
Santayana, G. 1925: Dewey's Naturalistic Metaphysics, in: The Journal of Philosophy, Vol. XXII, No. 25
Sellars, R. W. 1926: Experience and Nature, in: The Journal of Religion, Vol. 6, No. 1
Spinoza 1980: Ethica, hrsg. v. Konrad Blumenstock, Darmstadt

Michael Hampe
2 Die Bedeutung der Lebenserfahrung für die Methode der Philosophie

(Zum ersten Kapitel)

2.1 Erfahrung im naturalistischen Humanismus

Im ersten Kapitel seines Buches geht es Dewey um Erfahrung als einer *Methode des Philosophierens*. Als Methodenkapitel hat dieser Text einleitenden und überblickshaften Charakter. Die Aufgabe des Philosophierens benennt Dewey am Ende dieses Kapitels: das *Studium der Lebenserfahrungen* („life-experience") (EN 40, dt. 52). Dies soll mit dem Ziel geschehen, „Respekt vor den konkreten Möglichkeiten der Erfahrung" („respect for concrete human experience and its potentialities") als den Bedingungen von Freude („joy") zu erzeugen (EN 41, dt. 54) und eine weitere Bereicherung des Lebens zu ermöglichen. Es war nach Dewey vor allem der Fehler der Transzendentalphilosophie, Erfahrung in einem dem Leben entrückten Bereich zu platzieren und sie allein als Rechtfertigung von Wissensansprüchen zu diskutieren. Leben als eine mögliche Quelle der „Heiterkeit und des Glücks" („fountain of cheer and happiness", ebd.) zu betrachten, galt dagegen in vielen philosophischen Zirkeln der Neuzeit als Symptom für einen *unkritischen* Geist, als Kennzeichen trivialer Popularphilosophie, die sich in Gemeinplätzen ergeht.

Obwohl Dewey sein eigenes philosophisches Projekt, wie viele andere aufklärerische philosophische Unternehmungen auch, als ein *kritisches* versteht, hält er die Ignoranz der modernen Philosophie gegenüber der „gewöhnlichen Erfahrung" („common experience", ebd.) und ihrer Qualitäten für das Leben für ebenso evident wie fatal. Diese Ignoranz hat die Philosophie weitgehend irrelevant für das gewöhnliche Leben und damit in Deweys Augen *inhuman* gemacht. Eine *Kulturkritik* oder eine „Kritik der Lebensformen", wie dies jüngst von Rahel Jaeggi genannt worden ist (Jaeggi 2013), blieb ihr wegen ihres Ausblendens des gewöhnlichen Lebens und ihrer Fixierung auf wissenschaftliches Wissen unmöglich. Deshalb charakterisiert Dewey sein eigenes, gegen diese Tendenzen der Epistemologisierung der Erfahrung gerichtetes Projekt als einen *naturalistischen Humanismus* („naturalistic humanism", EN 10, dt. 15). Menschliches Leben, ob glücklich oder unglücklich, individuell oder kollektiv spielt sich als eine Kulturerscheinung in der Natur ab, bleibt selbst dabei immer auch organisch gestaltet und wird nie rein kognitiv. Die Erfahrungen, die Menschen machen und die ihr Leben zu einem glücklichen oder unglücklichen werden lassen, finden ebenfalls in der Natur statt; sie sind eine *Fortsetzung der Naturprozesse in menschlichen Organismen.*

Wenn Dewey in diesem Zusammenhang von *Humanismus* spricht, so meint er damit keine *Wesenserkenntnis* der Menschennatur, die ethisch oder politisch zu realisieren und durch Philosophen zu kontrollieren sei und auch keine Wiederanknüpfung an die Philosophie der Renaissance. Es geht Dewey nicht darum, *den Menschen* auf eine bestimmte Form der Subjektivität, seine Möglichkeiten als bewusstes Erkenntniswesen oder spezielle individuelle oder kollektive Lebensziele festzulegen, wie es in der neueren Zeit immer wieder kritisiert worden ist.[1] Es geht ihm vielmehr darum, die *Bedürfnisse* der endlichen Wesen, die wir nun einmal sind, nach Heiterkeit, Freude und Glück anzuerkennen und Menschen als Erfahrungswesen nicht zu übernatürlichen, vermeintlich Gott gleichen Erkenntniswesen zu stilisieren, was sowohl eine Überforderung wie eine Reduktion darstellt: eine Überforderung, weil wir keine ewigen Gewissheiten, wie sie der göttlichen Erkenntnis zugeschrieben werden, erlangen können; eine Reduktion, weil wir auch als Erfahrungswesen keine reinen Geister sind, sondern auch genießende Leiber.[2] Wie Menschen ihr Leben konkret als ein heiteres, freudiges und glückliches gestalten können, sollen sie selbst lernen und miteinander aushandeln. Es soll ihnen nicht von Philosophen oder anderen Fachleuten vorgeschrieben werden (vgl. dazu Dewey 2002, 70; Geuss 2004, 49; Hampe 2014, Kap. 7). Allerdings hat die Philosophie nach Dewey die Aufgabe, Menschen bei der Realisierung dieser Bedürfnisse nicht dadurch im Wege zu stehen, dass sie ihnen ein falsches Bild ihrer Erfahrung zeichnet.

Wenn Dewey von einer erfahrungsbezogenen philosophischen Methode („experience […] as the method", EN 11, dt. 15) handelt und beklagt, dass die Philosophie im Unterschied zu den Naturwissenschaften in ihrem Erfahrungsbezug eher Roger Bacon als Isaac Newton nahestehe (EN 15, dt. 21), so bedeutet das auch in den der Erkenntnis gewidmeten Untersuchungen in diesem Kapitel nicht, dass er sich um eine empiristische Theorie Aristotelischer oder Humescher Prägung kümmern will, nach der nichts im Verstand sein kann, was nicht vorher in den Sinnen gewesen ist oder alle Ideen entweder von Sinneseindrücken abgeleitet sind oder durch Reflexion über empirische Ideen entstehen. Man kann sogar dafür argumentieren, dass Dewey gar kein Interesse an der Fortsetzung der klassischen erkenntnistheoretischen Tradition, sei sie nun eher empiristischer oder rationalistischer Prägung, hat und dass der Grund dafür gerade in seinem neuen Ver-

---

[1] Besonders einflussreich sind hier Martin Heidegger und Michel Foucault gewesen. Vgl. Heidegger 2000 und Foucault 1966, ch. 9–10.
[2] Vgl. dazu den Beitrag von Katrin Wille in diesem Band.

ständnis von Erfahrung und Wissen zu suchen ist.³ Mit Erfahrung als philosophischer Methode will Dewey vielmehr sicherstellen, dass das philosophische Nachdenken letztlich immer auf „die gewöhnlichen Lebenserfahrungen und ihre Probleme zurückbezogen" wird, sie bedeutsamer macht und erhellt (EN 18, dt. 24) und sich nicht in „absonderlich[en]" Abstraktionen verliert, die die Gegenstände der gewöhnlichen Lebenserfahrungen zu bloßen *Erscheinungen* der *eigentlichen Wirklichkeit* degradieren (EN 17, dt. 23), zu der wir vermeintlich gar keinen Zugang haben, und damit der Lebenserfahrung ihre Bedeutsamkeit rauben. Es geht Dewey also, wenn er von Erfahrung handelt, weniger um den Ausgangspunkt wissenschaftlich valider Erkenntnis, als um Lebenserfahrung als Bezugspunkt der Relevanz philosophischen Nachdenkens.

2.2 Wissenschaft, Philosophie und Leben

Die Begriffe „Natur" und „Erfahrung" werden in der Philosophie und in den Einzelwissenschaften unterschiedlich verwendet. Sofern man sie als *Grundbegriffe* gebraucht, ist eine Entscheidung darüber, wie man sie verstehen soll, welche Bedeutung und welchen Sinn sie haben, schwer argumentativ zu rechtfertigen. Denn ihre Verwendung steht dann ja am *Beginn* aller Argumente und Rechtfertigungen. Diese wichtige Beobachtung macht Dewey gleich zu Anfang des ersten Kapitels (EN 10, dt. 15). Viele Kritiken an der Unschärfe seines Erfahrungsbegriffs berücksichtigen nicht seine Funktion als Grundbegriff. Seine Bedeutung wird erst im Laufe der Untersuchung durch seine Verwendung deutlich. Er kann jedoch nicht durch in Deweys Denken elementarere Begriffe scharf definiert werden.

Dewey verweist zunächst auf die Verwendung von „Erfahrung" und „Natur" in *erfahrungswissenschaftlichen Einzeldisziplinen*. Deren Methode der ständigen Abgleichung ihrer theoretischen Annahmen an der *systematisch erzeugten* Erfahrung, bspw. im Labor, macht es unmöglich, Erfahrung als einen „Schleier" zu verstehen, der Menschen von der Natur *trennt*. Naturwissenschaftler betrachten Erfahrung als etwas, was in die Natur „hineinreicht", räumlich wie zeitlich. So stellt etwa ein Geologe Hypothesen über den Zustand der Erde vor Millionen von Jahren aufgrund seiner empirischen Studien zur Situation unseres Planeten in der Gegenwart auf (EN 12, dt. 17). Für einen Erfahrungswissenschaftler wäre es völlig absurd, zu behaupten, dass ihn seine Erfahrungen als etwas Subjektives von der objektiven Natur *trennen*. Richard Rorty hat in seinem Buch *Der Spiegel der Natur*

---

3 Zu Deweys Behandlung des Wissensbegriffs vor dem Hintergrund der klassischen Erkenntnistheorie vgl. den Text von Jens Kertscher in diesem Band.

diese Deweysche Kritik an einer Philosophie, nach der Menschen als Erkenntniswesen durch einen Schleier, bspw. der so genannten „Ideen", von der Natur getrennt sind, wieder aktualisiert (Rorty 1979, Kap. 3). Allerdings hat Rorty nicht wie Dewey betont, dass diese mit einem rein subjektiven Erfahrungsverständnis operierende Erkenntnistheorie die Philosophie auch von den Erfahrungswissenschaften, vor allem von den experimentellen Naturwissenschaften, entfremdet hat. Eine Philosophie, die sich darüber Gedanken macht, wie man von der Erfahrung „im Kopf" oder „in der transzendentalen Subjektivität" denn zur Natur „da draußen" oder „in der Welt" übergehen kann, beschäftigt sich in den Augen einer Wissenschaftlerin, die im Labor Erfahrungen über Elementarteilchen oder Drosophila sammelt, schlicht mit Absurditäten. Es gehört für Dewey zu den Selbstverständlichkeiten des wissenschaftlichen Erfahrungsbegriffs, dass Erfahrung sowohl *von* der Natur handelt wie *in* ihr stattfindet:

> Diese Gemeinplätze beweisen, daß es Erfahrung sowohl *von* der Natur wie *in* der Natur gibt. Es ist nicht die Erfahrung, die erfahren wird, sondern die Natur – Steine, Pflanzen, Tiere, Krankheiten, Gesundheit, Temperatur, Elektrizität und so weiter. Dinge, die auf bestimmte Weise miteinander agieren, *sind* Erfahrung; sie sind das, was erfahren wird. (EN 12f., dt. 18)

Eine Erkenntnistheorie, die erfahrende Wesen aus der Natur herausnimmt und Lebenserfahrung als theoretisch trivial beiseitelegt, entfremdet die Philosophie also sowohl von der konkreten menschlichen Existenz wie von den explanatorisch erfolgreichen Wissenschaften. Sie isoliert die Philosophie damit *kulturell* und macht sie bedeutungslos, sowohl für den „Mann auf der Straße" wie für die Wissenschaftlerin im Labor. Dass Erfahrungen für die Einzelwissenschaften *von etwas anderem als der Erfahrung selbst* handeln, muss von ihr als eine Naivität des wissenschaftlichen Erfahrungsverständnisses abgetan werden. Die Ansicht der Naturwissenschaften, in ihrer Erfahrung von *etwas* anderem als den erfahrenden Subjekten und ihren Erkenntnistechnologien und -strategien zu handeln, die Überzeugung, dass diese Erfahrungen objektbezogen oder „kosmisch" und nicht lediglich „subjektiv" sind, wurde vom transzendentalen Idealismus des 18. Jahrhunderts bis zum kulturalistischen Konstruktivismus der Gegenwart in seinen verschiedenen Spielarten, als ein Irrtum gekennzeichnet, obwohl die auf der Grundlage der Erfahrung der Wissenschaften erzeugten technischen Innovationen das Leben der Menschen mehr verändert haben als alle Philosophien zusammen, die dieses Erfahrungsverständnis in Frage gestellt haben. In dem Masse, in dem die Philosophie den Kontakt zu den Erfahrungswissenschaften und der Alltagserfahrung verloren hat, haben die Erfahrungswissenschaften in ihren technischen Anwendungen an Einfluss auf das Alltagsleben der Menschen gewonnen.

Wenn Dewey die alleinige Betonung des Subjektbezuges der Erfahrung als ein philosophisches Artefakt kritisiert, bedient er sich gleich zu Anfang seines Buches eines für sein Denken typischen, *soziale Umstände* heranziehenden Argumentes: „Eitelkeit, Prestige, Besitzrechte" sind es, die dazu führen, Dinge so zu dekontextualisieren, dass sie vor allem auf Subjekte bezogen werden und nicht auf andere Dinge, ihre Ursprünge oder „ihre Konsequenzen" (EN 22, dt. 29). Dass alle Erfahrungen zuerst und vor allem als *meine* zu rekonstruieren seien und nicht als solche, die in einem bestimmten *Zusammenhang in der Welt* stehen und ihn vielleicht mit *ausmachen*, ist deshalb nach Dewey das Ergebnis einer kulturellen Entwicklung, deren Genealogie er mit Verweis auf die Relevanz von Besitzverhältnissen gegenüber Objekten und der Übertragung der possessiven Redeweise auf Wahrnehmungs- und Erkenntnisprozesse skizziert.

Wenn Menschen auf ihren eigenen Anteil in Wahrnehmung und Handeln aufmerksam werden, sich selbst von Wahrnehmungs- und Handlungsobjekten unterscheiden lernen, erkennen sie auch ihre *eigene Macht* in der Beobachtung und in der Einflussnahme auf Gegenstände (ebd.). Sie beginnen dann auch ihre Beobachtungs- und Einflussmöglichkeiten bewusst zu modifizieren, zu schulen und zu steigern. Daraus ergibt sich dann eine *kulturelle Entwicklung* der Wahrnehmungs- und Handlungsfähigkeiten, eine zumindest partielle (nie vollständige) Emanzipation der Menschen von den Determinanten in ihrer Umwelt. Doch es entwickelt sich parallel dazu auch ein Irrtum: dass es eine „selbstgenügsam[e]" und in sich selbst eingeschlossene", „isolierte geistige Welt" gebe (EN 23, dt. 32), die man ganz unabhängig von einer „Außenwelt" steuern kann. Auch dieser Gedankengang stellt eine für Deweys Denken typische Überlegung dar. Eine Verschiebung der Aufmerksamkeit im Prozess der Erfahrung: dieser Anteil (a) in der Erfahrung kommt von „uns", den Erkenntniswesen, und auf jenen Anteil (b) haben wir keinen Einfluss, führt zu einer *Abstraktion*, die schließlich in der Annahme einer *substantiellen Differenz* gipfelt, etwa in der Cartesischen Metaphysik zum Postulat einer *res extensa* und einer *res cogitans*. Oder allgemeiner ausgedrückt: Aus einer unscheinbaren und nützlichen Unterscheidung, die durch eine Aufmerksamkeitsverschiebung zustande kommt, entwickeln sich abstrakte *Kategorien*, die dann zu den „eigentlichen" Konstituenten der Wirklichkeit stilisiert werden. Diese „theoretische Übertreibung", wenn man es so nennen will, erliegt dann einerseits einem gedanklichen Irrtum und richtet andererseits einen kulturellen Schaden an.[4] Gedanklich handelt es sich hier um einen Irrtum, weil die

---

4 Dieser Gedankengang hat Ähnlichkeiten mit Alfred North Whiteheads Kritik am Fehler der von ihm so genannten „unangebrachten Konkretisierung" („fallacy of misplaced concreteness"). Vgl. dazu Whitehead 1925, 64.

konkrete Wirklichkeit gar nicht aus Abstrakta erzeugt werden kann, es sei denn, man behandelt sie idealistisch als ein reines Geistesprodukt. Kulturell entsteht ein Schaden, weil der Reichtum der konkreten Erfahrung, egal ob es sich um wissenschaftliche oder alltägliche handelt, zu bloßem Schein, zu etwas eigentlich nicht Wirklichem, das von etwas qualitativ viel ärmeren, nämlich des Arrangements der Abstrakta abhängt, erklärt wird. Die Buntheit und Konkretheit der Erfahrung, die die Quelle des Lebensgenusses darstellt, wird auf diese Weise zu einem Traum degradiert.

Dewey will mit diesen Überlegungen nicht zu einem „neuen Realismus" oder einer Theorie der unmittelbaren Erfahrung des Qualitativen zurück, wie sie gegenwärtig viel diskutiert werden (vgl. Dreyfuß und Taylor 2016; Gabriel 2014). Sofern sich der Streit zwischen Realisten und Idealisten um die Priorität der Welt gegenüber dem Subjekt oder des Subjektes gegenüber der Welt in der Erkenntnis dreht, lässt Dewey sich gar nicht auf ihn ein. Denn für ihn gibt es hier keine Prioritäten, weil Erfahrung wie auch Wissenschaft *Ereignisse, Geschehnisse, Prozesse* sind, an denen menschliche Organismen und auch Nicht-menschliches, Nicht-organisches beteiligt sind (EN 13, dt. 19). Weil es immer *etwas* ist, das geschieht, das sich ereignet, es keine kontextlosen Geschehnisse oder Ereignisse gibt, reicht der „Gehalt" der sich ereignenden Erfahrung immer auch über die Erfahrung hinaus, in den *Kontext* des Geschehnisses, das diese Erfahrung dann in der Analyse darstellt. Die Welt löst nicht im Subjekt eine Erfahrung aus und das Subjekt konstruiert sich auch nicht seine eigene Erfahrungswelt in einem „privaten Innenraum", sondern in der Interaktion zwischen einem Organismus und der Welt *ereignet* sich Erfahrung als etwas mit privaten wie auch öffentlichen Aspekten und Relevanzen.

2.3 Exkurs: Lebensphilosophien zweierlei Art

Die Kritik der Entwertung der Lebenserfahrung durch das Postulat einer abstrakten und vermeintlich eigentlichen Realität bei Dewey hat einige Parallelen zu Nietzsches Kritik an der Metaphysik der „Hinterwelt" seit Platon (Nietzsche 1997, Bd. II, 297–300). Auch Deweys Aufgabenbestimmung der Philosophie: dass sie die Lebenserfahrung in ihren Glücksmöglichkeiten zu würdigen und mit Bedeutungen und Intensitäten zu versehen habe, erinnert an Nietzsche und dessen Vorstellungen zu den *anti-nihilistischen Funktionen der Philosophie*. Dewey wie Nietzsche kann man als *transzendenzkritische* Immanenz-Philosophen charakterisieren,[5] die mit ihrer philosophischen Tätigkeit die Fähigkeit von Menschen stärken wollten, ihrem Leben ohne die Krücke jenseitiger Wirklichkeiten und Abstrakta Sinn und Intensität zu geben.

Allerdings unterscheiden sie sich erstens sehr stark in ihrem jeweiligen literarischen „Ton", wenn sie dieser Aufgabe nachgehen und zweitens vor allem in ihren inhaltlichen Annahmen, *wie* die Philosophie diese Unterstützungsaufgabe für das gewöhnliche menschliche Leben denn wahrnehmen könnte. Während Nietzsche in der Art eines *Predigers des Diesseits* (vor allem in seinem *Zarathustra*) auftritt und damit den Ton der von ihm kritisierten Religionen einer Hinterwelt in den eigenen Texten aufnimmt, ist der der Deweyschen Abhandlungen stets sachlich kühl, historisch ausgreifend, fast nie appellativ oder predigend.[6]

Doch das ist nicht die einzige und wesentlichste Differenz zwischen den zwei Philosophen, die das diesseitige Leben als das einzige, das Menschen zur Verfügung haben, in einer Art Immanentismus wieder aufwerten wollten. Nietzsche will diese Aufwertung bekanntlich in einer *historischen Utopie* realisiert sehen, in der ein „Übermensch" auftritt, der es nicht mehr nötig hat, an ein Jenseits zu glauben. Ja, die höheren Menschen, die dazu in der Lage sind, dem Leben wieder aus sich heraus einen Sinn zu geben, müssten geradezu „gezüchtet" werden, um die niederen „letzten Menschen" zu „überwinden".[7] Wenn man darüber hinaus Nietzsche Metaphysik einer „ewigen Wiederkehr" auf diese Utopie anwendet, so kann man die „Übermenschen" der Zukunft auch als die Wiederkehr eines heroischen vorchristlichen Personals deuten.

Solche Züchtungsphantasien und Herablassungen gegenüber seinen Zeitgenossen als „kleinen" und „letzten" Menschen liegen Dewey mehr als fern. Bei ihm ist es vielmehr die *demokratische Gemeinschaft* aus selbstbewussten Bürgern, die in der Lage ist, dem Leben von Menschen ohne Jenseitsbezug einen Sinn zu geben. Menschen haben nach Dewey bisher nie alle Kräfte, die sie besitzen, angespannt, um ihr Leben zu verbessern, weil sie auf zu diesem Leben externe Instanzen gewartet

---

5 Vgl. Yovel 1989. Yovel charakterisiert die Immanenzphilosophie ausgehend von Spinoza zu Autoren wie Goethe, Heine, Marx, Nietzsche und Freud. Die Linie wäre weiter zu ziehen zu Dewey und Deleuze.
6 Vgl. etwa die folgende Passage: „Oh über eure Armut, ihr Männer, und euren Geiz der Seele! Wie viel ihr dem Freunde gebt, das will ich noch meinem Feinde geben, und will auch nicht ärmer damit geworden sein. Es gibt Kameradschaft: möge es Freundschaft geben! Also sprach Zarathustra." Nietzsche 1997, Bd. II, 321.
7 So schreibt Nietzsche in *Jenseits von Gut und Böse* von seinem „Ernst", „dem europäischen Problem", das in der „Züchtung einer neuen über Europa regierenden Kaste" bestehe. Nietzsche 1997, Bd. II, 718. Im *Nachlass* finden sich solche Stellen vermehrt, etwa: „Die zunehmende Verkleinerung des Menschen ist gerade die treibende Kraft, um an die Züchtung einer stärkeren Rasse zu denken [...]" Nietzsche 1997, Bd. III, 521.

haben, die in ihr Leben eingreifen, im Extremfall jenseitige (Dewey 1934, 46). Sobald sie sich selbst verantwortlich und fähig fühlen, ihr Leben zu gestalten, und Ideale nicht in ein Jenseits verschieben, sondern als hier und jetzt zu verwirklichende begreifen, wird ihre Gemeinschaft eine Wirksamkeit entfalten, die für sie bis dahin undenkbar war (ebd., 48). *Wann* sich die zu Deweys Zeiten existierenden in Ansätzen bereits demokratischen Gesellschaften so weit sozial und kulturell entwickelt und in ihren Bildungssystemen entsprechend kooperationsfähige Menschen hervorgebracht haben werden, dass sie ohne Jenseitsglauben auskommen, lässt Dewey offen. Auf eine spekulative geschichtsphilosophische Metaphysik der ewigen Wiederkehr oder gar ein utopisches Züchtungsprogramm von höheren Menschen ist er in dieser Hoffnung auf eine Demokratisierung des Lebens jedenfalls nicht angewiesen. Dewey setzt auf Erziehung statt auf Züchtung (vgl. Dewey 2002; Dewey und Dewey 2002). Insofern darf man bei allen Parallelen die „Lebensphilosophien" Nietzsches und Deweys nicht in einen Topf werfen.

2.4 Arbeit, Genuss, Spiel und Wissen

Dewey kritisiert die *Privilegierung des Wissens* in der Analyse der Erfahrung, die Erfahrungsgegenstände vor allem zu *Objekten der Erkenntnis* macht. Nach Dewey sind Dinge dagegen „in viel höherem Maße Objekte, die behandelt, benutzt, auf die eingewirkt, mit denen gewirkt werden soll, die genossen und ertragen werden müssen als Gegenstände der Erkenntnis. Sie sind Dinge, die man *hat*, bevor sie Dinge sind, die man erkennt."[8] (EN 28, dt. 37) Das „Haben" von Dingen bedeutet in diesem Zusammenhang nicht ihr Besitz im Sinne eines Reichtums, sondern ihre *Handhabung* in einem praktischen Umgang. Man hat Dinge, wenn man mit ihnen spielt, wenn man sie verarbeitet, wenn man sie genießt. Es ist ein philosophisches Vorurteil zu glauben, man müsse zuerst etwas über die Dinge wissen, bevor man mit ihnen in die genannten Verhältnisse treten kann. Die Beobachtung eines kleinen Kindes, das mit einem Bauklotz spielt, ihn in den Mund nimmt, um zu prüfen, ob er essbar ist, das ihn anstaunt und zu einem ästhetischen Gebilde, das es seinen Eltern zeigt, verarbeitet, belegt das Gegenteil. Das Kind muss den Bauklotz nicht wiegen, messen, einer chemischen Analyse unterziehen, bevor es ihn in den beschriebenen Weisen „haben" kann. Eher entwickeln sich umgekehrt

---

8 Zum universalisierten ästhetischen Charakter der Dinge und der Rolle des Genusses vgl. die Beiträge von Katrin Wille und Maria-Sibylla Lotter in diesem Band.

experimentelle Untersuchungsverfahren, die zu einem Wissen über Gegenstände führen, aus dem Umgang mit den Dingen in Spiel, Arbeit und Genuss.[9]

Die Vorstellung, Erkenntnis sei die *Grundlage* aller anderen Erfahrungsformen, stellt für Dewey eine Philosophenphantasie dar, die nichts mit der historisch rekonstruierbaren Wirklichkeit zu tun hat und die die Konsequenz nach sich zieht, dass nicht rein kognitive Erfahrungen, einschließlich der handwerklichen und der ästhetischen, gegenüber der wissenschaftlichen *degradiert* werden. Wer handwerklich mit Dingen umgeht, wer technisch kundige Verwendungsweisen von ihnen entwickelt, wer sie ästhetisch genießt, tut etwas, das in den Augen der klassischen Philosophie *zweitrangig* ist, sofern es nicht auf einer Erkenntnis der jeweiligen Objekte beruht. Doch welches Argument und welche Genealogie rechtfertigt eine solche Privilegierung der kognitiven Erkenntnis? Werden Steine, Pflanzen, Landschaften, Tiere, Häuser, Gebrauchsgegenstände des Alltags nicht auch unabhängig von unserem Beispiel des Kindes in der *Geschichte der Kulturen zuerst* benutzt, durchwandert, bewohnt, genossen, gepflegt usw., bevor sie dann danach systematisch erkannt und erforscht werden? Die *primäre* Lebenserfahrung ist keine des Labors. Und das primäre Interesse von Menschen ist nicht das der Erklärung. Erst die systematischen Erkenntnisprozesse und Forschungserfahrungen, die in den „späten" kulturellen Institutionen der akademisch- arbeitsteilig die Welt durchsuchenden Wissenschaftsdisziplinen stattfinden, führen zu *sekundären* Objekten, mit denen es möglich ist, das Auftreten der von Dewey als „primäre Objekte" der Lebenserfahrung gekennzeichneten Dinge zu *erklären*. Aber diese sekundären Objekte und die sekundären Erfahrungen der Wissenschaft, die zu ihnen führen, sind für Dewey in keiner Hinsicht die *Grundlage* der Vielfalt der primären Alltagserfahrung und ihrer Gegenstände.

2.5 Primäre und sekundäre Objekte, Erkenntnistheorie und Geschichte der Erkenntnis

Dewey unterscheidet von Anfang an in seiner Erfahrungsanalyse Objekte der Lebenserfahrung oder so genannte *primäre Objekte*, die *nicht in Erklärungsprojekte eingebunden* sein müssen, von *sekundären Objekten*, die im Zuge von Erklärungsprojekten durch die Wissenschaft ans Licht gebracht werden. So wenig für ihn der wissende Zugang zur Welt ein privilegierter im Verhältnis zu anderen Weltzugängen ist, sind für ihn Objekte, mit denen etwas erklärt wird, unabhängig von Erklärungskontexten wichtiger als Objekte oder Geschehnisse, die erklärt

---

9 Vgl. dazu die Beiträge von Jens Kertscher und Katrin Wille in diesem Band.

werden. Zu glauben, dasjenige, durch das etwas erklärt wird, sei *wirklicher* oder in unbestimmter Weise *wichtiger* oder *wertvoller* als das, was erklärt werden soll, ist ein Fehlschluss. Die Schmerzen einer Krankheit sind so wirklich und wichtig wie der Virus, der ihre Entstehung erklärt. Das Holz, das der Tischler zur Herstellung eines Möbelstücks verwendet, ist so wichtig und wertvoll, wie die chemischen Stoffe, die die Biologin heranzieht, um das Wachstum des Baumes, der in diesem Handwerksprozess verbraucht wird, zu erklären. Die Sinfonie, die an unsere Ohren dringt, ist nicht weniger wirklich als die Schallwellen, die „Hammer" und „Amboss" in unserem Mittelohr in Bewegung versetzen und die Physiker und Akustiker heranziehen, um zu erklären, warum wir Töne hören.

Die Degradierung der primären Lebenserfahrung durch einen das Wissen privilegierenden philosophischen Szientismus hat auch Konsequenzen für das *Naturverständnis*: Natürliches als neutral hinsichtlich Schönheit und Hässlichkeit, Bewundernswürdigem und Schrecklichem zu charakterisieren (EN 28, dt. 37) und diese Bewertungen ins Reich einer abgeschlossenen Subjektivität zu verbannen, ist nur möglich, wenn man das Natürliche auf den Bereich der naturwissenschaftlichen Erkenntnisgegenstände und deren Erklärungsprojekte einschränkt, die mit den genannten Bewertungen nicht operieren, weil sie für Kausalerklärungen irrelevant sind. Doch wo Wissen und reproduzierbare Laborerkenntnis als grundlegend für *alle* Erfahrung gesehen wird, wird der größte Teil der Lebenserfahrung unverständlich, zu einem Mirakel und damit die Wissenschaft, sofern sie die Lebenserfahrung in der Laborerfahrung fortsetzt, sich letztlich selbst intransparent („inexplicable") (EN 29, dt. 38). Denn wenn Physik und Chemie nicht mehr als aus der mechanischen Technik und dem Färberhandwerk, der Koch- und Schmiedekunst, Biologie nicht aus der Landwirtschaft, Logik nicht aus der gerichtlichen Rhetorik historisch rekonstruiert werden, wenn solche kulturevolutionären und historischen Betrachtungen nicht als Plausibilisierungen taugen, weil sie ja nicht die *Geltung* der Wissensansprüche dieser Disziplinen behandeln und sich nicht selbst auf wissenschaftliche reproduzierbare Erfahrungen als Grundlage der historischen Erklärung stützen, sondern auf einmalige Prozesse, die in Quellen mehr oder weniger gut belegt sind, dann kann Wissenschaft nur als etwas „Höheres", das seine Wurzeln in einem „Jenseits der Natur" hat, begriffen werden. Dann muss eine eigene, alle genetischen und narrativen Betrachtungen ausschließende Erkenntnis*theorie* der Legitimation von Geltungen statt einer *Geschichte der Erkenntnis* erfunden werden, die sich auf die Aufstellung und Verwaltung von vermeintlich universellen Kriterien der Rechtfertigung von Erkenntnis beschränkt, um Wissen verständlich zu machen. Wissenschaftstheorie muss dann *unhistorisch* eine solche Erkenntnistheorie zur Anwendung bringen wie es zu Zeiten von Deweys *Erfahrung und Natur* und *vor* Kuhn und Feyerabend auch im Anschluss an Kant noch üblich war. Doch wird durch eine solche Erkenntnistheorie nicht auch die Theorie der Wissenschaften, wie Paul Feyerabend vermutete, zu „eine[r] bisher unbekannte[n] Form des Irrsinns"? (Feyerabend 1973, 88–124)

Bezogen auf die primäre Erfahrung ist für Dewey klar, was Wissen ist: die intelligente Verwaltung der Komponenten von Handlungen, Leidenszuständen und Freuden (EN 29, dt. 38). In der Behauptung, dass ein solches Wissen kein *wahres* Wissen sei, weil es bloß *instrumentell* sei, das wahre Wissen jedoch *kontemplativ* zu sein habe, zeigt sich für Dewey abermals eine *soziale* Tendenz: die der Privilegierung von Personen, die sich aus Arbeitszusammenhängen weitgehend heraushalten; einer müßigen Priesterkaste. Dekontextualisiertes selbstgenügsames Wissen, dem jede Funktion für die Verbesserung und Bereicherung konkreter Handlungszusammenhänge abgesprochen wird, das jedoch universale Gültigkeit beansprucht und sich etwa auf „das Sein überhaupt" oder ähnliches bezieht, ist für Dewey bedeutungslos. Es ist nur deshalb selbstgenügsam und universal, weil es ohne jegliche praktische Relevanz ist (ebd.). Dieses abstrakte Wissen wird dann nur deshalb als etwas „Übernatürliches" begriffen, weil alle *konkreten* praktischen Kontexte ausgeblendet werden, auf die *wirkliches* Wissen bezogen bleibt, weil es in der Verbindung unseres Organismus mit einer Umwelt wurzelt, in der wir zu überleben versuchen (EN 29 f., dt. 39).

Diese Beobachtung Deweys verführt ihn nicht zu einer evolutionären Erkenntnistheorie, in der Erkenntnis als Anpassungsprozess und Wahrheit als „Passung" definiert würde.[10] Deweys Betonung des Organischen in seinen Ausführungen zur primären Lebenserfahrung erschöpft sich nicht in einem reduktiven Biologismus, sondern dient dem Rückbezug des Nachdenkens über Erfahrung und Wissen auf die Tatsachen der Endlichkeit und Bedrohtheit unserer organischen Existenz, die in Reden über die vermeintliche „Vernunftnatur" des Menschen in der Philosophiegeschichte häufig kaschiert wurde. Die Entnaturalisierung des menschlichen Wissens macht das wissende Selbst zu einem Fremdling in der natürlichen Welt (EN 30, dt. 40), der nicht mehr versteht, wie er sich selbst überhaupt als erfahrendes Wesen konkret auf ihm nicht oder nur sehr bedingt verfügbare Naturzusammenhänge beziehen kann. Dann müssen „Beweise der Aussenwelt" her und die Natur wird zum „Anderen des Geistes". Auf diesem Weg gehen dann Selbst- und Weltentfremdung Hand in Hand in der modernen Philosophie. (Ein Gedanke, der sich auch in der *Dialektik der Aufklärung* von Horkheimer und Adorno findet (Horkheimer und Adorno 1969, 51).)

Geistiges Leben ist nach Dewey aber gar nicht auf das Ziel universal gültigen Wissens ausgerichtet, sondern hat mit *selektiver Betonung von Themen* zu tun, die

---

10 Vgl. dazu Engels 1989 und die dort verhandelte Literatur.

für einen bestimmten Zweck ausgewählt und untersucht werden (EN 31, dt. 41). Eine solche Auswahl bedeutet nicht, dass das zeitweilig in den Hintergrund der Aufmerksamkeit Gerückte nicht wirklich wäre. Wer sich gerade um die physikalische Erforschung elektromagnetischer Felder kümmert, rückt die Erfahrung von Freundschaft in den Hintergrund seiner Aufmerksamkeit. Doch das wird kaum einen Physiker zu der abwegigen Behauptung bringen, dass es nur elektromagnetische Felder gibt, Freundschaften jedoch nicht. Reduktionistische Philosophen versteigen sich jedoch unglücklicherweise zu solchen Abwegigkeiten (ebd.).

Das gleiche gilt für *Gewissheit* und *Genauigkeit*, die in vielen Zusammenhängen, etwa bei der technischen Konstruktion eines Flugzeugs oder der Abmessung eines Narkosemittels vor einer Operation wesentlich sind, in anderen Zusammenhängen jedoch nicht in demselben Maße. Wie Aristoteles betont auch Dewey, dass nicht in allen Wirklichkeitsbereichen Erfahrung und Wissen denselben Standards unterworfen werden können. Es wäre falsch zu behaupten, dass ein Bäcker nicht weiß, was er tut, nur weil er das Salz für seine Brötchen nicht mit derselben Akribie dosiert, wie der Anästhesist das Narkotikum vor der Herzoperation. Auch „das Elementare überhaupt" und „das Ewige" sind nach Dewey in die Irre führende philosophische Abstraktionen von spezifischen Untersuchungskontexten, in denen spezifische Elemente und Konstanzen ausfindig gemacht werden. Sicher ist es sinnvoll, von Wasserstoff und Sauerstoff als den Elementen, aus denen Wasser zusammengesetzt ist, zu sprechen oder davon, dass der Wechsel der Jahreszeiten vor dem Hintergrund einer konstanten Drift der Kontinentalplatten der Erdkruste auf dem flüssigen Magma im Erdinnern stattfindet. Doch es hat keinen Sinn unabhängig von diesen Kontexten über Elemente und Konstanzen der Wirklichkeit überhaupt zu spekulieren (EN 32f., dt. 42). Weil wir bedürftige Wesen sind, deren Leben bedroht ist, streben wir oft nach Gewissheit in ungewissen, bedrohlichen Umständen oder nach Dauerhaftigkeit in einer schwankenden, wechselhaften Umwelt. Doch dieses Streben führt nicht dadurch zum Ziel, dass man sich die betreffenden Wünsche mit einem *begrifflichen Handstreich* erfüllt und die „wahre Wirklichkeit" kurzerhand als etwas betrachtet, das aus unwandelbaren ewigen Elementen besteht, über deren Beschaffenheit absolute Gewissheit erlangt werden kann. Schlimmstenfalls wird dann diese wahre Wirklichkeit auch noch zur *Voraussetzung* unserer Erfahrungen von der vermeintlich scheinhaften Welt des Lebensalltags mit all ihren Wechselhaftigkeiten und Ungewissheiten gemacht (EN 33, dt. 43f.). Das hat einen gewissen Unterhaltungswert, so wie ein Hollywoodfilm, der unsere Wünsche nach Gerechtigkeit erfüllt, indem er zeigt, wie alle Nazigrößen durch eine spezielle Eingreiftruppe (die „Inglourious Basterds") in einem Kinosaal durch Feuer ums Leben gebracht werden.¹¹ Doch ebenso wenig wie man die legitimen Wunscherfüllungen dienenden Fiktionen in einem solchen Film mit tatsächlichen historischen Ereignissen oder der Geschichtswissenschaft verwechseln sollte, sollte man Metaphysiken der Ewigkeit und Erkenntnistheorien der Gewissheit als begriffliche Wunscherfüllungen nicht mit wissenschaftlichem oder praktisch relevantem Wissen verwechseln.

2.6 Wiedergewinnung der Relevanz

Das, was uns in einem bestimmten Kontext und bei selektiver Aufmerksamkeit wichtig erscheint, in Gedanken in etwas zu verwandeln, das die „wahre Wirklichkeit" ausmacht und all unsere Erfahrung bedingt, ist nach Dewey der grundlegendste Fehler („Trugschluss") der Philosophie („*the* philosophic fallacy", EN 34, dt. 44), den es durch Rückbindung des philosophischen Denkens an die primären Erfahrungen und Objekte des Lebensalltags zu vermeiden gilt. Die empirische Methode in der Philosophie soll wie eine „Karte" oder eine „Straße", auf der man gefahren ist, anzeigen, wie man zu einer bestimmten Beschreibung von Dingen gekommen ist (ebd.). Es ist offensichtlich, wie sehr diese Methode mit den heute als „genealogisch" und „narrativ" gekennzeichneten Verfahren korrespondiert. Auch Parallelen zu Husserls Bezug der Philosophie auf die Lebenswelt und seiner Betonung der Relevanz einer Geschichte der menschlichen Erkenntnisverfahren oder zu Wittgensteins Spätphilosophie mit ihrem Begriff der Lebensform liegen auf der Hand.¹² Dewey nennt seine Methode der Rückbindung des philosophischen Denkens an die konkreten Objekte des Lebensalltags und die Berücksichtigung der Geschichte der vorwissenschaftlichen Praktiken für die Praktiken des wissenschaftlichen Wissens die *Methode der Erfahrung*, wohl auch deshalb, weil er hier eine Parallele zwischen den tatsächlichen (nicht den philosophisch oft geforderten) Legitimierungsverfahren für Wissensansprüche in den Erfahrungswissenschaften sieht: So wie Erfahrungswissenschaftler die Geschichte erzählen, wie sie zu einer bestimmten Erfahrung gekommen sind, wie sie ein Experiment angestellt und ausgewertet haben und in welcher Weise ihre Behauptungen durch es gestützt werden, ebenso sollten Philosophen durch Rückbezug auf die Erfahrung, die in ihrem Fall keine experimentell erzeugte sein wird, ihre Behauptungen legitimieren. In einer solchen Philosophie überzeugt man

---

11 Vgl. den Film von Quentin Tarantino „Inglourious Basterds" aus dem Jahr 2009.
12 Husserl Bd. VI 1954, 3. Teil, A: „Der Weg in die Phänomenologische Transzendentalphilosophie in der Rückfrage von der vorgegebenen Lebenswelt aus".

Dewey zufolge andere nicht allein von der Plausibilität der eigenen Definitionen oder der vermeintlichen Stichhaltigkeit eines Arguments, das auf ihnen aufbaut, sondern indem man den Weg nachzeichnet, den man gegangen ist, als man nach bestimmten Objekten gesucht hat, die Verfahren charakterisiert, die man dabei angewandt hat und die Schlussfolgerungen ausbreitet, die man aus seinen Funden gezogen hat (ebd.).

Auf diese Weise sollen alle philosophischen Behauptungen auf die primäre Erfahrung in ihrer „Reichhaltigkeit", ihrer „Heterogenität" und „Fülle" zurückbezogen werden (EN 39, dt. 51). Die philosophische Betrachtung wird so eine größere Bewusstheit für das erzeugen können, was in der alltäglichen Erfahrung nur halb verstanden einfach geschieht. Konzise Beschreibungen und die Prägnanz der Erfahrung schärfende philosophische Analysen könnten so zu „einem besseren Verständnis dessen" führen, „was schon in der gewöhnlichen Erfahrung der Menschheit enthalten ist." (EN 40, dt. 52) Deweys Hoffnung ist, dass mit diesem besseren Verständnis auch wieder ein Respekt für die Reichhaltigkeit und Schönheit der gewöhnlichen Erfahrung erwacht, dass eine „kultivierte Naivität des Auges, des Ohres und des Denkens" wiedergewonnen werden könnte, durch die alltägliche Erfahrung Wert geschätzt wird (EN 40, dt. 52). Das Wort „kultiviert" steht in diesem Zusammenhang nicht zufällig. Es geht Dewey um die Kultivierung, die bewusste Gestaltung des menschlichen Lebens und um die Kritik einer Kultur, die die Gestaltungsmöglichkeiten des Lebens den meisten Menschen aus der Hand nimmt, indem sie sie bevormundet oder für Ziele, die sie sich nicht selbst gesetzt haben, benutzt. Insofern kann man Deweys kritische und positive Philosophie der Erfahrung und des gewöhnlichen Lebens auch als eine *Philosophie der Kultur* verstehen.[13] Das Gelingen einer solchen Philosophie verschaffte ihr auch wieder die Relevanz für das menschliche Leben, die sie unabhängig von akademischen Institutionen einmal besessen hatte.

Literatur

Dewey, J.; Dewey, E. 2002: Schools of To-morrow, Bristol
Dewey, J. 2002: The School and Society, Bristol
Dewey, J. 1934: A Common Faith, Princeton
Dewey, J. 2012: Unmodern and Modern Philosophy, Carbondale/Edwardsville
Dreyfuß, H.; Taylor, C. 2016: Die Wiedergewinnung des Realismus, Berlin

---

[13] Vgl. dazu die Einleitung von Philip Deen in Dewey 2012, XXXIII: „Eine kritische Theorie der Kultur war nicht nur Teil von Deweys Denken, sondern war ihm immanent, notwendig." (Übers. M.H.)

Engels, E.-M. 1989: Erkenntnis als Anpassung? Eine Studie zur Evolutionären Erkenntnistheorie, Frankfurt a. M.

Feyerabend, P. 1973: „Die Wissenschaftstheorie – eine bisher unbekannte Form des Irrsinns", in: Hübner, K.; Menne A. (Hrsg.): Natur und Geschichte. X. Kongress für Philosophie. Kiel 8.–12. Oktober 1972, Hamburg

Foucault, M. 1966: Les Mots et les choses, Paris

Gabriel, M. (Hrsg.) 2014: Der neue Realismus, Berlin

Geuss, R. 2004: Glück und Politik, Berlin

Hampe, M. 2014: Die Lehren der Philosophie. Eine Kritik, Berlin

Heidegger, M. 2000: Brief über den „Humanismus", Frankfurt a. M.

Horkheimer, M.; Adorno, T. W. 1969: Dialektik der Aufklärung. Philosophische Fragmente, Frankfurt a. M.

Husserl, E. 1954: Die Krisis der Europäischen Wissenschaften und die Transzendentale Phänomenologie. Eine Einleitung in die Phänomenologische Philosophie. Hg. v. Walter Biemel. Husserliana Band VI, Haag

Jaeggi, R. 2013: Kritik von Lebensformen, Frankfurt a. M.

Nietzsche, F. 1997: Also sprach Zarathustra, in: ders., Werke in drei Bänden. Hrsg. v. Karl Schlechta. Zweiter Band, Darmstadt, 275–562

Nietzsche, F. 1997: Jenseits von Gut und Böse, in: ders., Werke in drei Bänden. Hrsg. v. Karl Schlechta. Zweiter Band, Darmstadt, 563–760

Nietzsche, F. 1997: Die Genealogie der Moral, in: ders., Werke in drei Bänden. Hrsg. v. Karl Schlechta. Zweiter Band, Darmstadt, 761–900

Nietzsche, F. 1997: Aus dem Nachlass der Achtzigerjahre, Werke in drei Bänden. Dritter Band, in: ders., Werke in drei Bänden. Hrsg. v. Karl Schlechta. Zweiter Band, Darmstadt, 415–926

Rorty, R. 1979: Philosophy and the Mirror of Nature, Princeton; dt.: Der Spiegel der Natur. Eine Kritik der Philosophie, Frankfurt am Main 1984. Übersetzt von Michael Gebauer

Tarantino, Q. 2009: Inglorious Basterds (Film)

Whitehead, A. N. 1925: Science and the Modern World, Cambridge

Yovel, Y. 1989: Spinoza and other Heretics: The Adventure of Immanence, Princeton

Martin Hartmann und Arvi Särkelä
3 Eine Metaphysik der „lebendigen Mischung"

(Zum zweiten Kapitel)

3.1 Einleitung

Die Anfangskapitel von *Erfahrung und Natur* sind getragen von scharfer Kritik an fast der gesamten abendländischen Tradition der Philosophie. Hauptvorwurf ist, dass diese traditionelle Philosophie ihre Ergebnisse und Einsichten ohne die Möglichkeit empirischer Verifikation oder Falsifikation aufgrund uneingestandener Vorlieben schlicht postuliert und damit dem Bereich überprüfbarer und allgemein nachvollziehbarer Aussagen sowie der Rückbindung der philosophischen Kritik an eine zu transformierende Alltagspraxis entzieht. Ein Effekt dieser fehlenden empirischen und praktischen Fundierung der Philosophie ist nach Dewey die Neigung der traditionellen Philosophie, ungewordene Entitäten zu postulieren – „Dauer, wirkliches Wesen, Totalität, Ordnung, Einheit, Rationalität, das *unum verum et bonum* der klassischen Tradition" (EN 33, dt. 44) –, die offiziell zwar als Ergebnis philosophischer Reflexion behandelt werden, in Wirklichkeit aber jedem Reflexionsprozess schon zugrunde liegen und damit niemals zum Ergebnis eines fallibelen Erkenntnisprozesses werden können. Geleugnet wird auf diese Weise, was von der Frankfurter Schule einmal die Fundierung aller Erkenntnisprozesse in gesellschaftlich vermittelten Interessen genannt wurde. Dewey spricht in diesem Zusammenhang von einer „Wahl, die verschleiert oder verleugnet wird" (EN 35, dt. 46) (vgl. Horkheimer 1937 und Habermas 1968). Diese Verschleierung des praktischen Interesses der Philosophie hat dramatische Konsequenzen; denn in dem Maße, in dem die Philosophie ihr eigenes Tun auf die Erkenntnis ungewordener Entitäten richtet, vergisst sie ihre Verankerung in den empirischen Bedürfnissen menschlicher „Primärerfahrung", deren „Aufklärung und Anleitung" (EN 37, dt. 48), ihre zentrale Aufgabe sein sollte.[1] Somit wird eine Trennung zwischen Theorie und Praxis bewirkt, deren historische, soziologische und wissenschaftstheoretische Analyse Dewey in dem nur wenige Jahre später erschienenen Buch *Die Suche nach Gewißheit* systematisch fortführen wird (Dewey 1998). Sie isoliert die Philosophie von der sozialen Praxis und bezieht ihre Er-

---

1 Siehe zu diesen Überlegungen auch den Kommentar von Michael Hampe in diesem Band zum ersten Kapitel; siehe auch Dewey 1931.

gebnisse nicht mehr auf die „unmittelbaren Verwirrungen [...], die ursprünglich die Reflexion ausgelöst haben" (EN 37, dt. 48). Um es mit dem Habermas von „Erkenntnis und Interesse" zu sagen: Die Theorie gibt sich den ontologischen Schein „reiner" Theorie, die interesselos nur wirken kann, weil Interesse offiziell geleugnet wird. Genau dadurch aber entlarvt sie sich auch für Dewey als Philosophie einer „müßigen Klasse, die der dringenden Notwendigkeit, mit materiellen Bedingungen fertig zu werden, enthoben ist" (EN 33, dt. 44) (vgl. Habermas 1969).

Diese Kritik an der traditionellen Philosophie wird im zweiten Kapitel fortgeführt und metaphysisch unterfüttert. Die Fehler der traditionellen Philosophie werden nun entlarvt als Resultat einer falschen Metaphysik, deren andauernde intellektuelle und gesellschaftliche Attraktivität zugleich erläutert wird. Was versteht Dewey unter Metaphysik? Er bezieht diesen Begriff auf das Studium der Natur „der wirklichen Welt, in der wir leben" (EN 45, dt. 59), später ist auch die Rede von einer „naturalistischen Metaphysik" (EN 62, dt. 80). Hervorzuheben ist, dass sich Dewey in diesem Kapitel um eine Definition der Metaphysik bemüht, die sich sowohl auf die „traditionelle", zu kritisierende, wie auch auf seine eigene, „kritische" Unternehmung erstreckt – stets soll unter Metaphysik die „Wissenschaft von den allgemeinen Eigenschaften der Wirklichkeit" (EN 50, dt. 64 f.) verstanden werden.

Drei Aspekte der Definition werden für die weitere Argumentationslinie des Buchs bedeutungsvoll: Erstens impliziert diese vorläufige Definition, dass die Metaphysik als ein fallibilistisches und prozessorientiertes Unternehmen in dem Sinn ansetzen muss, dass metaphysische Spekulation *vor* dem Postulieren ungewordener Entitäten, welche die Wirklichkeit als solche in Natur und Kultur, Kausalität und Normativität, Notwendigkeit und Kontingenz usw. spalten, Rechenschaft darüber geben soll, *wie* sich das Ganze der „Wirklichkeit" derart differenziert. Zweitens begrenzt diese Definition Metaphysik nicht auf die Ermittlung des „Seins als solchen", das gemäß Dewey falscherweise in Aristoteles' Nachfolge als der umfassende Gegenstand von Metaphysik verstanden wurde. Der Deweyschen Definition zufolge beschäftigt sich Metaphysik also weder ausschließlich mit dem, was *ist*, noch mit den Formbedingungen dessen, was sein *kann*. Im Gegenteil setzt sie sich mit der „Wirklichkeit" auseinander, welche, wie noch zu sehen sein wird, in einer *praktischen* Verbindung von dem besteht, was ist, und dem, was sein kann, von „Sein" und „Möglichkeit". Die „Wirklichkeit" als Gegenstand ist Dewey zufolge umfassender als das gegebene Sein oder das ideale Sein, das die traditionelle Philosophie als eine schon vorhandene „höchste Realität" zu hypostasieren tendiert. Dank ihres Doppelcharakters aus Stabilem und Prekärem hat die Wirklichkeit, wie Dewey schon zwei Jahrzehnte vor *Erfahrung und Natur* behauptete, als solche einen „praktischen Charakter" (Dewey 1907). In der Wirklichkeit sind immer schon Ziele, Werte und Ideale *am Wirken*, die über das gegenwärtige Sein hinausweisen: „Das Problem der Verbindung oder des Mangels an Verbindung zwischen dem Wirklichen und Idealen war immer das Zentralproblem der Metaphysik", spezifiziert Dewey in *Die Suche nach Gewißheit* (Dewey 1998, 300). Drittens ist Deweys Metaphysik partizipatorisch: Wie der obigen Definition ihres Gegenstandes zu entnehmen ist, soll sie die Wissenschaft der „Welt, in der wir leben" sein – es geht ihr um *unsere* Welt, in der unsere Ängste und Hoffnungen überaus entscheidend sind; Deweys „ganz andere Metaphysik" (EN 47, dt. 61) hat also von vornehrein einen sozialphilosophischen Anspruch.

Um diesen Ausgangspunkt der „naturalistischen Metaphysik" genauer zu beleuchten, geht es im vorliegenden Kapitel einerseits um Deweys Kritik traditioneller Ansätze der Metaphysik, andererseits präsentiert er auch seine eigene Metaphysik der „allgemeinen Eigenschaften" der natürlichen Welt. Es geht also stets gleichzeitig um Metaphysikkritik und eine neue Metaphysik. Eine wichtige Herausforderung für die Leserinnen und Leser von *Erfahrung und Natur* ist somit bereits in diesem Anfangskapitel gegeben: Wie verhält sich Deweys beinahe vernichtende Kritik der Metaphysik zu seinem überraschenden Anspruch, das Projekt einer Metaphysik nicht überhaupt als sinnlos zu verwerfen, sondern eben eine „ganz andere Metaphysik" entwickeln zu wollen? Diese Frage hat die Geister der Dewey-Rezeption geschieden. Auf der einen Seite stehen Neo-Pragmatisten wie Richard Rorty und Hilary Putnam, die Deweys Metaphysik als ein Überbleibsel derjenigen Tradition betrachten, die Dewey angeblich in Werken wie *Die Suche nach Gewißheit* erfolgreich destruiert hat; auf der anderen stehen Autoren wie John Herman Randall, die Deweys Projekt einer „historisch-naturalistischen" Metaphysik fortzuführen trachten (Rorty 1982; Putnam 1992, Kap. 9; Randall 1958).[2]

3.2 Der kontingente Charakter der Wirklichkeit

Deweys Beschreibungen der Natur finden auch auf den Menschen Anwendung, der stets als Teil der natürlichen Welt begriffen wird. Diese Formulierung darf aber nicht missverstanden werden. Nicht nur ist der Mensch Teil der Natur und damit ihren Gesetzmäßigkeiten und evolutionären Entwicklungen und Anpassungszwängen unterworfen; er formt diese Natur auch und verleiht ihr damit einen immer schon kulturellen Charakter. Strukturen, die menschliches Leben charakterisieren, also etwa Kunst, Moral, Religion, Sprache oder Gesellschaft, stehen der Natur nicht *gegenüber*, sondern sind auf ihre Weise natürlich, gehören, wenn man

---

[2] Eine einleuchtende Untersuchung zum Verhältnis des Pragmatismus zur Metaphysik bietet Hampe 2006.

so will, zum natürlichen Inventar des Menschen und stellen Weisen dar, in der sich die Natur durch die Aktivitäten intelligenter Organismen auf sich bezieht, sich transformiert. So kann man Deweys Begriff der „Existenz" (existence) (von Martin Suhr gelegentlich heideggerisierend als „Dasein" übersetzt, sonst als „Wirklichkeit"), der mit dem der Wirklichkeit (reality) in anderen metaphysischen Texten Deweys überlappt (Dewey 2003c), als Versuch verstehen, einen umfassenden Begriff zu finden, der es möglich macht, traditionell „kulturelle" und „natürliche" Eigenschaften und Merkmale gleichsam unter einem begrifflichen Dach zu thematisieren, um sie in *ein* ontologisches Register eintragen zu können. Dieser Versuch, das Natürliche und Kulturelle in eine kosmologische Kontinuität zu stellen, charakterisiert, wie Dewey einige Jahre später in seiner *Logik* klarmacht, das „primäre Postulat" des Naturalismus (Dewey 2008, 38).

So hat Dewey kein Problem damit, die Phänomene des Risikos, der Ungewissheit, der Instabilität oder des Unheimlichen, die, wie es heißt, die Welt kennzeichnen, zunächst im Kontext von kulturellen Praktiken anzusprechen (EN 42f., dt. 55f.). Der Metaphysikkritiker Dewey setzt als ein *Ethnologe der Philosophie* an, eine Strategie, die er auch in seinen weiteren traditionskritischen Arbeiten verfolgt, etwa im vor kurzem erschienenen, unvollständig gebliebenen Manuskript *Unmodern Philosophy and Modern Philosophy* (Dewey 2012, Kap. 1). Das ethnologische Studium der Phänomene der Unsicherheit und Ungewissheit, die Philosophie und Metaphysik einmal hervorgerufen haben, verschafft uns nicht nur Gewissheit über diese Praktiken selbst, sondern gibt zugleich Auskunft über die „Welt", in der diese Praktiken stattfinden. So wäre es falsch, frühe Formen der animistischen Magie schlicht als Projektion menschlicher Furcht auf natürliche Entitäten zu beschreiben, die dann zu beschwichtigen und zu beeinflussen sind. „Der Mensch fürchtet sich, weil er in einer furchtbaren Welt, in einer schrecklichen Welt lebt." (EN 43f., dt. 57) Es ist nach diesen Überlegungen eine anthropologische Tatsache, dass der Mensch seine Ziele und Zwecke nur mit Hilfe einer seinen Absichten entgegenkommenden Umwelt verwirklichen kann, so dass es nicht irrational ist, dieser Umwelt dankbar oder beschwörend zu begegnen. Der Unterschied zwischen frühen und modernen Menschen liegt nur darin, dass den modernen Menschen andere – vor allem wissenschaftliche – Mittel und Technologien zur Verfügung stehen, um Einfluss auf natürliche Prozesse und damit auch auf die eigenen Lebensgrundlagen zu nehmen. In seinen späten Spekulationen geht Dewey soweit, dass er sogar das Wissen als eine Technologie rekonstruiert (Dewey 2012, 232ff.). Doch diese avancierten Mittel ändern nach Dewey nichts am grundlegend „gefährlichen" Charakter der Welt, ja, man kann sagen, dass die Moderne die Illusion einer Kontrollierbarkeit natürlicher Vorgänge um den Preis des Vergessens dieser ontologisch unaufhebbaren Gefährlichkeit erzeugt hat. Der moderne Mensch verfügt in seinen Technologien lediglich über eine Vielzahl an „Umwegen", wie man mit Latour sagen könnte, um die prekäre Umwelt zu bewältigen.³

Die Existenz ist also gefährlich, riskant, ungewiss, instabil, sie ist kontingent und produziert fortwährend neben den intendierten Konsequenzen nicht-intendierte Konsequenzen. Wie immer, wenn Dewey einen Sachverhalt schildern möchte, bedient er sich eines vielfältigen Vokabulars und sorgt sich wenig um begriffliche Präzision. Wichtiger scheint ihm die Feststellung, dass das, was er beschreibt, „unauslöschliche Eigenschaften aller und jeder Erfahrung" sind (EN 45, dt. 58). Darüber hinaus sind es genau diese Eigenschaften, die die inkriminierte traditionelle Philosophie leugnet, da sie danach strebt, der Welt einen „vollständigen, endgültigen und sicheren Charakter zuzuschreiben" (EN 47, dt. 61). Alle Differenzen dieser Philosophien, alle Unterschiede zwischen Platonikern, Materialisten, Idealisten, Empiristen, Positivisten etc. verblassen vor dem Hintergrund der sie einenden Leugnung des unaufhebbar kontingenten Charakters der Wirklichkeit. Dewey stört sich längst nicht nur am Platonismus und seinen „höchsten" Ideen, er reibt sich letztlich an allen systematischen Ansätzen der Philosophie, die den Anspruch erheben, die Grundstrukturen alles Bestehenden letztgültig freigelegt und vor allem als unveränderlich erkannt zu haben. Es gibt keine Gewissheit, die nicht von Ungewissheit begleitet ist, es gibt keine Kontrolle ohne potentiellen Kontrollverlust, es gibt keine Vollständigkeit ohne die Möglichkeit neuer Einsichten und Erkenntnisse, die das als vollständig Geglaubte unfertig und unvollkommen erscheinen lassen. Dewey leugnet also nicht, dass es ein Anwachsen der Kontrolle natürlicher Prozesse gibt, er leugnet auch nicht „Wiederholungen, die Voraussage und Kontrolle ermöglichen" (EN 47, dt. 61), aber diese partiellen Gewissheiten und lokalen Stabilitäten sind stets begleitet von Ungewissheit und Instabilität, die ihrerseits nur vor dem Hintergrund einzelner Gewissheiten und Stabilitäten ihre bedrohliche Wirkung entfalten können. Ontologisch gibt es hier kein Primäres, die Gewissheit ist der Ungewissheit nicht in dem Sinne abgerungen, dass die Ungewissheit das ontologische „Fundament" alles Existierenden ist. Vielmehr sind Gewissheit und Ungewissheit gleichursprünglich, sie lassen sich nur künstlich trennen, nicht aber in einem absoluten Sinne. Dewey drückt dies fast poetisch unter Verweis auf ein biblisches Gleichnis aus: „Sie sind [...] lebendig gemischt wie der Weizen und das Unkraut" (EN 47, dt. 61).

---

3 Hilfreich für das Verständnis des umfassenden Werkes Latours, das durch Dewey in mancher Hinsicht beeinflusst ist, ist Latour 2016.

Damit eröffnet sich die Perspektive seiner „ganz andere[n] Metaphysik" (EN 47, dt. 61), die Perspektive einer „naturalistischen Metaphysik" der lebendigen Mischung von Prekärem und Stabilem.

3.3 Illusionen der klassischen und das Emanzipatorische der naturalistischen Metaphysik

Wie radikal Dewey die Abweichung dieser neuen Metaphysik von ihren Vorgängern auffasst, wird nun in einem nächsten Schritt seiner Argumentation klar, indem er einzelne philosophische Positionen kritisch einordnet. Dewey verfährt dabei gewohnt großflächig. Kein einzelner Autor wird ausführlich diskutiert, stets bleibt es bei groben Einschätzungen, die Widerspruch von historisch genauer betrachtenden Geistern geradezu provozieren müssen, weil der Kamm, mit dem hier geschoren wird, allzu viele Aspekte der erwähnten Theorien gar nicht erst einfängt. Vielleicht ist dies aber als ein Gestus zu verstehen, mit dem Dewey performativ den selektiven Charakter jeder metaphysischen Argumentation, den er im ersten Kapitel hervorhebt und dessen Verschleierung er traditionellen Philosophien vorwirft, offen zum Ausdruck bringt.[4] So ist an Aristoteles immerhin bewundernswert, dass er die Wandelbarkeit einiger Dinge anerkannt hat, zugleich aber zu kritisieren, dass er das Wandelbare gegenüber dem Unwandelbaren abwertet. Mit diesem Dualismus zwischen dem Beweglichen und Unbeweglichen, zwischen Wandel und Stabilität, Ungewissem und Gewissem hat Aristoteles die abendländische Metaphysik aufs falsche Gleis gesetzt. Kants Trennung von Noumenalem und Phänomenalem, von Vernunft und Sinnlichkeit, ist nur ein später Reflex dieser verhängnisvollen Tradition, die Dewey sogar noch dort am Werk sieht, wo Wandel und Veränderung zum Kern philosophischer Systematik werden wie bei Bergson oder Hegel. Eine Metaphysik des Wandels ist problematisch als Metaphysik, wenn sie sich selbst verabsolutiert und das notwendige *Zusammenspiel* von Wandel und Stabilität verkennt.

Was an dieser Kritik deutlich wird, ist, dass Dewey das Streben nach Stabilität durchaus als normale menschliche Regung akzeptiert. Mehr noch, um dem oftmals verwirrenden und undurchschaubaren Charakter unserer primären Erfahrung zu entgehen, müssen wir Intelligenz einsetzen, um die „Stabilität des Sinns über die Instabilität der Ereignisse herrschen zu lassen" (EN 49, dt. 63). Nicht die Sehnsucht nach Gewissheit also ist problematisch, sondern die mit der Trennung

---

4 Siehe Deweys Erläuterung der methodischen Funktion der Selektion und der Übertreibung im ersten Kapitel von EN 34f., dt. 45f.

von Theorie und Praxis einhergehende Annahme, man müsse nichts *tun*, um die Stabilität herbeizuführen, da sie, jedenfalls in Gestalt einer „höheren Realität" für eine privilegierte Schicht von Philosophen, schon als existent erkannt ist. Erneut, und auf kaum je ausführlich diskutierte Weise, entlarvt Dewey die traditionelle Metaphysik als *klassengebunden*. Die zum Erreichen einer Wahrheit oder Gewissheit nötigen Mühen, die Entscheidungen und Verpflichtungen, die getroffen und eingegangen werden müssen, um den zunächst immer offenen Erkenntnisprozess zu initiieren und durchzuführen, müssen all jenen verborgen bleiben, die von reproduktiver und transformativer Praxis entlastet sind und die von anderen gefertigte Produkte konsumieren.[5] Auch die Idee eines Wissens um seiner selbst willen bricht mit der natürlichen Einstellung, in der Wissenserwerb hauptsächlich zweckhaft gebunden ist. In der natürlichen Einstellung sind wir daran interessiert, das je für uns Gute zu erreichen und können nicht davon ausgehen, es schon erreicht zu haben. Die Suche nach Gewissheit und Stabilität ist in diesem Sinne Teil eines praktischen Strebens nach genau den Bedingungen, die ein Verwirklichen wesentlicher menschlicher Zielsetzungen ermöglichen (Dewey 1998, Kap. 4). Welche Bedingungen freilich dieses Kriterium erfüllen, lässt sich nicht mit absoluter Gewissheit sagen, sodass an diesem Punkt Entscheidungen getroffen und Wertannahmen gegen mögliche Alternativen verteidigt werden müssen. Dewey wird nicht müde zu betonen, dass mit solchen Entscheidungen und Annahmen Ungewissheiten verbunden sind, vor denen eine falsch verstandene Philosophie schützen (oder fliehen) will, indem sie ihre Erkenntnisse als gegeben und immer schon gültig voraussetzt.

Folgt man diesen Überlegungen, dann gibt es eine gute und eine schlechte Art zu philosophieren. Die gute Philosophie entspringt dem natürlichen Bedürfnis des Menschen, durch Reflexion eine Klärung im Dickicht alltäglich vorhandener und bisweilen widersprüchlicher Meinungen und Wertschätzungen herbeizuführen, die durch eine solche Klärung handlungsleitenden Charakter annehmen können und zu partiellen Gewissheiten gerinnen, welche zum „Umbau" der ursprünglichen, empirischen Situation beitragen (Dewey 2003a). In diesem Sinne ist Dewey kein *epistemologischer* Fallibilist, wenn darunter mit Isaac Levi eine Position verstanden wird, die davon ausgeht, dass wir zu keinem Zeitpunkt unseren jeweiligen Überzeugungen mit absoluter Gewissheit begegnen können, weil sie immer nur mehr oder weniger *wahrscheinlich* wahr sind (vgl. Levi 2012, 4).[6] Es *gibt*

---

5 Für eine ausführlichere Erörterung der Klassengebundenheit der Metaphysik siehe Dewey 2012, Kap. 1 und 2, sowie MW 12, Kap. 1.
6 Dies scheint dennoch nicht den *pragmatischen* Fallibilismus auszuschließen, der besagt, dass alles, was im Laufe eines Erfahrungsprozesses vorausgesetzt wird, auch anfechtbar ist, obzwar nicht zu gleicher Zeit. Putnam 1994, 152.

Stabilität und Gewissheit, das bezweifelt auch Dewey nicht. Er ist aber, weiterhin in der Terminologie von Levi, Korrigibilist, das heißt, er räumt ein, dass je aktuelle Gewissheiten im Lichte neuer Erkenntnisse und Einsichten zunächst zweifelhaft werden können, um dann in einem weiteren Schritt mit Hilfe von geleiteter Untersuchung (inquiry) einer praktisch orientierten Korrektur unterzogen zu werden.[7]

Wenn Dewey in den zu besprechenden Abschnitten gelegentlich von einem „moralischen Problem" spricht, das etwa in der „Besänftigung und Beherrschung (regulating) des beunruhigenden Faktors durch die aktive Anwendung des stabilen Faktors" besteht (EN 52, dt. 67), dann mag der Begriff der Moral unklar scheinen. Gemeint ist, dass die „aktive" Anwendung des stabilen Faktors, also die Bereitschaft moralisch ist, gegebene Überzeugungen im Lichte von mit ihnen konfligierenden einer Überprüfung auszusetzen, weil dadurch das Stabile und Gewisse nicht als unwandelbar hypostasiert und eingeräumt wird, dass Gewissheits- und Stabilitätsannahmen ihre Basis in Entscheidungen menschlicher Lebewesen haben, Entscheidungen, die diese Annahmen gewissermaßen als Werte oder Ideale auf eine künftig geklärte Situation projizieren. Gute Gründe für die Revision oder Korrektur eigener Überzeugungen zu ignorieren, wird folglich genauso zu einem moralischen Fehler wie die Behauptung der traditionellen Philosophie, es gebe unkorrigierbare Überzeugungen und Gewissheiten.

Mit Recht wird mancher an dieser Stelle fragen, was Dewey eigentlich meint, wenn er von Stabilität und Instabilität spricht? Man muss sich für eine Antwort auf diese Frage zunächst einmal klarmachen, welche weiteren Begriffe für Dewey eine gewisse Äquivalenz zu diesen Begriffen besitzen. Da ist die Rede vom „Sicheren und Vollständigen", von dem, was „wirklich und wahrhaftig" ist, vom „Finalen", vom „Ewigen und Unendlichen", von „Allmacht" und „Allwissenheit" (Gott) oder vom „Regelmäßigen und Verlässlichen". Demgegenüber stehen „Erscheinung", „Illusion", „Kontingenz", „Endlichkeit", „das Empirische", das „Prekäre" und das „Problematische" (EN 51–53, dt. 67–69). Auch wenn einen die Fülle dieser Begriffe stören und verwirren kann, auch wenn man daran zweifeln mag, dass tatsächlich die gesamte abendländische Philosophie diesen Dichotomien blind gefolgt ist (auffällig ist etwa, dass die Philosophie der Schottischen Aufklärung kaum je erwähnt wird oder dass klassische Metaphysikkritiker wie Marx und Nietzsche außer Acht gelassen werden) – wichtig für Dewey ist keinesfalls die einseitige Aufwertung des bislang abgewerteten Bereichs. Eher geht es ihm um eine praxisorientierte Einbettung *beider* Phänomenbereiche im Geiste der erschlossenen Perspektive einer Metaphysik der lebendigen Mischung: Weltlichkeit erschließt

---

7 Zu Deweys Fallibilismus und Korrigibilismus vgl. Särkelä 2017a.

sich in Handlungsvollzügen, und nur in diesen findet auch die Kategorie des Stabilen ihren Platz, eben als temporär gültige Gewissheit oder etablierte Gewohnheit, Praxis, Institution, Struktur, Konvention oder Tradition; das Stabile findet seine Heimat in dem, was Dewey andernorts „soziales Leben" (associated life) nennt (vgl. Dewey 1973, Kap. 6; Testa 2017; Särkelä 2017b). Nur in der relativen Unruhe von Interaktionen kann es zu Vollendungen kommen, zu relativer Harmonie oder Ruhe, zur Verwirklichung gesetzter Ziele (Dewey 2003c).[8] Es gilt aber: „Gut zu sein bedeutet besser zu sein als; und es kann kein besser geben, außer wo es Erschütterung und Uneinigkeit gibt" (EN 57, dt. 74). Fortschritt also bleibt angewiesen auf die Möglichkeit und Wirklichkeit der Enttäuschung und des Rückschritts, ein Fortschritt dagegen, der diese Möglichkeiten ignoriert, wird selbst illusionär.

Deweys Beschreibung der Illusionen einer Philosophie, die ihrer Wurzeln in der natürlich-alltäglichen Perspektive verlustig gegangen ist, erinnert an Heideggers Kategorie des bloß Vorhandenen, das dem Zuhandenen gegenübergestellt wird (Heidegger 2006, §§ 15–22). Eine vollkommene Welt ohne Bezug auf die sie mit Sinn speisende prekäre Welt wäre, so Dewey, „einfach ein unwandelbares rohes existierendes Ding" (EN 58, dt. 75), was soviel heißt wie: ohne jede praktische Implikation. Wir können schlicht nichts mit ihr anfangen und wären auch nicht in der Lage, die scheinbar erreichte Perfektion als solche zu genießen.

Wenn Dewey allerdings einräumt, dass „wir" uns inmitten einer „problematischen Welt" nach „vollkommenem Sein" sehnen (EN 58, dt. 75) oder auch von der „Bevorzugung des Stabilen vor dem Prekären" spricht (EN 64, dt. 83), stellt sich die Frage, ob er nicht doch die Tendenz hat, diesen Zug der menschlichen Natur – nun in Abstraktion von der erwähnten klassenspezifischen Erklärung – selbst noch einmal zu anthropologisieren und zu enthistorisieren. In seiner Sozialphilosophie hingegen geht Dewey explizit davon aus, dass philosophische Kritik gewissermaßen *beides* leisten muss: Einerseits idealisiert die Theorie gerechtfertigter Weise das Stabile, indem sie eine zerspaltene Gesellschaft wieder zu integrieren sucht; andererseits idealisiert sie das Wandelbare, indem sie das Stabile im Fluss des sozialen Lebens als tot betrachtet und durch dessen Zerstörung die fraglichen Praktiken zu beleben sucht (Särkelä 2017b). Hier, in dem zweiten Kapitel von *Erfahrung und Natur*, scheint Dewey jedoch ausgehend von der „primitiven" Erfahrung die Sehnsucht nach Stabilität selbst zu hypostasieren. Einen möglichen Ausweg aus dieser Zwangslage bietet eine Lesart, die die letzte, durch Reflexion hervorgebrachte „Stabilität" schon als eine andere, das heißt

---

[8] Solche Interaktionen wird Dewey in seiner späteren Metaphysik mit Bentley als „Transaktionen" systematisch herausarbeiten. Vgl. LW 16, Kap. 4 und 5.

prozessual aufgefasste Stabilität, begreift, nach der „wir" uns gerechterweise sehnen, weil sie uns von sowohl bedrohlichen Kontingenzen als auch von zwingenden Strukturen befreit.

Warum, so muss gefragt werden, neigt die Philosophie, aber auch der von ihr beeinflusste *common sense*, zum Vergessen der praxisbezogenen Relevanz aller Ideale? Man wird sagen müssen, dass das vorliegende Kapitel auf diese Frage nur vage Antworten gibt, die zwischen sozialstrukturell-historischen und anthropologisierenden Annahmen hin und her schwanken. Eine systematische Behandlung findet die Frage, wie sich die darin implizite Dichotomie von Theorie und Praxis in der abendländischen Geistesgeschichte erhält, erst einige Jahre später in *Die Suche nach Gewissheit*. Nimmt man aber die in diesem Kapitel vorkommende Idee des „Vergessens" wörtlich, dann liegt es nahe, davon auszugehen, dass wir es schon einmal besser wussten und dieses Wissen verloren oder eben vergessen haben. Tatsächlich enthält auch das vorliegende Kapitel Abschnitte, die die natürlich-alltägliche Einstellung als den Ort präsentieren, an dem die Praxisrelevanz aller epistemischen Leistungen noch anerkannt wird.[9] In dieser Perspektive, so Dewey, ist „Erkenntnis nur um ihrer Auswirkung auf Erfolg und Niederlage beim Erreichen von Gütern und Vermeiden von Übeln" erstrebenswert (EN 50, dt. 65). Die Idee einer einzig kontemplativ zu erreichenden Erkenntnis um ihrer selbst willen muss dieser Perspektive immer schon fernliegen, weil sie sich gleichsam der alltäglich sich ergebenden Probleme und Hindernisse bewusst ist, zu deren Lösung oder Bewältigung auch philosophische Reflexion nur beitragen kann, wenn sie nicht den Kontakt zur natürlich-alltäglichen Perspektive verliert. Neben der klassenspezifischen Erklärung des Vergessens der lebensweltlichen Verankerung philosophischer Reflexion, die im Übrigen mit einer systematischen kulturellen Abwertung aller handwerklichen Fähigkeiten einhergeht und auch die technisch-instrumentellen Dimensionen sophistischen Wissens unter Verdacht stellen, finden sich aber auch Äußerungen bei Dewey, wonach die Suche nach (letzter) Gewissheit und das Überwinden der prekär-lebensweltlichen Vollzüge menschlicher Zielerreichung ihre Quelle in der „allzu menschlichen" Neigung haben, den schwierigen Wegen auszuweichen, auf denen sich in der natürlich-alltäglichen Perspektive Ziel- und Zweckerreichungen einzig vollziehen lassen.[10] Inwieweit sich freilich die menschliche Sehnsucht nach „vollkommenem Sein" einzig unter Bedingungen einer sozialstrukturell etablierten Handlungsentlastung privilegierter Schichten tatsächlich entfalten kann, bleibt in diesem Kapitel eine offene

---

9 Eine ähnliche Implikation enthält Deweys Gegenüberstellung von (Platonischer) Philosophie und griechischem handwerklichem „Know-how" in MW 12, Kap. 1.
10 Zur Abwertung der Sophistik in der philosophischen Tradition und zur Aufwertung des Handwerks bei Dewey siehe auch Hartmann 2003, Kap. 4.

Frage, die Dewey in seiner Sozialphilosophie (vgl. Dewey 1973; MW 13; LW 5) und *Die Suche nach Gewissheit* ausführlicher behandelt.

Zweideutig verbleibt diese Idee des Vergessens auch in der Hinsicht, dass der Erfolg der von Dewey gepriesenen Naturwissenschaften ihm zufolge keineswegs in einer unmittelbaren Ausrichtung auf ihren Nutzen für die Primärerfahrung besteht. Ganz im Gegenteil ist es für den Triumph der modernen Wissenschaft maßgebend, dass sie sich von den qualitativen Wertungen des Alltagsbewusstseins *dissoziiert*. Die Wissenschaften ordnen die Theorie nicht der Primärerfahrung unter, sondern der *experimentellen Praxis*, durch welche sie die Gegenstände der Primärerfahrung *transformieren*: Für den Erfolg der modernen Wissenschaft war es erforderlich, dass sie (1) von der qualitativen Alltagserfahrung abstrahierte, indem sie Wissen und Fragen ohne Bezug auf unmittelbar bevorstehende Probleme lieferte, aber dennoch (2) immer zur Primärerfahrung zurückkehrte, wobei (3) diese Rückkehr *experimentell* war, wie Dewey in der unvollendeten Einleitung deutlich macht (EN 345, dt. 430). Die Wissenschaft sieht gewissermaßen vom praktischen Nutzen in der Primärerfahrung ab, nur um ihr „genau unter dem Gesichtspunkt ihres praktischen Nutzens überlegen" zu werden (EN 345, dt. 430). Für den Erfolg der Wissenschaft ist es somit nötig, zeitweilig die alltägliche Einstellung zum Erfolg zu *vergessen*.

Hat Dewey nun hinlänglich deutlich gemacht, dass die traditionelle Philosophie auf einer problematischen ontologischen Dichotomisierung der Wirklichkeit in einen wandelbaren und einen unwandelbaren Bereich beruht, wird es für die Interpretation wichtig, seinen eigenen metaphysischen Entwurf jenseits der kritisierten Dichotomie als Hypothese zu skizzieren. Man muss naturgemäß *Erfahrung und Natur* als Ganzes lesen, um diesen Entwurf kennenzulernen, aber auch die insgesamt eher abstrakten Überlegungen des vorliegenden Kapitels (wie schon des ersten Kapitels) lassen die Richtung erkennen, in die Dewey gehen will. Entscheidend ist dabei sein Begriff der *Reflexion*, den er vor allem gegen Varianten des objektiven Idealismus in Stellung bringt, die zur Zeit von Deweys philosophischer Ausbildung in den USA noch einflussreich waren.[11] Was Naturalismus für Dewey heißt, mag man in Ansätzen etwa erkennen, wenn das Denken selbst einerseits auf die Stufe einer stets situativ gebrochenen instrumentellen Problembewältigung bezogen wird und andererseits enthält, was man mit Adorno „somatisches Moment" bezeichnen kann (Adorno 2003, 202).[12] Wenn es etwa heißt,

---

11 Besonders hilfreich für das Verständnis des Entstehungskontextes des Deweyschen Werkes: Menand 2001.
12 Die Parallelen zwischen Deweys *Erfahrung und Natur* und Adornos *Negative Dialektik* sind in der Forschung bei weitem noch nicht ausgelotet, was zweifellos an der extrem unterschiedlichen Diktion beider Texte und an den klassischen Vorurteilen der Kritischen Theorie gegen den

dass sich das Denken „der Art nach nicht von der Nutzbarmachung natürlicher Materialien und Energien, wie Feuer und Werkzeuge, unterscheidet, um andere natürliche Materialien, wie Erz, zu läutern, neu zu ordnen und zu formen" (EN 61, dt. 79), dann wird das Denken radikal materialisiert und funktionalisiert. Sein Ausgangspunkt sind spezifische Situationen, die aus welchen Gründen auch immer problematisch geworden sind und einer Lösung harren. Jenseits solcher stets konkret zu verstehenden, problematisch gewordenen Situationen hat das Denken für Dewey keinen Gehalt und ist schon gar nicht in der Lage, eigene Objekte zu „konstituieren" (EN 61, dt. 79). So wird Reflexion zu einem „natürlichen Ereignis, das *innerhalb* der Natur aufgrund ihrer Eigenschaften auftritt" (EN 62, dt. 80, Hervorhebung von Dewey). Unsicherheit, Unklarheit, die forschende Untersuchung, die auf der Basis von bewussten Entscheidungen Lösungswege für problematische Situationen auslotet – all diese typischen Eigenschaften der Reflexion verweisen auf *natürliche* Unsicherheiten. Natürlich kann man sagen, um ein willkürliches Beispiel heranzuziehen, dass die Vorhersagbarkeit eines Erdbebens nur für intelligente Organismen zum Problem werden kann, weil nur solche Organismen überhaupt versuchen können, Ereignisse vorherzusagen. Aber die Schwierigkeit, Erdbeben vorherzusagen, hat ihre Quelle in kaum durchschauten Mechanismen der Natur und nicht in immanenten Begrenzungen menschlicher Vernunft. Gerade weil intelligente Organismen genauso wie weniger intelligente Organismen Teil der Natur sind, sind sie auch ihren Mechanismen ausgeliefert und können versuchen, diese zu verstehen und zu manipulieren. Denken findet nicht *gegenüber* der Natur statt, sondern charakterisiert eine Weise, in der die Natur ihren Verlauf zugunsten intelligenter Organismen beherrscht.

Die Naturalisierung des Denkens hat ihr Äquivalent in einer Metaphysik von Ereignissen, Strukturen, Prozessen und Funktionen. Auch wenn Dewey hier erneut gegen einseitig idealistische und materialistische Doktrinen argumentiert und ihnen vorwirft, entweder Materie oder Ideen absolut zu setzen, ist der zentrale Punkt die Erläuterung dessen, was Struktur und Prozess überhaupt heißen können. Deweys Pointe dürfte nun bekannt sein: Festigkeit ist temporär geronnener Wandel, dessen Dauer nur Dauer ist im Vergleich zum sonst rapiden Strudel der Veränderung. Jenseits ihrer materiellen und damit stets wandelbaren Manifestation hat Struktur kein Sein (allemal nicht in einem unwandelbaren Ideenreich). Struktur ist relativ zum Prozess, wie alles andere, was ist, ist sie Ereignis, nur besitzt sie größere Dauer als andere Ereignisse und die Macht, andere Ereignisse

---

Pragmatismus liegt. Für eine Annäherung beider Traditionen dürfte es erheblich sein, den Bann zu brechen, mit dem die Kritische Theorie den Begriff des instrumentellen Denkens versehen hat. Provokativ könnte man sagen, dass viele Elemente des von Adorno oft proklamierten „Vorrangs des Objekts" in Deweys Begriff des situativen Denkens aufgehoben sind. Siehe Hartmann 2009.

zu organisieren. Es gibt Dewey zufolge keine Aktionen ohne Reaktionen, oder wie Hegel sagt, keine „solizitierende" Kraft ohne „solizitierte" Kraft (Hegel 1807, Kap. 3). Dabei bestreitet Dewey nicht nur die substanzontologische Annahme eines relativ niedrigen Rangs des Wandels im Verhältnis zur Ruhe; auch der relationalen, oder wie er in der unvollendeten Einleitung von 1949 sagt: „übermodernen" Ontologie der naturwissenschaftlichen Revolution haftet noch die Hypostasierung des Stabilen an. Wo Aristoteles der Wissenschaft die Ruhe der Substanz zugrunde legt, finden Galileo und Newton die uniforme Bewegung zwischen unveränderlichen Relata. So hält noch die moderne Naturwissenschaft an den überlieferten Konzeptionen von Unveränderlichkeit fest, erst das Prozessdenken, das in den Entdeckungen von Darwin und Einstein zum Ausdruck kommt, vollendet die naturwissenschaftliche Revolution: Darwin zerstört mit dem evolutiven Begriff der Art die vermeintliche Unwandelbarkeit der Substanz (vgl. Dewey 2004a; Särkelä 2015), Einstein mit der Relativitätstheorie die uneinholbar postulierte Unabhängigkeit von Raum und Zeit (EN 346f., dt. 432f.). Dieser Vollendung soll die „ganz andere Metaphysik" der „lebendigen Mischung" von Stabilem und Prekärem unterstützend entgegenkommen. So formuliert Dewey zum Abschluss des vorliegenden Kapitels die Hypothese, welche aus diesen Überlegungen für die weitere Argumentation von *Erfahrung und Natur* folgt: „Es zeugt von gesundem praktischen Sinn, die langsameren und regelmäßigeren rhythmischen Ereignisse Struktur und die schnelleren und unregelmäßigen Prozess zu nennen. Eine solche Bezeichnung drückt die Funktion des einen im Hinblick auf das andere aus." (EN 64, dt. 82)

Eine solche *naturalistische* Metaphysik soll, wie Dewey bereits auf der ersten Seite der Einleitung klarmacht, zugleich *humanistisch* sein. Das bedeutet so viel wie „emanzipatorisch". Sie soll durch die Aufhebung der „Trennung von Kontingenz und Notwendigkeit" der Wissenschaft helfen, ein „Organ" zu werden, „durch ihre eigene Expansion die üppigeren und unregelmäßigeren Äußerungen der Natur im menschlichen Verkehr, in den Künsten, der Religion, der Industrie und in der Politik zu regulieren und zu bereichern" (EN 55, dt. 71). Nur auf diesem Weg, so ist Dewey überzeugt, ist der Geburtsfehler der abendländischen Philosophie, ihre Ergebnisse ohne die Möglichkeit empirischer Verifikation aufgrund uneingestandener Vorlieben schlicht zu postulieren und damit dem Bereich überprüfbarer und allgemein nachvollziehbarer Aussagen zu entziehen, rückgängig zu machen. Das ist auch ein Exempel von Deweys Auffassung philosophischer Praxis: Der Anspruch der Philosophie sei es stets gewesen, zwischen dem *Common Sense* und den kontraintuitiven Ergebnissen der letzten wissenschaftlichen Revolutionen im Hinblick auf die Emanzipationsversprechen der Gegenwart zu vermitteln (Dewey 2003b). Der humanistische Naturalismus Deweys soll diesem Anspruch nicht zuletzt darin gerecht werden, dass er durch die Zerstörung der

Trennung zwischen Notwendigkeit und Kontingenz dazu beiträgt, den transformativen Bezug wissenschaftlicher, kritischer Praktiken auf die Primärerfahrung herzustellen.

3.4 Weder Destruktion von noch Solidarität mit, sondern Transformation der klassischen Metaphysik

Setzt nun Dewey in diesem Kapitel das Projekt der Metaphysik fort oder will er es vielmehr zerstören? Zusammenfassend und auf die nachfolgenden Kapitel vorausblickend lässt sich sagen: Deweys polemische Reduktion der Geschichte der Metaphysik auf die Tradition des Identitätsdenkens kann nicht als eine einseitige Zerstörung der Tradition der Metaphysik interpretiert werden, sofern man seinem Anspruch, eine eigene Metaphysik zu entwickeln, gerecht werden will. Die bisherige Metaphysik wird als eine Suche nach Einheit und Allgemeinheit jenseits von Kontingenz gedeutet. Dies veranlasst Dewey jedoch weder, wie etwa Heidegger, die metaphysische Tradition zu „destruieren", noch, wie Adorno, eine „Solidarität" mit ihr zu verkünden. Vielmehr will Dewey die Tradition der Metaphysik *transformieren* (Hampe 2006, 37 ff.). Die Suche nach den „allgemeinen Eigenschaften der Wirklichkeit" wird nicht einfach aufgegeben, nur die damit zu Unrecht identifizierten Verpflichtungen, diese Suche jenseits von Kontingenz *der Natur* sowie abgelöst von *unseren* Ängsten und Hoffnungen zu praktizieren. Denn solch ein Identitätsdenken wandelt das „Ergebnis der Suche in eine Metaphysik um ..., die genau diejenigen Eigenschaften der Wirklichkeit leugnet oder ignoriert, die diese Suche in Gang gesetzt haben und ihren Schlussfolgerungen ihren Sinn geben" (EN 55, dt. 71). Es ist dieses Leugnen, das Dewey veranlasst, die zugleich humanistische und naturalistische Metaphysik der „lebendigen Mischung" in den weiteren Kapiteln von *Erfahrung und Natur* zu entwickeln.

Wie verhält sich nun diese naturalistische Metaphysik zu derjenigen kritischen Praxis, die wir als „Philosophie" kennen? Dies ist gewiss ein zentrales Thema der gesamten Abhandlung, aber Dewey gibt bereits in diesem Kapitel einige Hinweise, die sich als folgenreich erweisen werden: „Wenn wir der klassischen Terminologie folgen, ist Philosophie Liebe zur Weisheit, während Metaphysik die Wissenschaft von den allgemeinen Eigenschaften der Wirklichkeit ist. In diesem Sinne von Metaphysik sind Unvollständigkeit und Unstabilität Eigenschaften, denen der gleiche Rang wie dem Vollendeten und Festen gebührt. Die Liebe zur Weisheit ist mit der Frage, was sich aus dieser Tatsache für die Lebensführung gibt, aus einem Interesse am Guten heraus befasst" (EN 50, dt. 64 f.). Der humanistische Naturalismus stellt eine Metaphysik dar, die nicht nur in einer kritischen, philosophischen Praxis verankert werden muss, sondern überdies erst in dieser ihren Sinn entfaltet: Die Metaphysik der lebendigen Mischung von Stabilem und Prekärem, von Struktur und Prozess, kartiert für „uns" eine sich wandelnde Welt, die nicht im Schlafwandeln bestehen muss, sondern wesentlich *veränderbar* im Lichte unserer Emanzipationshoffnungen ist.

Literatur

Adorno, T. W. 2003: Negative Dialektik, in: ders., Gesammelte Schriften, Bd. 6, Frankfurt a. M.
Dewey, J. 2003a: „Der praktische Charakter der Realität", in: ders., Philosophie und Zivilisation, Frankfurt a. M.
Dewey, J. 2004a: „Der Einfluss des Darwinismus auf die Philosophie", in: ders., Erfahrung, Erkenntnis und Wert, Frankfurt a. M.
Dewey, J. 2004b: „Die Notwendigkeit einer Selbsterneuerung der Philosophie", in: ders., Erfahrung, Erkenntnis und Wert, Frankfurt a. M.
Dewey, J. 2003c: „Die umfassende philosophische Idee", in: ders., Philosophie und Zivilisation, Frankfurt a. M.
Dewey, J. 1998: Die Suche nach Gewissheit, Frankfurt a. M.
Dewey, J. 2003b: „Philosophie und Zivilisation", in: ders., Philosophie und Zivilisation, Frankfurt a. M.
Dewey, J. 2008: Logik. Die Theorie der Forschung, Frankfurt a. M.
Dewey, J. 1973: Lectures in China 1919–1920, Honolulu
Dewey, J. 2012: Unmodern Philosophy and Modern Philosophy, Carbondale/Edwardsville
Habermas, J. 1968: Erkenntnis und Interesse, Frankfurt a. M.
Habermas, J. 1969: „Erkenntnis und Interesse", in: ders., Technik und Wissenschaft als ‚Ideologie', Frankfurt a. M., 146–168
Hampe, M. 2006: Erkenntnis und Praxis. Zur Philosophie des Pragmatismus, Frankfurt a. M.
Hartmann, M. 2003: Die Kreativität der Gewohnheit. Grundzüge einer pragmatistischen Demokratietheorie, Frankfurt a. M.
Hartmann, M. 2009: „Vertiefung der Erfahrung. John Dewey in der deutschsprachigen Rezeption", in: Allgemeine Zeitschrift für Philosophie, Jg. 34, Heft 3
Hegel, G. W. F. 1980: Phänomenologie des Geistes, in: ders., Gesammelte Werke, Bd. 9, Hamburg
Heidegger, M. 2006: Sein und Zeit, Tübingen
Horkheimer, M. 1937: „Traditionelle und kritische Theorie", in: Zeitschrift für Sozialforschung, Jg. 5, H. 2
Latour, B. 2016: Cogitamus, Berlin
Levi, I. 2012: „Corrigibilism without Solidarity", in: ders., Pragmatism and Inquiry. Selected Essays, Oxford
Menand, L. 2001: The Metaphysical Club, New York
Putnam, H. 1992: Renewing Philosophy, Cambridge
Putnam, H. 1994: Words and Life, Cambridge
Randall, J. H. 1958: Nature and Historical Experience: Essays in Naturalism and the Theory of History, New York

Rorty, R. 1982: „Dewey's Metaphysics", in: ders., Consequences of Pragmatism (Essays: 1972–1980), Minneapolis
Särkelä, A. 2015: „Der Einfluss des Darwinismus auf Dewey. Metaphysik als Hypothese", in: Deutsche Zeitschrift für Philosophie, Jg. 63, H. 6
Särkelä, A. 2017a: „Immanent Critique as Self-Transformative Practice: Hegel, Dewey and Contemporary Critical Theory", in: Journal of Speculative Philosophy, Jg. 31, H. 2
Särkelä, A. 2017b: „Degeneration of Associated Life", in: Transactions of the Charles S. Peirce Society, Jg. 53, H. 1
Testa, I. 2017: „Dominant Patterns in Associated Living: Hegenomy, Domination, and Ideological Recognition in Dewey's Lectures in China", in: Transactions of the Charles S. Peirce Society, Jg. 53, H. 1

Katrin Wille
4 Natur als Drama.
Deweys Neubestimmung der Teleologie

(Zum dritten Kapitel)

4.1 Was es heißt, eine Erfahrung zu machen: Abschlüsse, Qualitäten, Finalitäten

Was heißt es, eine Erfahrung zu machen? Dewey denkt den Begriff der Erfahrung von unserer Praxis des Erfahrens her und nicht ausgehend von einer Begriffsdefinition oder einer philosophischen Schulmeinung. Eine Erfahrung machen wir, wenn ein bestimmter Verlauf, an dem wir beteiligt sind, zu einem Abschluss kommt. Solche Verläufe bestimmt Dewey in der von ihm favorisierten aus der Biologie entlehnten Terminologie als Interaktionen zwischen Organismen und ihrer Umwelt. Verläufe haben eine zeitliche Struktur, sie beginnen, entwickeln sich durch Anpassungen und Veränderungen von Organismus und Umwelt und kommen zu einem Ende, in dem sie sich erfüllen. Abschlüsse bzw. Erfüllungen werden empfunden, nicht erkannt oder gewusst, sei es in der Befriedigung eines Hungergefühls, sei es in Wachstumsprozessen, sei es in der Aneignung von Fertigkeiten oder Inhalten, sei es beim Spielen oder Feiern. Sie geben Situationen eine durchdringende Färbung, wie „angespannt", „furchterregend", „tröstlich", „glänzend". Solche Abschlüsse sind nie endgültig oder isoliert, sondern verweisen als zeitliche Gestalten auf vergangene Prozesse und zukünftige Übergänge in anderes. Und dennoch haben sie einen eigenen Charakter, eine besondere Qualität.

Im dritten Kapitel von *Erfahrung und Natur* wird die Aufmerksamkeit auf diese Abschlüsse bzw. Erfüllungen gelenkt. Damit wird einerseits eine sehr grundlegende Dimension von Erfahrung thematisiert, die charakteristisch für Deweys Philosophie im Ganzen ist. Andererseits liefert Dewey mit diesem Kapitel auch eine kritische Neubestimmung des klassischen metaphysischen Begriffs der Teleologie. Die Natur selbst, deren Teil menschliche und nicht-menschliche Erfahrungen sind, spielt sich in Geschichten ab. Prozesse beginnen, haben einen sich entwickelnden Verlauf und ein Ende, in dem sich Beginn und Verlauf erfüllen. Deshalb bestimmt Dewey Natur als Geschichte von Geschichten (EN 83, dt. 106)[1],

---

[1] Vgl. ebd.: „[N]ature is an affair *of* affairs [...]". Die Geschichtenförmigkeit der Natur kann als

als eine Pluralität von Geschichten mit ihren je eigenen Abschlüssen, die auf nichts Unhistorisches reduzierbar ist. Die Begriffe „Telos" oder „Endziel" bekommen von diesen Abschlussqualitäten her ihre spezifische Bedeutung.

Um diese Dimension der Erfahrung zu entfalten, kreuzt Dewey ganz bewusst verschiedene Ausdrücke, von denen „Erfüllung" (*consummation*), „Qualität" und „Finalität" besonders wichtig sind. Mit ihrer Hilfe können drei wichtige Funktionen dieser Dimension der Erfahrung deutlich gemacht werden: erstens die zusammenhangsstiftende bzw. einheitsbildende Wirkung von Erfüllungen/Qualitäten/Finalitäten², zweitens die Entstehung von Bedeutsamkeit durch Erfüllungen/Qualitäten/Finalitäten³ und drittens die zeitliche Rhythmisierung von Erfahrungen in Beginn, Entwicklung und Abschluss. In diesem Kapitel steht die dritte Funktion im Vordergrund, ganz ähnlich wie auch im dritten Kapitel von *Kunst als Erfahrung* (1934) mit dem Titel „Eine Erfahrung machen" (*Having an experience*) (LW 10, 42–63).

Die beiden erstgenannten Funktionen sind auch der vorrangige Gegenstand in dem für diese Fragen wichtigen Aufsatz *Qualitatives Denken* (1930). Qualitäten werden in diesem Text vor allem in ihrem Durchdringungscharakter präsentiert. Sie sind keine Eigenschaften, sondern das, was eine Situation von anderen unterscheidet, was jedes zugehörige Detail und jede Relation durchdringt (*pervade*) und ihnen Bedeutsamkeit verleiht. Solche durchdringenden Qualitäten haben eine Übergangs- oder Bewegungsrichtung, die Artikulationen zum Beispiel in Form von Handlungen oder Akten des Denkens evozieren. Dewey schließt den Aufsatz mit einer Formulierung, in der das Gewicht des Qualitativen sehr deutlich wird: „[D]ie unmittelbare Existenz von Qualität und von beherrschender und durchgängiger Qualität [ist] Hintergrund, Ausgangspunkt und regulatives Prinzip

---

metaphysische Grundlage für Deweys methodische Historisierung von Begriffen gelten. Deweys Verfahren der Historisierung betont Jörg Volbers in seinem Beitrag in diesem Band.

2 Dewey knüpft an die Analyse der Logik der Erfahrung von Charles Sanders Peirce an, die er in einem Aufsatz, in dem er den Ansatz von Peirce gegen Kritik verteidigt, so zusammenfasst: „[A]n analysis based on what he calls Firstness, or sheer totality and pervading unity of quality in *every*thing experienced, whether it be odor, the drama of *King Lear*, or philosophic or scientific systems; Secondness, existentiality, or singular occurrence; and Thirdness, mediation, or continuity." LW 11, 86–94, 86. Matthias Jung zeichnet die Weiterentwicklung des Qualitätsgedankens von Peirce über James bis zu Dewey nach und zeigt das systematische Gewicht des qualitativen Denkens für gegenwärtiges Philosophieren. Vgl. Jung 2009, 201–221.

3 Im abschließenden zehnten Kapitel von *Erfahrung und Natur* wird ein Wertbegriff entwickelt, der vor allem die zweite Funktion von Erfüllungen/Qualitäten/Finalitäten, die Entstehung von Bedeutsamkeit, entfaltet. Vgl. dazu den Beitrag von Andreas Hetzel in diesem Band, wie auch in allgemeinerer Perspektive Jung 2016.

alles Denkens. Denken, das die Realität qualitativer Dinge bestreitet, muss deshalb in Selbstwiderspruch und in Selbstverneinung enden." (Dewey 2003, 116)[4] Die qualitative Dimension von Erfahrung und Natur mit ihren drei Funktionen ist von allerhöchster Wichtigkeit und ist gleichzeitig viel zu wenig beachtet, denn es ist sehr schwer, sie theoretisch präzise zu erfassen.[5] Qualitativem Erleben und Empfinden ist eine Unbestimmtheit und Vagheit eigen, die sofort verschwindet, wenn sie in begrifflichen Unterscheidungen gefasst werden soll. Um dies deutlich zu machen, wählt Dewey in den genannten Texten gleichzeitig zwei Strategien. Gemäß der ersten, kontinuierenden Strategie wird das qualitative Erleben und Empfinden als konsequent medialer Erfahrungsraum beschrieben, in dem Unterscheidungen wie die zwischen aktiv und passiv, subjektiv und objektiv unterlaufen werden.[6] Besondere Relevanz kommt hier dem Begriff der *Situation* zu. Situationen sind empfundene qualitative Zusammenhänge, innerhalb derer Unterscheidungen wie die zwischen Subjekt und Objekt getroffen werden können, wenn es einen Anlass gibt, der die Zurechnung auf einzelne Organismen und die sie umgebende Umwelt nötig macht. Deweys Situationskonzept ist zentral für seine Kritik an Dualismen, die er in jedem Kapitel von *Erfahrung und Natur* vorführt.[7] Dualismen, also Trennungen und Isolierungen, werden kritisch zu funk-

---

4 Im vierten Kapitel von Dewey 1938, 66–85 entwickelt Dewey diesen Gedanken weiter und zeigt, inwiefern qualitative Situationserschließungen Forschungsprozesse initiieren und steuern. Vgl. LW 12, 66–85.
5 Richard J. Bernstein sieht in der Qualitätskonzeption eine wichtige Besonderheit von Deweys spätem Denken, dessen Beginn er 1925 mit *Erfahrung und Natur* ansetzt. Vgl. Bernsteins Einleitung zu der von ihm herausgegebenen Sammlung von Texten Deweys in Dewey 1960, ix–xlvii.
6 Vgl. zu den philosophischen Ausdrucksmöglichkeiten der grammatischen Form des Mediums Elberfeld 2012, 228–259. Wichtig ist die Möglichkeit, mit Hilfe dieser grammatischen Form ganz auf die Zurechnung von Tätigkeiten auf Subjekte verzichten zu können. Deshalb wird die grammatische Form des Mediums oft mit Hilfe subjektloser Sätze, wie „Es regnet", erläutert.
7 Eine sprachliche und begriffliche Konsequenz der Dualismuskritik zeigt sich in der Bildung des Kompositums „Körper-Geist" im siebten Kapitel. Hier spielen *Qualitäten* eine wichtige Rolle, da sie weder nur physisch, noch nur geistig sind, sondern vielmehr die Teilhabe an der (physischen, psycho-physischen und mentalen) Wirklichkeit darstellen. Vgl. den Beitrag von Marc Rölli in diesem Band. Im neunten Kapitel wird Kunst als Schnittpunkt zwischen *Finalem* und Instrumentellem bestimmt. Gerade dies zeigt, dass mit den verschiedenen Paarungen und Gegenüberstellungen keine Trennung eingeführt ist, sondern dass ein Unterschied *in* der Natur aufgewiesen werden soll, wodurch es erst möglich wird, das Zusammenspiel des Unterschiedenen in der Kunst aktiv zu gestalten. Vgl. den Beitrag von Maria-Sibylla Lotter in diesem Band, besonders die Betonung der integrativen Funktion der Kunst im zweiten Abschnitt.

tionalen Unterscheidungen umgebildet, die innerhalb eines dynamischen Kontinuums entstehen und diesem nicht vorausliegen.[8]

Gleichzeitig verwendet Dewey eine kontrastierende Strategie, um die Eigenart des Qualitativen gegenüber der Sphäre des Reflexiven und Begrifflichen deutlich zu machen. Dafür entwickelt er ein breiteres Netz von sprachlichen Kontrastpaaren wie „erfüllend" (*consummatory*) im Unterschied zu „instrumentell"; „ästhetisch" im Unterschied zu „rational"; „final" im Unterschied zu „relational"; „qualitativ" im Unterschied zu „nicht-qualitativ", mit denen jeweils bestimmte Aspekte des Kontrastes in den Vordergrund gerückt sind.[9] Dieser Kontrast entsteht aber aus dem Kontinuum von qualitativen Situationen. Qualitäten sind flüchtig und wir wären ihrem Kommen und Gehen und deren Konsequenzen ausgeliefert, wenn uns nicht Möglichkeiten der intelligenten Einflussnahme auf Situationen zur Verfügung ständen. Im vierten Kapitel, das kontrapunktisch auf das dritte Kapitel bezogen ist, entwickelt Dewey sein Verständnis von Wissen und Wissenschaften als Instrumente zur Lösung von Problemen, die aus der Flüchtigkeit und Unberechenbarkeit des Qualitativen entstehen.[10] Dennoch wäre es völlig unangemessen und philosophisch problematisch, die Eigenständigkeit und Andersartigkeit der Dimension des Qualitativen gegenüber dem begrifflichen Wissen und den Systematisierungen der Wissenschaften aus den Augen zu verlieren. Aber genau dies ist in den Theoretisierungen der Vergangenheit und Gegenwart geschehen, in denen Qualitäten allzu leicht übersehen, vernachlässigt, auf graduierbare Begriffe reduziert oder gar in ihrer Existenz aktiv geleugnet werden. Deshalb gilt es, die Differenz zwischen dem Qualitativen und Instrumentellen gegenüber den problematischen Theoretisierungen der Tradition angemessen zu

---

8 Situationen denkt Dewey als unterscheidungsdiffuse Zusammenhänge, die sich der Vereinnahmung durch philosophische Idealismen und Realismen entziehen. Dies ist den Einwänden entgegenzuhalten, die Richard J. Bernstein in seinem für die Frage nach den Qualitäten sehr wichtigen Aufsatz gegenüber dem Qualitätskonzept von Dewey erhebt. Vgl. Bernstein 1961. Bernstein kritisiert, dass Dewey zwei radikal verschiedene Bedeutungen von Qualitäten nicht integrieren könne, nämlich erstens erfahrene Qualitäten und zweitens intrinsische Qualitäten natürlicher Existenzen unabhängig von Erfahrung. Vgl. zu einer Kritik an Bernsteins Kritik auch Kennedy 1961.
9 Die hier eingeführte Unterscheidung wird in späteren Kapiteln weitergeführt und begrifflich variiert. Im fünften Kapitel unterscheidet Dewey zwischen Objekten (mit Bedeutung) und Ereignissen (der unmittelbaren Erfahrung). Vgl. dazu den Beitrag von Jasper Liptow in diesem Band. Im achten Kapitel wird zwischen *Qualitäts*bewusstsein und *Bedeutungs*bewusstsein unterschieden. Dabei wird die wichtige Funktion des Körpers für das Qualitätsbewusstsein deutlich. Helmut Pape zeigt im dritten Abschnitt seines Beitrags „Bedeutung, Qualität und Körperlichkeit des Bewusstseins" in diesem Band, wie durch Körpertherapien, z.B. die Dewey gut bekannte Alexander-Technik, das Qualitätsbewusstsein verändert werden kann.
10 Vgl. dazu den Beitrag von Jens Kertscher in diesem Band.

entfalten, zu sichern und durch ein kontrastives Vorgehen die „Logik des Qualitativen"[11] darzustellen. Einerseits ist die antike, vor allem die aristotelische Lehre von den Endursachen in der Natur problematisch, weil sie eine statische und hierarchische Wirklichkeitsauffassung impliziert und dem menschlichen Handeln eine natürliche Ordnung der Zwecke gegenübersetzt. Und andererseits werden Finalitäten bzw. Qualitäten nicht richtig erfasst, wenn sie als subjektive Zustände eines Bewusstseins der mechanistisch verstandenen Natur gegenübergestellt werden. So verschiedene wirksame Spielarten dieser Auffassung, wie die kantische Subjektivierung der Teleologie, Zweckmäßigkeit als Leitprinzip (regulative Idee) in der Naturbetrachtung zu bestimmen (Kant 1790) oder wie die Reduktion von Qualitäten (Qualia) auf subjektive Erlebnisgehalte von mentalen Zuständen („wie es ist, in einem mentalen Zustand zu sein") durch Thomas Nagel (Nagel 1981)[12] sind mögliche Kandidaten einer problematischen Subjektivierung der Qualitäten. Das sachliche Anliegen des Kapitels besteht demgegenüber darin, Finalitäten und Qualitäten als Abschlüsse von Prozessen bzw. als Endpunkte von Geschichten *in* der Natur zu verstehen. Menschliches Empfinden und Erkennen sind Teil dieser Wirklichkeit und stehen ihr nicht gegenüber. Qualität ist keine erkenntnistheoretische, sondern in Deweys Sinne eine metaphysische, die allgemeinen Strukturen der Wirklichkeit betreffende Kategorie.[13]

Dewey entwickelt seine Konzeption der Abschlussqualitäten und damit seine Neubestimmung der Teleologie nicht im Anschluss an eine Wissenschaftstheorie der Biologie, wie in den 70er Jahren des 20. Jahrhunderts der Biologe Ernst Mayr, der mit dem Konzept der Teleonomie die Probleme der traditionellen Teleologie wie die metaphysische Setzung von Kräften (sei es eine tätige Seele, ein *élan vital* oder eine Entelechie) oder den problematischen Anthropomorphismus in der Unterstellung von Zielgerichtetheit in der Evolution als ganzer zu vermeiden sucht. Teleonomische Vorgänge in der lebenden Natur sind solche, die a) von

---

11 Im Aufsatz *Qualitatives Denken* verfolgt Dewey das aus seiner Sicht dringliche und noch unerledigte Anliegen, eine charakteristische logische Formulierung für die qualitativen Bestimmungen zu finden. Vgl. LW 5, 247.
12 Dewey grenzt sich auch von der empiristischen Konzeption von primären und sekundären Qualitäten ab. Primäre Qualitäten sind bei Locke geometrische Eigenschaften der Materie und sekundäre Qualitäten sinnliche Wahrnehmungen. In der *Logik* schließt Dewey an George Santayanas Ausdruck „tertiäre Qualitäten" an, die gerade durch ihre Unbestimmtheit gekennzeichnet sind. Im Unterschied zu bestimmten Eigenschaften wie „rund" oder „rot" haben sie einen durchdringenden Charakter. Vgl. LW 12, 75.
13 Vgl. zu Deweys Metaphysikverständnis den zweiten Abschnitt („Das Unternehmen einer *kritischen Metaphysik* im Dienste der Lebenskunst") im Beitrag von Maria-Sibylla Lotter in diesem Band.

einem Programm gesteuert werden und in denen b) ein Schlusspunkt oder Ende vorab existiert. End- und Schlusspunkte können nach Mayr Strukturen, physiologische Funktionen, geographische Positionen oder abschließende (im englischen Original schreibt Mayr *consummatory*) Verhaltensakte sein (Mayr 1979, 207–208).

Dewey sucht solche Schluss- und Endpunkte gemäß der in den beiden Fassungen des ersten Kapitels allgemein dargestellten „empirischen Methode"[14] nicht in wissenschaftlichen Modellierungen, sondern vielmehr in der „groben und makroskopischen" (*gross and macroscopic*[15]) Erfahrung, also in Alltagserfahrungen, die allgemein geteilt werden und an die angeknüpft werden kann. Ein derartiger Ausgangspunkt kann geschaffen werden, indem auf qualitative Erfahrung hingewiesen (*pointing*) und diese gezeigt wird (*showing*) (EN 372). Es braucht also einen besonderen *Modus der Darstellung*, der sich von der reflexiven Untersuchung unterscheidet. Erst die Problematiken und Ambivalenzen, die dabei deutlich werden, geben den Anlass für reflexive Untersuchungen. Es ist deshalb erstens wichtig, die Erscheinungsweise und Funktion von Finalitäten und Qualitäten in der Alltagserfahrung aufzuzeigen. Dieser eigene Charakter zeigt sich besonders deutlich in bestimmten Praxisformen wie Feiern, Spielen und dramatischer Kunst, die Dewey als Inszenierungen von Abschlussqualitäten auffasst (vgl. 4.2 Zur Dramatik der Alltagserfahrung). Daran muss sich zweitens eine reflexive Vertiefung anschließen, weil sich in der Philosophiegeschichte zwei problematische Naturverständnisse verbreitet und kulturell sedimentiert haben, die die Differenz zwischen qualitativer und instrumenteller Erfahrung vermengen oder auf nur instrumentelle Erfahrung reduzieren. „Vermengung" und „Reduktion" lauten also die beiden Probleme, denen sich eine reflexive Vertiefung zu stellen hat (vgl. 4.3 Aporien der Theoretisierung: Vermengung und Reduktion). Diese Probleme geben den Anlass für eine begriffliche Entfaltung von Finalitäten bzw. Qualitäten, die sich aus den Ausführungen Deweys herauskristallisieren lässt (vgl. 4.4 Ansätze zu einer Neubestimmung des Finalen bzw. Qualitativen).

---

[14] Ich beziehe mich im Folgenden auf die erste und die zweite Fassung des ersten Kapitels. Die erste Fassung von 1925 liefert eine Darstellung der empirischen Methode, die das Vorgehen im dritten Kapitel sehr pointiert beschreibt. Die zweite Fassung für die Neuausgabe des Buches von 1929 bezieht schon die Perspektive der Rezeption mit ein, verarbeitet Einwände und macht einige erweiterte terminologische Vorschläge. Beide Texte sind hilfreich und wichtig, um das spezifische Vorgehen Deweys zu verstehen. Vgl. zu den methodischen Überlegungen Deweys den fünften Abschnitt („Primäre und sekundäre Objekte, Erkenntnistheorie und Geschichte der Erkenntnis") im Beitrag von Michael Hampe in diesem Band.

[15] Vgl. zu dieser Wendung zum Beispiel die erste Fassung des ersten Kapitels, EN 369. Die erste Fassung des ersten Kapitels ist in der deutschen Ausgabe nicht mit aufgenommen.

4.2 Zur Dramatik der Alltagserfahrung

Der methodische Ausgangspunkt bei der groben und makroskopischen Erfahrung macht es nötig, ein beschreibendes Vorgehen zu wählen, um die Vielfalt der Erscheinungsweisen und die Fülle von Aspekten überhaupt erst einmal in die Aufmerksamkeit zu heben. Dewey nimmt uns Leser_innen deshalb zunächst mit auf einen Streifzug durch verschiedenste Bereiche unserer Alltagserfahrung. Es sind dabei keine scharfen Definitionen zu erwarten und auch keine aufhellenden begrifflichen Analysen, sondern ein Aufriss des Panoramas, das wir uns vorstellen und in der Imagination ausschmücken und erweitern sollen:

Schon ein kurzer Blick auf die menschliche Geschichte und Gegenwart zeigt die besondere Rolle, die das unmittelbare Vergnügen und Genießen (*direct enjoyment*) im Leben spielt. Menschen feiern, spielen, tanzen, schmücken sich, singen, erzählen, führen Geschichten auf der Bühne auf. Durch diese Beispiele wird deutlich, dass Dewey die Aufmerksamkeit auf ein Geflecht von Praxisformen lenken will, in denen die qualitative Dimension der Erfahrung *zelebriert* wird. Diese Qualität zerrinnt sofort, wenn man sich dieses unmittelbare Genießen als kalkuliertes Streben nach Glück oder Anstrengung, um Lust zu erreichen, zurechtlegt, also im Modell der Anstrengung und der Kalkulation, wie es die Utilitaristen vorschlagen. Die Qualität zeigt sich ebenfalls nicht, wenn der Fokus der Aufmerksamkeit zu eng gestellt wird, so dass nur physiologische oder nur psychologische Daten zu sehen sind und andere aus der Aufmerksamkeit geraten. Wird zum Beispiel nur auf Triebe fokussiert, die befriedigt werden wollen, oder nur auf individuell erlebte Lustempfindungen, die nach Erfüllung drängen, dann ist dies ein viel zu enges Verständnis von Vergnügen und Genießen.[16] Auch die Perspektive auf individuelles Bewusstsein und dessen „Strom" ist zu eng und mikroskopisch, schneidet zu viel ab, wie historische Situationen mit deren objektiven Bedingungen, Kräften und Ereignissen, prägende Gewohnheiten, Implikationen, die sich erst in räumlich und zeitlich Entferntem zeigen. Solche Schnitte sind theoretisch voreingenommene Zerteilungen, die die Qualitäten, die sich *in* der makroskopischen Erfahrung zeigen, verdecken.

Dewey versucht zu Beginn des Kapitels die Aufmerksamkeit von uns Leser_innen einzustellen in eine Art Weitwinkel, in dem die Komplexität und die unüberschaubaren Bezüge nicht herausfallen und Zustände des Bewusstseins

---

16 Dazu heißt es in der ersten Fassung des ersten Kapitels sehr klar: „Otherwise we get a stencilled stereotype in two dimensions and in black and white instead of the solid and many colored play of activities and sufferings which is the philosopher's real datum." EN 369.

genauso vorkommen wie Gewohnheiten, physische Bedingungen und geschichtliche Ereignisse, also menschliches Handeln und Leiden.

Um Deweys Charakterisierung dieses Komplexes von Praxisformen durch abstrakte und hochaufgeladene philosophische Begrifflichkeiten wie „direkt", „ästhetisch", „final", „erfüllend" (*consummatory*) plastischer werden zu lassen, soll eines seiner Beispiele, das Feiern von Jubiläen, etwas genauer betrachtet werden: Stellen wir uns vor, was zu einer Jubiläumsfeier gehört. Es bedarf eines Ortes der Versammlung von oft vielen Menschen, die in der Regel an diesem Jubiläum teilhaben wollen und die es in irgendeiner Weise betrifft. Charakteristisch ist also die *Teilhabe*, d.h. der Mitvollzug am und das Involviert-Sein in das Geschehen. Dies gilt sicher nicht nur für Jubiläumsfeiern, sondern ebenso für Spiele, das Erzählen von Geschichten, Tanz und Gesang. Dewey verwendet oft die Ausdrücke „direkt" und „unmittelbar", wenn er diesen Aspekt des Involviertseins meint.[17] Wer in etwas involviert ist, hat keinen Blick von außen und damit auch keine Kontrolle. Auch wenn Dewey hier vor allem Beispiele von Spielen und Feiern gibt, gehören Leid und Schmerz gleichermaßen zur direkten Erfahrung.[18]

Bei einer Jubiläumsfeier wird in der Regel das, was an dem Bestehen Anlass zur Freude gibt, hervorgehoben. Je nach Kontext können sicher Leistungen, gute Wirkungen und Errungenschaften hervorgehoben und belobigt werden, aber miteinander feiern bedeutet vor allem, die Tatsache des Bestehens selbst wertzuschätzen und deren Bedeutsamkeit Ausdruck zu verleihen. Eine Jubiläumsfeier unterbricht den Arbeitsalltag und setzt damit in gewisser Weise auch die Sorgen und Nöte, die Zwänge und Anforderungen aus. Im Modus dieser Unterbrechung kann bei Jubiläumsfeiern die Geschichte des Bestehens neu erzählt oder wiedererzählt werden, zum Beispiel in Form einer feierlichen Rede. In Form einer Rede die Geschichte des Bestehens zu erzählen, geschieht unter Verwendung von Phantasie (*imagination*), die der Realgeschichte dessen, was gefeiert wird, eine dramatische Form gibt, einen Anfang, eine Folgerichtigkeit, einen Höhepunkt. Die Krisen, Verluste und Brüche, der Druck und die Sorgen werden in diese Geschichte

---

17 John Herman Randall kritisiert in seiner Diskussion der Qualität als eigene metaphysische Kategorie die Missverständlichkeit des Ausdrucks „unmittelbar" (*immediate*). Qualitäten sind eben nichts ungeworden Gegebenes, sondern entfalten eine Wirksamkeit in Situationen und sind deshalb angemessener als „Kräfte" (*power*) zu bezeichnen. Vgl. Randall 1958.

18 Es ist auffällig, dass Dewey das Genießen hervorhebt. Der Aufsatz *Qualitatives Denken* dagegen beginnt mit der Symmetrie zwischen Genießen und Leiden: „Die Welt, in der wir unmittelbar leben, in der wir uns abmühen, Erfolg und Niederlage erleben, ist vor allem eine qualitative Welt. Wofür wir handeln, was wir erleiden, was wir genießen, sind Dinge in ihren qualitativen Bestimmungen." Dewey 2003, 94. Dieser Unterschied mag mit dem kontrastierenden Vorgehen Deweys zu tun haben, im dritten und vierten Kapitel die Verschiedenheit zwischen qualitativem Erleben wie dem Genießen und dem instrumentellen Handeln wie dem Arbeiten darzustellen.

eingeflochten, tragen zur Spannung und Aufregung bei und können in dieser Reinszenierung eine eigene Bedeutsamkeit entfalten. Solches Re-inszenieren (*re-enact*) qua Imagination nennt Dewey „ästhetisch".

Dewey verwendet den Ausdruck „ästhetisch" in einem sehr weiten Sinne und weist die Aufladung des Ausdrucks als Geschmacksurteil der Gebildeten wie die ausschließliche Bindung an schöne Kunst zurück.[19] Ästhetische Einstellungen in diesem allgemeinen Sinne sind Erfahrungen von Erfüllungen (*consummations*), die zunächst meist spontan und überraschend erlebt werden und Anlass dafür geben, in der Phantasie ausgestaltet und inszeniert zu werden. Darin liegt eine eigene Befriedigung (*satisfaction*) und Erfüllung. Damit wird ein erzählerischer Zusammenhang gestiftet, der eine erfüllende Qualität und eine Form von Kohärenz und Konsistenz vermittelt.[20] Dabei bleibt offen, welche Erzählmuster verwendet werden, ob Komödien, Tragödien oder andere Formen zum Einsatz kommen. Folgerichtigkeit (*sequence*) heißt nicht, dass eine Chronologie in der Erzählung zu realisieren wäre und auch nicht, dass der Höhepunkt (*climax*) ein Happy-End zu sein hätte. Es sind keine normativen ästhetischen oder gar poetologischen Prinzipien gemeint, sondern es soll allgemein das Verfahren der Imagination bestimmt werden, Prozesse zu gestalten, indem sie anheben, verlaufen und enden.

Dewey bezieht sich zur Vertiefung der Bedeutung des Ausdrucks „ästhetisch" nicht auf die philosophische Disziplin der Ästhetik oder die Kunst der Gebildeten oder auch auf die Semiotik, die Theorie der Zeichen, sondern auf die Anthropologie und deren Forschungen zum Symbolismus und Totemismus. Dieser Bezug auf Anthropologie und Sprachwissenschaft[21] ist für Dewey methodisch wichtig[22],

---

[19] Dies wird in Kapitel 9 wieder aufgenommen, vgl. den Beitrag dazu von Maria-Sibylla Lotter in diesem Band.

[20] Dewey vertritt die These, dass Kohärenz und Konsistenz zunächst Züge ästhetischer Erfahrung sind und keine logischen Prinzipien.

[21] Dewey bezieht sich auf Alexander Goldenweiser und zitiert Passagen aus dessen Werk: Goldenweiser 1922, 412 und 415. Mit den Bemerkungen über das Totem nimmt er Bezug auf die Abhandlung Goldenweisers über das Totem, vgl. ders. 1910. Goldenweiser vertrat die strukturelle Ähnlichkeit von sogenannten primitiven Kulturen und modernen Zivilisationen. Er war Schüler von Franz Boas, dem Begründer der Linguistik in Nordamerika und ausgewiesenem Spezialist für die Sprachen Nordamerikas. Boas macht in seinem Hauptwerk deutlich, dass Sprache und Kultur in keinem kausalen Determinationsverhältnis stehen, sondern einen komplexen und wandelbaren Zusammenhang bilden, vgl. Boas 1921. Edward Sapir ist ebenfalls einer der Schüler von Boas, der sich im Rahmen seiner Masterarbeit an der Columbia Universität mit dem Titel *Herder's ‚Ursprung der Sprache'* (1907) einen philosophischen Hintergrund erarbeitet hatte. Dewey bezieht sich auch auf den dänischen Sprachwissenschaftler Otto Jespersen, der der Vermittlung von Bedeutsamkeit durch die lautliche Ebene der Sprache auf der Spur war und der deshalb als

denn die Anthropologie nimmt als Kulturwissenschaft auf Kultur als ein Ganzes Bezug und vollzieht keine theoretischen Isolierungen ihres Gegenstandes, wie es zum Beispiel die Psychologie tut. Deshalb können Anthropologie und Kulturwissenschaft helfen, den Blick für die grobe und makroskopische Erfahrung zu schärfen. In dieser Perspektive erschließt sich erst der Eigensinn des Ästhetischen, der in einer zu engen Betrachtung, einer Zerschneidung der kulturellen Zusammenhangsformen durch theoretische Spezialfragen verlorengeht.

Dewey betont mit Nachdruck den spezifisch anderen Charakter von anderen Modi der Praxis (*mode of practice*), wie denen des Arbeitens, die eine wichtige Rolle in der groben makroskopischen Erfahrung spielen. Die Differenz zwischen diesen beiden Modi der Praxis sei am Beispiel der Jubiläumsfeier verdeutlicht: Stellen wir uns vor, wie ein Restaurant von einer Institution den Auftrag bekommt, eine Jubiläumsfeier gastronomisch auszurichten. Dies setzt einen komplexen Arbeitsprozess in Gang, in dem bestimmte Zielvorgaben einzuhalten sind (wie die Quantität der zu bewirtenden Personen, die Art und der Umfang des Essens, die zeitliche Erstreckung der Feier) und komplexe Sequenzen von Mitteln und Werkzeugen hergestellt werden. Darin liegt der instrumentelle Charakter. Dies erfordert viele Kenntnisse über Beziehungen (deshalb charakterisiert Dewey diese Praxisformen als relational) und eine Fülle von Routinen in der Beschaffung von Zutaten, der Zubereitung von Mahlzeiten, in der Planung und Einweisung von Personal, wie in der Bedienung. Dieses Wissen über Zusammenhänge und Abläufe, Wirkungen bestimmter Teilhandlungen und die Wichtigkeit der Routinen mit Wirkzusammenhängen (wie dass Wasser bei hoher Flamme zu kochen beginnt und dann die richtige Umgebung für bestimmte Lebensmittel geschaffen ist) ist für Dewey die praktische Grundlage dessen, was in der Philosophie oft das „Kausalitätsprinzip" genannt wird.

Die weit verbreiteten und in der Theoriegeschichte ausgesprochen wirksamen Deutungsgewohnheiten lösen diese Differenz *in* der Natur entweder auf, indem sie beide Seiten miteinander *vermengen* (*confuse*) oder indem sie die Natur rein auf die instrumentelle Seite und die Erfahrung als bloß subjektive rein auf die qualitative Seite *reduzieren* und einander unverbunden gegenüberstellen. Es ist deshalb wichtig, diese Deutungsgewohnheiten in einer reflexiven Vertiefung zu-

---

Vertreter der „Phonosemantik" gilt, und führt dessen Überzeugung an, dass die Ursprünge der Sprache im Spiel liegen, vgl. Jespersen 1922. Jespersen erhielt 1910 die Ehrendoktorwürde an der Columbia University, an der Dewey zu der Zeit gelehrt hat. Mit diesen Bezugnahmen wird nicht nur das intellektuelle Netz zur Zeit der Entstehung von *Erfahrung und Natur* deutlich, sondern auch Deweys Überzeugung von der Notwendigkeit einer engen Zusammenarbeit und gegenseitigen Inspiration von wissenschaftlichen „Disziplinen".

nächst kritisch zu untersuchen und demgegenüber die Differenz zwischen qualitativer und instrumenteller Erfahrung zur Geltung zu bringen.

4.3 Aporien der Theoretisierung: Vermengung und Reduktion

Es ist ein Stilmerkmal von Deweys Philosophieren, dass er mit Hilfe von groben historischen Linien Deutungsgewohnheiten präsentiert, die im kulturellen Gedächtnis wie in wissenschaftlichen Theoriebildungen eine hohe Wirksamkeit entfaltet haben. Für die hier in Frage stehende Differenz sind zwei gegenläufige Deutungsgewohnheiten von besonderer Bedeutung; die eine schreibt Dewey dem Denken der Griechen und die andere dem modernen naturwissenschaftlich beeinflussten Weltbild zu.

Für das Denken der Griechen war nach Dewey der Unterschied zwischen Finalem und Instrumentellem ausgesprochen wichtig. Als final wird das bestimmt, was in sich selbst einen Wert und eine Abschlussqualität hat. Instrumentell ist das, was Mittel für Anderes ist. Beides kommt in der Natur vor, die Natur selbst weist Zwecke und Abhängigkeitsverhältnisse auf. In der griechischen Kunst wurden diese natürlichen Zwecke und Abschlussqualitäten zum Ausdruck gebracht. Die Philosophie schnitt diesen künstlerischen Untergrund ab und vermengte die Differenz zwischen dem ästhetischen Gestalten von Abschlussqualitäten und dem rationalen Umgehen mit Abhängigkeitsbeziehungen. Abschlussqualitäten wurden rationalisiert und hierarchisiert und allein der Vernunft kam die Fähigkeit zu, in der Stufenleiter der natürlichen Zwecke die höchsten und stabilen Formen der Wirklichkeit zu erfassen.

In Deweys Kritik dieses Deutungsmusters kehren drei Motive wieder. Diese bilden einen Problemkomplex und lassen sich nicht ganz scharf voneinander trennen. *Erstens* ist problematisch, dass Wissen (von Abhängigkeitsbeziehungen) und Genießen (von Abschlussqualitäten) miteinander vermengt werden. Damit geht die Eigenständigkeit des Qualitativen verloren. *Zweitens* wird der Genuss (von Abschlussqualitäten) auf bestimmte Gegenstände beschränkt, nämlich auf die universalen stabilen Formen, die im eigentlichen Sinne wirklich sind. Diese sind unpersönliche, objektiv gegebene ideale Ordnungen und Proportionen, die den instrumentellen Arbeitsprozessen äußerlich sind, ihnen vorausliegen und realisiert werden sollen. *Drittens* wird der Rückbezug auf künstlerische Praxisformen durchtrennt. Damit geht die qualitative Zeitlichkeit der Abschlussfiguren verloren und wird zu einer Lehre von Endzielen in der Natur hypostasiert, auf die alles hinstrebt und die der Veränderung Grenzen setzen.

Während die aus der Antike überkommene Deutungsgewohnheit als *Vermengung* charakterisiert werden kann, ist die moderne Deutungsgewohnheit eine der *Reduktion* und Isolation. Für die moderne Deutungsgewohnheit sind vor allem die folgenden drei Probleme wichtig: *Erstens* ist die Reduktion des Naturbegriffs auf rein quantitative Differenzen und damit auf die instrumentelle Seite problematisch. Qualitäten verschwinden vollständig aus der Natur. *Zweitens* bringt die Reduktion des Begriffs Erfahrung auf qualitatives Bewusstsein und individuelle Zwecksetzung große Schwierigkeiten mit sich. Qualitäten kommen allein dem menschlichen Bewusstsein zu und Zwecke sind nur noch als individuelle Entwürfe (*design*) oder beabsichtigte, bewusste Ziele (*end-in-view*) zu verstehen. *Drittens* führt die unverbundene Gegenüberstellung der bloß subjektiven Erfahrung und der mechanistischen Natur, die allein durch die modernen Naturwissenschaften dargestellt wird, zu einem tiefen Riss im menschlichen Selbstverständnis und zu einer Fülle selbsterzeugter philosophischer Probleme. Gegen diese Missdeutung der Differenz zwischen Qualitativem und Instrumentellem als Dualismus von Erfahrung und Natur opponiert der Dualismuskritiker Dewey.

Die Probleme sind verflochten und gravierend.[23] Wie sieht eine Lösung aus?

4.4 Ansätze zu einer Neubestimmung des Finalen bzw. Qualitativen

Eine Lösung dieser zusammenhängenden Probleme muss die Differenz zwischen Qualitativem und Instrumentellem neu reflektieren und aus deren Vorkommen in der groben Erfahrung Konsequenzen ziehen. Entscheidend ist dabei eine Tatsache, die sich in der groben Erfahrung aufweisen lässt. Die Differenz findet sich *in* der Natur und *in* der Erfahrung. Die Differenz besteht nicht zwischen zwei Arten des Wissens, einem unmittelbaren Wissen und einem vermittelten Wissen. Der Schnitt verläuft anders: zwischen Dimensionen erfahrener Gegenstände.[24] Es liegt auf der Hand, dass sich dies auch auf die Begriffe Natur und Erfahrung auswirkt. Ich folge in der Skizze von Deweys Lösung der Reihenfolge der oben identifizierten Probleme.

Erstens (Eigenständigkeit des Qualitativen): Um die Vermengung zwischen Wissen und Genießen/Leiden aufzulösen, muss deutlicher werden, was genossene Qualitäten kennzeichnet. Eine Qualität bildet den Abschluss eines Verlaufs

---

22 Dies wurde zu Beginn des zweiten Kapitels systematisch begründet, vgl. EN 42, dt. 55.
23 Im vierten Kapitel zeigt Dewey, inwiefern diese beiden gegenläufigen Deutungsgewohnheiten in einer problematischen und widersprüchlichen Mixtur vorkommen. Vgl. EN 123, dt. 156.
24 Vgl. EN 379: „There are two dimensions of experienced things: one that of having them, and the other that of knowing about them so that we can again have them in more meaningful and secure ways."

und ist in diesem Sinne „erfüllend". Qualitäten sind genauso Anfänge von Verläufen, die im Verhältnis zu anderen oder früheren Anfängen nicht besser oder fortgeschrittener sind. Qualitäten sind also zeitlich, zeitlich aber nicht im Sinne von abstrakten Zeitpunkten, die aufeinander folgen, sondern im Sinne eines Verlaufs, einer dramatisierten Zeitgestalt mit Anfang und Ende. Als Ereignisse oder Prozesse sind Qualitäten flüchtig, auftauchend und abtauchend und hochgradig veränderlich. In der an Wissen und Erkenntnis interessierten bewussten Reflexion werden Abschlüsse relationiert und kontextualisiert, es werden Bedingungen der Qualitäten ermittelt, um Veränderungen zu kontrollieren und zu gestalten. Dadurch entzieht sich der Erkenntnis die spezifische Abschlussqualität, die deshalb kein Gegenstand der Erkenntnis sein kann. Qualitäten werden „gehabt", das heißt genossen oder erlitten und nicht in ihren Bedingungen und Bezügen aufeinander überschaut. Abschlussqualitäten sind in diesem Sinne absolut und nicht komparativ. Aus der Perspektive des Wissens und Erkennens sind Qualitäten unverbunden und bilden eine unüberschaubare Pluralität.

Zweitens (Beschränkung des Gegenstandsbereichs von Qualitäten): Final sind keinesfalls nur einige ausgezeichnete Gegenstände menschlicher Erfahrung, wie Formen und ideale Proportionen. *Alles* in der Natur hat eine Qualität und damit eine Finalität. Qualitäten sind aus diesem Grund unüberschaubar zahlreich. Dieser allumfassende Charakter der Qualitäten ist wichtig für das adäquate Verständnis der Differenz zwischen Qualitativem und Instrumentellem. Denn auch die Gegenstände und Verfahren des instrumentellen Wissenserwerbs haben ihrerseits Qualitäten. Die Beschränkung des Gegenstandsbereichs von Qualitäten ist gefährlich, denn dadurch entstehen Voreingenommenheiten (*bias*), die der Natur unterlegt werden, wie der Ausschluss (vermeintlich) unangenehmer Qualitäten aus der Natur, die Fixierung bestimmter Qualitäten und die Hierarchisierung zwischen höheren und niederen Zwecken. Wenn wir unsere praktischen Beurteilungen der Natur selbst unterlegen, „naturalisieren" wir unsere praktischen Ziele in problematischer Weise.

Drittens (Natur als Drama): Die poetischen Ursprünge der Philosophie sind für diese relevant und nicht „bloß historisch". Inwiefern Zwecke Erfüllungen und Abschlüsse sind, wird uns einsichtig mit Blick auf die Geschichten in der Natur, unsere Geschichten, die Geschichten der anderen und die Geschichten der nichtmenschlichen Natur. Wir verstehen erst dann, was es bedeutet, dass die Natur Zwecke/Ziele hat oder wir in der Natur Zwecke setzen. Die Beschäftigung mit künstlerischen Prozessen ist eine wichtige Quelle, um den absorbierenden Charakter der qualitativen Erfahrung zu verstehen. Die für die reflexive Erkenntnis grundlegende Unterscheidung zwischen Gegenstand (der Erkenntnis) und Akt (des Erkennens) ist in der qualitativen Erfahrung absorbiert. Die Mischung und

Verwischung der Konturen zwischen den in der Erkenntnis unterschiedenen Seiten ist der Normalzustand in der qualitativen Erfahrung.

Aus diesen Lösungsvorschlägen ergibt sich eine ganze Reihe von Konsequenzen für die kritische Auflösung des reduktiven Deutungsmusters der Moderne:

Erstens (Natur selber ist qualitativ): Die Reduktion des Naturbegriffs auf reine Quantitäten und auf einen Gegenstand der Naturwissenschaften verkennt den Boden, auf dem sie steht. Die Natur selber ist qualitativ und die naturwissenschaftliche Modellierung der Natur ist ein ausgesprochen wichtiges und wirksames Instrument zur Kontrolle, aber kein Bild der Natur als ganzer. Zur Natur gehören neben deren mechanischen Eigenschaften genauso ästhetische und ethische Erfahrungen. Qualitäten geben den Anlass und sind Bezugs- und Zielpunkt für Erkenntnisprozesse, bergen aber auch ein beständiges Irritationspotential. Wird die Dimension des Qualitativen geleugnet, dann beraubt sich das menschliche Denken und Handeln um ein Irritationspotential und es entsteht eine Einstellung der Pseudokontrolle. Dies durchschneidet den Konnex zur Alltagserfahrung, die eine Mischung aus Prekärem und Stabilem ist.

Zweitens (Qualitäten als Ausdruck der Teilhabe an der Natur): Ähnliches gilt für die Reduktion der Erfahrung auf Zustände des Bewusstseins. Vermeintliche Zustände des Bewusstseins wie zu lieben oder zu hassen sind recht betrachtet aktive „Performances", also reale, körperlich ausgeführte Vollzüge in Bezug auf Dinge oder auf Reaktionen anderer Menschen. Erwartungen und Erinnerungen sind Gruppenangelegenheiten, bevor sie individuell sind. Subjektive Zustände sind Resultate von Interaktionen zwischen Organismen und ihrer Umwelt. Qualitäten sind genau in diesen Interaktionen und Situationen verortet, die erst die Unterscheidung zwischen subjektiven Zuständen und objektiven Gegebenheiten ermöglichen. Deshalb drückt sich in Qualitäten die Teilhabe der erfahrenden Wesen an der Natur aus.

Drittens (Zurückgewinnung von Bedeutsamkeit): Neben der Arbeit der Reflexion kommt der Philosophie die Aufgabe zu, die Besonderheiten der qualitativen Erfahrung darzustellen und ins Spiel zu bringen. Denn sie zeigen etwas über Philosophie als Liebe zur Weisheit im Unterschied zur Philosophie als spezialisierter Wissenschaft. Philosophie teilt mit der Kunst die Aufgabe, Bedeutsamkeiten zu stiften und dies gelingt, indem sie als „Liebe zur Weisheit" die dramatische Form der Wirklichkeit und unser Leben in dramatischen Vollzügen darstellt.

4.5 Schluss: Philosophie als soziale Praxis

Wie wirkt nun die reflexive Analyse in der kritischen und der (re-)konstruktiven Hinsicht zurück auf die Alltagserfahrung und deren Herausforderungen? Dewey selbst hebt eine wichtige Rückwirkung hervor, die mit der gegenseitigen Einflussnahme von Metaphysik und Sozialstruktur zu tun hat.[25] Wie wir über die Natur nachdenken und wie wir menschliches Handeln verstehen, hat Folgen, denn es besteht ein enges Wechselverhältnis zwischen einer hierarchisch organisierten Metaphysik und einer hierarchisch organisierten Gesellschaft. Die Hierarchisierung der Zwecke und die Beschränkung der letzten Zwecke auf wenige Gegenstände des Denkens im antiken Deutungsmuster spiegelt eine hierarchische Gesellschaftsstruktur. Wie menschliches Handeln und Natur gedeutet werden, hat praktische Implikationen. Denn aus diesen Deutungen entspringen Gestaltungsprinzipien der sozialen Wirklichkeit. Natur ist in diesem Sinne ein Theorie-Praxis-Gemisch. Da, wo die Natur als etwas verstanden wird, das fertige Formen hat, die nur noch auszuführen sind, sind auch das Modell des Befehlens und die unkreative Ausführung von Vorgegebenem im Sozialleben naheliegend. Wenn Dewey dem nun ein Verständnis von Qualitäten entgegensetzt, die geschichtenförmig, sich verändernd und plural sind, dann wird besonders deutlich, dass er nicht nur eine Reinterpretation der klassischen Teleologie vorlegt, sondern eine vollständige und gravierende *Umwertung* des teleologischen Denkens. Fragen wir unter der Perspektive der Korrelation zwischen metaphysischen Konstrukten und sozialphilosophischen Modellen weiter, wird deutlich, dass Deweys Konzeption pluraler Qualitäten, die alles sein können, als Demokratisierung der Gegenstände des Denkens gedeutet werden kann.

Eine Demokratisierung der Metaphysik kann jedoch nur gelingen, wenn diese Folgen bedacht und die sozialen Rahmenbindungen mit ins metaphysische Nachdenken einbezogen werden. Das bedeutet zum einen, kritische und selbstkritische Überlegungen zu eigenen Voreingenommenheiten wie auch zu den Partizipationsmöglichkeiten am Denken anzustellen. Wieso ist Denken nach wie vor eine Sache von Wenigen? Was hat das mit unserem Denken über das Denken zu tun? Die alte Formel für die Krone des philosophischen Denkens, das *Sich Denken des Denkens*, bekommt damit eine sozialtheoretische Wende. Wer Metaphysik betreibt, muss auch Sozialphilosophie und praktische Bildungsarbeit betreiben.

---

[25] Maria-Sibylla Lotter stellt in ihrem Beitrag eine Verbindung zur marxistischen Ideologiekritik her.

Literatur

Bernstein, R. J. 1961: „Dewey's Metaphysics of Experience", in: The Journal of Philosophy Vol. 58, No. 1, 5–14

Boas, F. 1921: *Language. An Introduction to the Study of Speech*, New York 1921

Dewey, J. 2003: „Qualitatives Denken", in: ders., Philosophie und Zivilisation, übers. v. Suhr, M., Frankfurt a. M., 94–116

Dewey, J. 1960: *On Experience, Nature, and Freedom. Representative Selections*, hrsg. und eingel. von Bernstein, R. J., Indianapolis/New York

Dewey, J. 2002: *Logik. Die Theorie der Forschung*, übers. v. Suhr, M., Frankfurt a. M.

Elberfeld, R. 2012: *Sprache und Sprachen. Eine philosophische Grundorientierung*, Freiburg

Goldenweiser, A. 1922: *Early Civilization. An Introduction to Anthropology*, New York

Goldenweiser, A. 1910: „Totemism. An analytical Study", in: Journal of American Folk-Lore 23, 179–293

Jespersen, O. 1922: *Language: Its Nature, Development and Origin*, London/New York

Jung, M. 2009: *Der bewusste Ausdruck. Anthropologie der Artikulation*, Berlin/New York

Jung, M. 2016: „Die Natur der Werte – eine pragmatistische Perspektive", in: Deutsche Zeitschrift für Philosophie Jg. 64, H. 3, 410–423

Kant, I. 1790: *Kritik der Urteilskraft* (1790), Akademie-Ausgabe Bd. 5

Kennedy, G. 1961: „Comment on Professor Bernstein's Paper, ,John Dewey's Metaphysics of Experience'", in: The Journal of Philosophy Vol. 58, No. 1, 14–21

Mayr, E. 1979: *Evolution und die Vielfalt des Lebens*, Berlin/Heidelberg/New York

Nagel, T. [3]2007: „Wie ist es, eine Fledermaus zu sein?", in: *Analytische Philosophie des Geistes*, hrsg. v. Bieri, P., Königstein [1]1981, 261–275; en.: „What Is It Like to Be a Bat?", in: The Philosophical Review, Vol. 83, No. 4 (1974), 435–450

Randall, J. H. 1958: *Nature and Historical Experience: Essays in Naturalism and the Theory of History*, New York/London

Sapir, E. 1907: „Herder's ,Ursprung der Sprache'", in: Modern Philology 5, 109–142.

Jens Kertscher
5 Erkenntnis als natürlicher Prozess. Natur, Mittel und Wissen

(Zum vierten Kapitel)

5.1 Vorbemerkung

Erkenntnistheorie wird normalerweise als eine philosophische Disziplin präsentiert, die Fragen nach dem Begriff des Wissens (Was ist Wissen?), nach Quellen (Woher stammt unser Wissen?), Umfang und Grenzen des Wissens (Was können wir erkennen bzw. wissen?) beantworten soll; sie stellt aber auch normative Fragen, fragt also danach, was Wissen begründet und rechtfertigt. Zu diesen normativen Fragen gehört ebenfalls die Frage nach dem Wert des Wissens (Warum ist es wertvoller, über Wissen zu verfügen, anstatt nur wahre Meinungen zu haben?). Das sind typische Fragen, die seit der Antike, vor allem aber von den neuzeitlichen Klassikern Descartes, Locke, Hume und Kant im Zusammenhang mit dem Begriff des Wissens aufgeworfen wurden und bis heute diskutiert werden.

Wenn Dewey im vierten Kapitel von *Experience and Nature* das Thema „Wissen" aufgreift, sind für ihn weniger die erwähnten definitorischen oder begriffsanalytischen Fragestellungen maßgeblich. Sein Interesse gilt vielmehr der Funktion des Wissensbegriffs in Forschungszusammenhängen, in Praktiken des reflektierten Problemlösens. Die traditionelle Erkenntnistheoretikerin könnte hier schon einwenden, dass Problemlösungen und Forschung doch etwas anderes als Wissen sind. Zwar zielen sie auf Wissen ab, aber, was Wissen dann begrifflich ist, ist eine andere Frage. Genau diese Art der Unterscheidung ist nach Dewey irreführend. Was Wissen ist, lässt sich ihm zufolge nicht unabhängig von den Prozessen des Problemlösungshandelns verständlich machen. Deweys Konzeption des Wissens geht in einer Theorie wissenschaftlicher Forschung auf, die er vor dem Hintergrund einer kritischen Rekonstruktion der erkenntnistheoretischen Tradition entfaltet. Deren Aufgabe ist es, einerseits die Sackgassen, in die herkömmliche Wissenskonzepte führen, aufzuweisen, andererseits den eigenen, an den neuzeitlichen experimentellen Wissenschaften orientierten Vorschlag zu profilieren. Dieser Vorschlag ist unter der Bezeichnung „Instrumentalismus" bekannt geworden, und das vierte Kapitel von *Experience and Nature* enthält eine Darstellung dieser instrumentalistischen Konzeption von Wissenschaft und Wissen.

Der Instrumentalismus gilt als ein wissenschaftstheoretischer Ansatz, der Wissenschaft vom menschlichen Handeln, insbesondere auch von der Technik her begreift. Theorien gelten als Werkzeuge, die eingesetzt werden, um in die Wirklichkeit einzugreifen oder Verläufe in ihr prognostizieren zu können. Mit anderen Worten: Wissenschaft orientiert sich auch noch an anderen Idealen als der wahren Beschreibung der Wirklichkeit. (Tetens 1999, 641 ff.) Das ist auch der Grund, warum instrumentalistische Positionen oft mit einer antirealistischen Epistemologie in Verbindung gebracht werden. Ob das auch für Dewey gilt, wird noch zu klären sein. Zur ersten Annäherung lässt sich seine Version des Instrumentalismus nach folgenden drei Gesichtspunkten charakterisieren:

Erstens geht Dewey von einem grundsätzlichen Fallibilismus aus, der bei ihm einhergeht mit der äußerst konsequenten Absage an das traditionelle Gewissheitsideal für Wissensansprüche. Alle Erkenntnisse sind demnach vorläufig und grundsätzlich revidierbar.[1] Sie beruhen nicht auf einem festen Fundament oder Prinzipien, die keiner weiteren Begründung mehr bedürftig sind, sondern sind unsicher. Daher fragt Dewey auch nicht nach hinreichenden und notwendigen Bedingungen des Wissens, sondern nach den Bedingungen des *Forschens*. Sie lassen sich darstellen, wenn man Forschung als eine Praxis begreift und ihre Gegenstände als Mittel. Die damit einhergehende Unsicherheit ist nach Dewey kein Problem, das in den Skeptizismus führt, sondern geradezu selbst eine Bedingung, um Forschungsprozesse für die Bewältigung neuer Problemlagen offen zu halten. Mit der Verschiebung der Fragestellung zu Forschungsprozessen tritt die abstrakte Frage nach dem allgemeinen Begriff des Wissens in den Hintergrund.

Damit hängt zusammen, *zweitens*, dass Dewey Erkennen als Handeln begreift und generell von einem Primat des Handelns ausgeht.[2] Er wendet sich damit gegen das, was er an anderer Stelle als „Zuschauertheorie des Erkennens" bezeichnet hat (LW 4, 19, dt. 27). In *The Quest for Certainty* bringt er den Gegensatz zur traditionellen Erkenntniskonzeption folgendermaßen auf den Punkt:

> Wenn wir sehen, daß Erkennen nicht der Akt eines außenstehenden Beobachters ist, sondern der eines Teilnehmers auf dem natürlichen und sozialen Schauplatz, dann liegt der wahre Gegenstand der Erkenntnis in den Konsequenzen der gelenkten Handlung. (LW 4, 157, dt. 197)

Forschungsmethoden sollen demnach nicht zu sicheren, den Forschungsprozess abschließenden Erkenntnissen, sondern zu „wirksam durchgeführten Operationen […], die zu beabsichtigten Konsequenzen führen" (ebd.) – ein Prozess, der grundsätzlich unabgeschlossen ist.

Diesem Zitat lässt sich auch das *dritte* Merkmal entnehmen, nämlich Deweys *naturalistischer* Ansatz. Er spricht von einem „natürlichen und sozialen Schauplatz", auf dem das Erkennen sich abspielt: Forschung ist keine individuelle

---

[1] Vgl. Apel 1975, 73 ff. mit Bezug auf Peirce.
[2] Vgl. EN 126, dt. 160. Ich werde auf diese Stelle noch zurückkommen.

Tätigkeit und Erkenntnis kein innerer Zustand eines Subjekts, sondern es handelt sich um Erfahrungen eines wesentlich sozialen Organismus und seiner Umwelt (vgl. Levi 2010, 85 ff. und Gale 2010, 63 f. und 68 ff.). Diese Umwelt ist nicht nur eine natürliche, sondern eine soziale, und sie umfasst daher immer auch Artefakte, Verfahren und Mittel. Deweys Naturalismus reduziert Erkenntnis und Wissen daher auch nicht einfach auf physikalisch beschreibbare Vorgänge, sondern er bietet ihm einen Rahmen, um Wissen bzw. Erkenntnis als reale, wesentlich praktische und kooperative Prozesse, die in eine gleichermaßen natürliche wie auch soziale Umwelt eingebettet sind, in den Blick zu nehmen. Dadurch vermeidet er es, diese Begriffe als Produkte einer von solchen Praktiken losgelösten rein theoretischen Reflexion zu analysieren.[3]

Vor dem Hintergrund dieser Vorbemerkungen lassen sich nun zwei zentrale Themen des vierten Kapitels identifizieren: (1) Eine kritische Rekonstruktion des Begriffs des „Mittels". Sie soll die Voraussetzungen aufdecken, die zu einer verfehlten Konzeption wissenschaftlicher Gegenstände geführt und damit den Blick für ein angemessenes Verständnis von wissenschaftlicher Erkenntnis (bzw. Wissen im Allgemeinen) verstellt haben. (2) Deweys konstruktiver Beitrag: eine instrumentalistische Theorie wissenschaftlicher Gegenstände. Dementsprechend kann man das Kapitel gliedern: Der rekonstruktive Teil geht von EN 100 bis 114 (dt. 126 bis 145). Die Konzeption wissenschaftlicher Gegenstände nimmt den Rest des Kapitels ein. Die folgenden Ausführungen orientieren sich an dieser groben Zweiteilung und sollen die einleitend genannten Aspekte von Deweys Instrumentalismus vertiefen und hinsichtlich ihrer Implikationen erläutern.

5.2 Die Geburt der Wissenschaft aus dem Geist der Technik

Deweys rekonstruktive Strategie tritt als Dualismen-Kritik auf. So hat er klar erkannt, dass ein Streit, wie der zwischen Realisten und Antirealisten, der auf grundsätzlichen metaphysischen Vorentscheidungen beruht, mit den begrifflichen Mitteln, die im Rahmen von solchen „metaphysischen Dispositionen" zur Verfügung stehen, nicht gelöst, sondern nur aufgelöst werden kann.[4] Es kommt daher darauf an, die falschen Prämissen aufzudecken, die solchen Alternativen zugrunde liegen. Das gilt für die meisten Dualismen, die sich in der philosophischen Tradition herausgebildet haben und die Philosophie zu einer sterilen,

---

3 Vgl. dazu auch die weiterführende Darstellung bei Hildebrand 2008, 49 ff. Zum für Deweys Naturalismus zentralen Darwin-Bezug vgl. Särkelä 2016.
4 Den Ausdruck „metaphysische Disposition" übernehme ich von Särkelä 2016, 1100.

müßigen Tätigkeit verkommen lassen. Die für das Thema „Wissen" und „Wissenschaft" maßgebliche Hintergrundprämisse der herkömmlichen Erkenntnistheorie formuliert Dewey folgendermaßen: „Die Prämisse, die uns hier angeht, ist die, daß Wissenschaft das Ergreifen der Realität in ihrer finalen, selbstgenügsamen Form sei." (EN 110, dt. 140)

Die Aufdeckung solcher Prämissen und die Dualismen-Kritik ist aber nur eine Seite der Rekonstruktion. Dewey beansprucht dabei, „den Hinweisen der Erfahrung (clues of experience)" zu folgen (EN 113, dt. 144). Im Sinne der im ersten Kapitel eingeführten denotativen Methode lassen sich dann erfahrungsmäßige Quellen benennen, die den fraglichen Dualismus einer neuen Deutung zugänglich machen und damit das alte Problem zum Verschwinden bringen. Insofern wird die besondere Produktivität von Deweys Dualismen-Kritik erst richtig deutlich, wenn man sie in einen Zusammenhang mit der denotativen Methode stellt.

Die mit der oben zitierten Hintergrundprämisse formulierte kritische Diagnose Deweys lässt sich so zusammenfassen: Ein angemessenes Verständnis wissenschaftlicher Forschung wird dadurch behindert, dass wissenschaftliche Gegenstände (objects of science) als finale Gegenstände („consummatory or final") gefasst werden (EN 101, dt. 129). Dewey meint damit, dass die Gegenstände der Wissenschaft nach diesem aus seiner Sicht verfehlten Verständnis als Ziele des Erkennens aufgefasst werden, die außerhalb aller praktischen Mittel-Zweck-Relationen stehen und gleichsam wie Gegenstände ästhetischer Betrachtung um ihrer selbst willen geschätzt werden. Erkenntnis und Wissen sind aber nach Dewey, wie bereits eingangs bemerkt, keine Endprodukte, sondern in einer noch näher zu erläuternden Weise Teile eines Forschungsprozesses. Solche Prozesse will Dewey zwar durchaus als zielgerichtet denken, sie finden aber keinen Abschluss an einem bestimmten Punkt, den man als deren Vollendung begreifen würde. Die Auffassung von Wissen als vollendetem Endprodukt ist nach Deweys Rekonstruktion dagegen das Erbe des antiken Wissenskonzepts, dem eine reale, d.h. nicht nur begriffliche Trennung von Zwecken und Mitteln zugrunde liegt. Wenn man ein Beispiel für eine solche Konzeption des Erkenntnisgegenstandes sucht, könnte man an Platos Ideen denken. Ideen sollen vollkommene Urbilder ihrer endlichen, empirisch greifbaren Manifestationen sein. Man erkennt einen Gegenstand erst dann als einen solchen, d.h. als das, was er *wesentlich* ist, wenn man ihn in seiner Vollkommenheit erkannt hat. Den verschiedenen Erkenntnisformen entsprechen dabei Grade der Gewissheit des erreichbaren Wissens.[5] De-

---

5 Das ist in aller Grobheit das Erkenntnismodell, das in Platos *Politeia* im Sonnen- und Liniengleichnis dem platonischen Sokrates in den Mund gelegt wird. Vgl. dazu Rep. 506b ff., vgl. dort auch 476c ff. Zur Platonischen Wissenskonzeption vgl. von Kutschera 2006. Dewey wird an die

wey behauptet, und das ist nach wie vor eine Provokation, dass dieses Modell des Wissens seiner Form nach auch noch den modernen Erkenntnistheorien zugrunde liegt. Erkennen heißt demnach immer, einen Gegenstand *sicher* zu erfassen. Das Erfassen wird dabei als ein intellektueller Akt begriffen, der abgelöst ist vom Prozess wirklichen Erkennens. Es ist dabei ganz gleichgültig, ob der primäre Gegenstand des Erkennens aus Material der Sinne, das dem Subjekt unmittelbar gegeben ist, zusammengesetzt oder durch konstruktive Leistungen der Vernunft konstituiert wird. Genau dieses – freilich idealtypisch zu verstehende – Bild des Erkennens will Dewey erschüttern und durch eines ersetzen, das sich am Vorbild der neuzeitlichen, experimentellen Wissenschaften orientiert.

Vor diesem Hintergrund kann nun auch Deweys These vom Ursprung der Wissenschaften in den Künsten interpretiert werden:

> Daß die Wissenschaften aus den Künsten hervorgingen, die Naturwissenschaft aus dem Handwerk und den Technologien des Heilens, der Navigation, des Krieges und der Bearbeitung von Holz, Metall, Leder Flachs und Wolle; die Geisteswissenschaften (mental sciences) aus den Künsten der politischen Verwaltung, ist, denke ich, eine zugegebene Tatsache. (EN 105, dt. 133)

Man kann diese Bemerkung als faktische, historische Feststellung lesen. Dann wäre sie nicht besonders aufregend. Tatsächlich schreibt Dewey hier auch gar nicht als Technik- oder Wissenschaftshistoriker. Der Anspruch seiner kritisch-rekonstruktiven Methode ist in einem bestimmten Sinne normativ, insofern nämlich als das Vorgehen der neuzeitlichen Wissenschaften als Paradigma für *valides Wissen* ausgezeichnet werden soll. Dazu rekonstruiert Dewey die Veränderung zum neuen, modernen Wissenschaftsverständnis gemäß seiner denotativen Methode unter dem „Gesichtspunkt der Erfahrung (experientially)" (EN 108, dt. 137). Sein erster Schritt ist dabei eine Reflexion zum Begriff der *Arbeit*.

Arbeit erweist sich als eine ambivalente Handlungsform. Sie stellt den Menschen einerseits in einen Gegensatz zu einer als feindselig erfahrenen Natur, die es zu bändigen und zu kontrollieren gilt; andererseits eröffnet Arbeit die Möglichkeit, Gegenstände als Werkzeuge, d. h. als Mittel zu behandeln. (EN 101 f., dt. 128) Ein Werkzeug ist aber nicht nur ein partikuläres Ding. Es verkörpert in sich Verbindungen in der Natur zu anderen Gegenständen. Das Werkzeug als Mittel vermittelt buchstäblich, indem es zu anderen Gegenständen führt. Mittel verwandeln unmittelbare Erfahrungen (z. B. solche des Genusses oder auch des Ausgeliefertseins in der Natur) in geordnete Zusammenhänge menschlicher Praktiken und ihrer

---

aristotelische Ontologie gedacht haben. Das Gesagte lässt sich auch mit den aristotelischen Unterscheidungen von Form und Materie, Akt und Potenz in Einklang bringen.

Abläufe. Sie erlauben Kontrolle und Steuerung natürlicher Prozesse.[6] Das ist nach Dewey andererseits der Grund, weshalb Arbeit Gegenstände erzeugt, die nicht bloß als Mittel, sondern wesentlich als Ziele verstanden werden wollen, indem sie den „zeremoniellen Künsten ihr Material, ihre Mittel und Strukturen" (EN 101, dt. 128) liefern. So erklärt Dewey die Unterscheidung zwischen nützlichen und zeremoniellen Künsten, deren spätere Festigung die Vorstellung einer Hierarchie der Künste begründet hat, wobei die handwerklichen, technischen Künste gegenüber den zeremoniellen Künsten abgewertet werden. Wo es Technik gibt, gibt es auch Kunst. Es gilt aber auch umgekehrt, dass die Technik ihren Ursprung in der Kunst hat, denn nur in ihr gibt es nicht bloß Sequenzen von Mitteln, von reinen Möglichkeiten, sondern die Erfüllung von Möglichkeiten, also Ziele, die um ihrer selbst willen geschätzt werden (EN 102, dt. 130). Diese wechselseitige Verflechtung von Kunst und Technik, wie sie Deweys Reflexion auf menschliche Arbeit offenlegt, wurde nicht durchschaut, weshalb Mitteln der Makel des unvollkommenen, bloß endlichen, ja knechtischen angehaftet wurde. Handwerk und nützliche Künste wurden von reiner Wissenschaft getrennt, deren Idee dem Modell ästhetischer Kontemplation angeglichen wurde. Was Dewey wenige Jahre später als „Zuschauertheorie der Erkenntnis" bezeichnet hat, besteht genau darin, die wichtigste Aufgabe der Wissenschaft im Ergreifen der Realität in einer unterstellten finalen Form zu sehen. Sie erweist sich als Produkt einer starren Trennung des Finalen vom bloß Instrumentellen. Dewey betont allerdings auch, dass diese Operation erst Wissenschaft und Denken als ein Unternehmen ermöglicht hat, das eigene Gegenstände, Methoden und Verfahren kennt. Ambivalent ist Deweys Verhältnis zur antiken Wissenschaft auch deshalb, weil in der Antike den „nützlichen Künsten" die genuine Erfahrung von Gegenständen als Mitteln zugrunde gelegt werden. Es sind Künste der Naturbeherrschung, „die auf dem Studium der Natur beruhen [und durch die] finale und gute Objekte vermehrt und bewahrt werden (rendered secure)" können (EN 104, dt. 132f.). Deweys Narrativ erschließt die Struktur moderner Wissenschaft aus der Erfahrung der nützlichen Künste. Die Gegenüberstellung des antiken und des neuzeitlichen Wissensbegriffs hat dabei die Funktion, diesen Zusammenhang von Wissenschaft, Technik und Kunst bewusst zu machen; ein Zusammenhang, der Bedingung und Beginn einer Wissenschaft im modernen Sinne markiert. Deweys Rekonstruktion zeigt, dass das, was mit dieser Veränderung zum neuzeitlichen Wissenschaftsverständnis geschieht, „eben dasselbe [ist], was in den nützlichen Künsten geschieht, wenn natürliche Objekte, wie Roherz, als Materialien behandelt werden, um etwas anderes zu erreichen. Ihr Charakter liegt nicht länger in ihren unmittelbaren

---

6 Dewey begreift Werkzeuge relational. Vgl. EN 146f., dt. 184f.

Qualitäten, in genau dem, was sie sind, als unmittelbaren Gegenständen des Genusses. Ihr Charakter ist jetzt repräsentativ." (EN 108, dt. 137)

Diese Bemerkung zum Wandel von einer unmittelbar qualitativen Erfahrung zu einem relationalen Verständnis von Gegenständen als Zeichen bzw. Mittel in einem Verweisungszusammenhang ist zentral, denn sie erlaubt es, wesentliche Merkmale moderner Wissenschaften zu erklären: Die Mathematisierung und die spezifische Homogenität ihres Materials, wodurch sie sich vom hierarchischen Wissenskonzept der antiken Tradition unterscheidet. Mit der Behandlung der Qualitäten als Relationen und damit einhergehend der Gegenstände als Mittel werden Abstraktionsprozesse und die Bildung von Aussagensystemen möglich (EN 106 f., dt. 134 f.). Gegenstände als Mittel zu behandeln, heißt sie als mögliche Zeichen für anderes zu betrachten: „Die Möglichkeit, das Eintreten jedes Ereignisses zu kontrollieren, hängt von der Möglichkeit ab, Substitutionen vorzunehmen." (EN 115, dt. 146) Diese Möglichkeit ist die Bedingung für die Anwendung mathematischer Methoden und erklärt somit auch den Unterschied zwischen der quantitativ-homogenen Welt der modernen Wissenschaft im Gegensatz zur qualitativ heterogenen der Antike. Schließlich macht der Charakter von Objekten als Mittel die Fokussierung moderner Wissenschaften auf Gesetze und Relationen verständlich: „Gesetze sind Formulierungen der Regelmäßigkeiten, auf denen eine intellektuelle und andere Kontrolle von Dingen als unmittelbaren Erscheinungen beruht." (EN 117, dt. 149)[7] In diesem Zusammenhang deutet Dewey die Mathematik als Strukturwissenschaft, die es erlaubt, einzelne Elemente als Fälle allgemeinerer Relationen zu begreifen. Der Prozess der Mathematisierung verliert bei Dewey einiges von seinem kultur-, vernunft- und wissenschaftskritischen Schrecken; er verliert aber auch viel von seinem Potenzial für Mystifizierungen des Mathematischen. Dewey nennt den Vorgang eine Tautologie (EN 110, dt. 140).[8] Die Bedingung dafür, Zwecke nicht nur zufälligerweise zu haben, sondern die Art und Weise ihres Erscheinens zu kontrollieren, als mathematisch-mechanisch zu begreifen, ist eine Selbstverständlichkeit, wenn man Wissenschaft vom Standpunkt der nützlichen Künste her betrachtet.[9]

---

[7] Zum Begriff des Naturgesetzes bei Dewey vgl. Hampe 2007, 142 ff.
[8] Die Gegenüberstellung der abstrakten und mechanischen Mathematisierung zum Reichtum und zur Fülle des Lebens und damit verbunden die Dramatisierung der Mathematisierung zur Krisenerscheinung und zum Verfallssymptom ist ein Topos lebensphilosophischer Rhetorik zu Beginn des 20. Jahrhunderts – man denke an Bergsons Ausführungen zum Lachen Bergson [1900] 2011 oder an Husserls [1936] 1992 Krisis-Schrift. Dazu Rölli 2009.
[9] Man kann moderne Wissenschaft geradezu als verallgemeinerte Anerkennung eines solchen Standpunkts bezeichnen. Vgl. EN 108, dt. 138.

Die kritische Rekonstruktion des traditionellen Wissenskonzepts und seine Gegenüberstellung mit den modernen Wissenschaften sollten die Kontingenz begrifflicher Weichenstellungen, die sich zu Dualismen (Technik und Wissenschaft, Erscheinung und Wirklichkeit, unmittelbar und diskursiv) verfestigt haben, aufweisen und deren gemeinsame, alles andere als selbstverständliche Prämissen aufdecken. Zugleich bereiten sie Deweys eigene Auffassung wissenschaftlicher Gegenstände vor. Ein Ansatzpunkt dafür ist die Umdeutung des Verhältnisses von Zwecken und Mitteln und die Aufwertung des Handelns im Kontext epistemologischer Fragen. Im zweiten Teil des Kapitels geht Dewey darauf ausführlicher ein.

5.3 Theorie wissenschaftlicher Gegenstände

Deweys Instrumentalismus ist eine Theorie wissenschaftlicher Gegenstände als Mittel. Im Folgenden werde ich mich auf zwei Aspekte dieses Ansatzes konzentrieren: Deweys Analyse der Zweck-Mittel-Relation sowie seine Rekonstruktion der Begriffe des Wissens und der Wahrheit.

Es ist nicht ungewöhnlich, die Zweck-Mittel-Relation als ein Kontinuum zu begreifen. Denn es ist schon begrifflich klar: wer einen Zweck will, muss auch die Mittel wollen. Mittel können ihrerseits nicht unabhängig von Zwecken als solche identifiziert werden; umgekehrt kann ein Sachverhalt, der herbeigeführt oder ein Gegenstand, der hergestellt werden soll, nur unter dem Gesichtspunkt möglicher Realisierbarkeit als Zweck angesprochen werden, denn sonst wäre es bloß ein Wunsch (vgl. EN 297f., dt. 372). Deweys Kontinuums-These geht über solche Selbstverständlichkeiten hinaus, wie man an seiner Aufnahme Hegel'scher Motive zeigen kann. Mit Hegel unterscheidet Dewey bloß äußerliche von inneren Mitteln (EN 101, dt. 128; vgl. auch LW 10, 201f.; sowie Hegel [1813] 1996, 449f., 453). Erstere bleiben dem, was ausgeführt ist, äußerlich: Zwar verkörpern sie Zwecke als konkrete Möglichkeiten, etwas auszuführen. Sie werden jedoch im Prozess der Zweckrealisierung „aufgerieben", wie Hegel das ausdrückt; sie sind nur ein Gerüst, das aufhört zu wirken, „sobald das *Ziel* erreicht ist" (LW 10, 201; dt. 229).[10] Als Bestandteile des Prozesses werden sie überflüssig, andere Mittel könnten als Ersatz für sie eintreten, sie können daher zu Recht dem als äußerlich betrachtet werden, was ausgeführt wird. Innere Mittel bezeichnet Dewey dagegen auch als

---

10 Bei Hegel heißt es: „Was zur Ausführung eines Zwecks gebraucht und wesentlich als Mittel genommen werden soll, ist Mittel, nach seiner Bestimmung aufgerieben zu werden." ([1813] 1996, 457).

Medien (vgl. LW 10, 201, dt. 229). Sie sind immanent mit dem Ziel verbunden. In *Experience and Nature* erläutert Dewey das am Beispiel des Häuserbaus (EN 280, dt. 351f.; LW 10, 201; dt. 229). Die einzelnen Baumaterialien verkörpern in der Art ihrer planvoll beabsichtigten Anordnung den Zweck: „Sie *sind* buchstäblich das Ziel auf seiner gegenwärtigen Stufe der Realisierung" (EN 280, dt. 351) und nicht bloß deren kausale Bedingungen. Der Witz von Deweys Analyse des Zweck-Mittel-Kontinuums, und darin weicht er nicht nur von Hegels Dialektik von Zwecken und Mitteln ab, sondern auch von der gesamten aristotelischen Tradition, liegt nun darin, dass sich das fertig gestellte Haus nicht einfach als Schlusspunkt erweist. Es ist vielmehr „,Zweck' in einem nicht-ausschließenden Sinne." (Ebd.) Dewey meint damit, dass jeder Abschluss bloß Abschluss einer bestimmten Organisation jener Materialien ist, die weiterhin als Mittel wirksam bleiben. Insofern steht so ein vorläufiger Abschluss einem weiteren Möglichkeitsraum offen. Dewey meint damit nicht einfach nur, dass jeder Zweck sich wiederum als Mittel für andere, übergeordnete Zwecke verstehen lässt. Vielmehr ist die Gestalt des Abschlusses eines bestimmten Zweck-Mittel-Kontinuums immer unvorhersehbar und in diesem Sinne offen, und Abschlüsse immer nur vorläufig.[11] Das wird noch klarer, wenn man an Prozesse denkt, die von vornherein offener sind, wie die Produktion eines Kunstwerkes oder die Lösung eines wissenschaftlichen Problems. Solche Prozesse, bei denen wesentlich Kreativität im Spiel ist, beweisen, dass „der Unterschied zwischen Mitteln und Zwecken analytisch und formal, nicht material und chronologisch ist." (EN 280, dt. 352)

Tatsächlich handelt es sich um einen inneren Zusammenhang. Dewey bezeichnet Mittel auch als eine Tendenz. Es ist etwas, das „eine Richtung zeigt" (EN 280, dt. 351). Mittel ist nicht nur das, „was dazwischen kommt", also *bloßes* Medium, sondern eben auch Anzeichen einer möglichen Richtung. Jeder Plan schließt eine bestimmte beabsichtigte Richtung ein (sonst wäre es kein Plan). Er muss, jedenfalls nach Dewey, aber immer auch als etwas Offenes gedacht werden. Denn ein Plan ist gerade nicht bloß die mechanische Realisierung von etwas Vorgegebenem, und auch der realisierte Zweck weist weiterhin über sich als Mittel für weitere Zwecke hinaus: „Mittel, sind das, was sie sind, nur in ihrer Wirkung; wenn sie wirken, ist ein beabsichtigtes Ziel im Prozeß der Verwirklichung. Das Mittel ist erst ganz Mittel *in* seinem Ziel." (EN 128, dt. 162) Trennt man dagegen Zwecke und Mittel nicht bloß analytisch, verfehlt man den Prozesscharakter des

---

[11] Dewey spricht daher auch von „ends-in-view" EN 280. In der deutschen Übersetzung („beabsichtigter Zweck" (351)) kommt diese Nuance nicht angemessen zum Ausdruck. Nach der aristotelischen Tradition ist das Zweck-Mittel-Kontinuum hierarchisch aufgebaut und grundsätzlich nur kohärent denkbar unter der begrifflich notwendigen Unterstellung eines abschließenden, höchsten Gutes. Vgl. Aristoteles, Eth. Nic. I, 1.

Zweck-Mittel-Kontinuums und damit auch das, was moderne Wissenschaft erst ermöglicht hat, nämlich Gegenstände des Wissens konsequent als Mittel zu denken.[12]

Das ist also Deweys instrumentalistische Antwort auf die alten Fragen nach den Begriffen des Wissens und der Erkenntnis. Was wird aber aus diesen Begriffen, wenn man sie aus einer instrumentell-operationalen Perspektive in den Blick nimmt? Es bedeutet, wie bereits erwähnt, dass Wissen von der Praxis des Forschens her gedacht wird, die Dewey als Prozess des Entdeckens begreift. So wie für die antike Wissenschaft der Beweis in Form der syllogistischen Demonstration sowie die Klassifikation die zentralen methodischen Instrumente waren, so ist „das Lebensblut der modernen Wissenschaft [...] die Entdeckung." (EN 121, dt. 154) Ihre Praxis ist die Lenkung und Kontrolle von Prozessen durch experimentelles Handeln. Dementsprechend ist Entdecken nicht einfach nur das Auffinden oder Auffassen von etwas Gegebenem oder schon Vorhandenem, etwas, zu dem der Forscher nur noch hinzutritt, sondern ein handelnder Eingriff. Die von Dewey anvisierte operationale Logik der Entdeckung stellt stattdessen das Zweifeln, die Hypothesenbildung und das Experimentieren in den Vordergrund.[13]

Solche Überlegungen zu einer Logik der Entdeckung und des Forschens als Transformation von Situationen durch Eingriffe hat Dewey in seiner späteren *Logic: The Theory of Enquiry* von 1938 systematisch ausgeführt (vgl. dazu Hildebrand 2008, 40 ff. sowie Levi 2010). In *Experience and Nature* hat er diese Gedanken nur skizziert. Deutlicher als im späteren Werk tritt hier allerdings der naturphilosophische Hintergrund hervor. Das Zweck-Mittel-Kontinuum als wesentlich offener Prozess reflektiert Deweys prozessphilosophisches Naturverständnis, so dass Forschung selbst als Teil des Naturprozesses begreifbar wird und ihr gerade nicht objektivierend gegenübersteht. Es ist geradezu der Grundfehler traditioneller Erkenntnistheorien, dass sie diesen Prozesscharakter verfehlen und die Natur als etwas in sich Abgeschlossenes betrachten, weshalb Geistiges darin auch scheinbar keinen Platz hat.[14]

---

12 EN 120, dt. 153: „Diese Befreiung von einem fixierten Schema von Zwecken machte die moderne Wissenschaft möglich."
13 Das ist auch der Grund, weshalb Dewey keine Definition des Wissensbegriffs anbietet, die diesen Begriff, wie in der klassischen Wissensdefinition (Wissen als wahre, gerechtfertigte Überzeugung) ausschließlich auf Aussagen bezieht. Im Gegensatz zu Russell begreift Dewey „Wissen" nicht als eine Relation zu Propositionen, sondern als Relation zu Gegenständen als Aspekten von wirklichen Prozessen.
14 Zentral für diesen Zusammenhang ist die Unterscheidung von Gegenständen (Objekten) und Ereignissen. Gegenstände sind Ereignisse, die so verwandelt wurden, dass sie für Operationen in einem Zweck-Mittel-Kontinuum zugänglich sind. Ereignisse sind gleichsam unvollständig, daher muss Handeln eingreifen und den Prozess zu einem vorläufigen Abschluss führen. Insofern sind

Der prozessphilosophische, konstruktivistische, auf Eingriffe abzielende Zug rückt Deweys Ansatz in die Nähe idealistischer bzw. antirealistischer Erkenntnistheorien. Tatsächlich erfassen nach Dewey solche Theorien insofern Richtiges als sie die konstruktiv-instrumentellen Leistungen des menschlichen Geistes im Prozess wissenschaftlicher Erkenntnis betonen. Dem traditionellen Idealismus unterläuft allerdings ein konstitutionstheoretisches Missverständnis dieser Einsicht, wenn er Realität einerseits buchstäblich als etwas vom Geist Konstruiertes begreifen will;[15] andererseits in Gestalt des absoluten Idealismus Realität mit den entdeckten Objekten der Erkenntnis identifiziert. Dagegen begreift Dewey den Forschungsprozess vom Primat der Praxis her, der allerdings nicht konstitutionstheoretisch missverstanden werden sollte. Dann würde Dewey nur spiegelbildlich den Fehler des traditionellen Idealismus wiederholen.[16] Aufschlussreich ist hier Deweys Erläuterung, wonach Denken „in seinem Wirklichkeitsbezug (existentially) ein Adjektiv (oder besser ein Adverb), kein Nomen" sei (EN 126, dt. 160). Denken ist eine Modifikation des Handelns, d. h. die Unterscheidung von Denken und Handeln wäre nicht klassifikatorisch im Hinblick auf unterschiedliche Gegenstandsbereiche, sondern intensional zu verstehen. Unterschieden werden *Aspekte* von Erfahrung, die Geistiges und Natürliches umfasst. Weder Denken noch Handeln konstruieren bzw. konstituieren die Realität, sie sind vielmehr ein Teil von ihr, so wie auch Geistiges selbst Teil der Natur ist.

Umgekehrt existiert zwischen „Realismus" (EN 127 f., dt. 161 f.)[17] und Idealismus prinzipiell kein Unterschied, sofern beide von einem geschlossenen Uni-

---

auch alle epistemischen Operationen oder Zustände wie Zweifel, Irrtum oder Ignoranz Teile der Natur und nicht etwas bloß Subjektives. Zu dieser Unterscheidung vgl. EN 244, dt. 307, wo Objekte auch als „Ereignisse-mit-Bedeutungen" („events-with-meanings") bestimmt werden. Nach meiner Deutung sollte diese Unterscheidung jedoch weder dualistisch noch klassifikatorisch-extensional verstanden werden (Objekte wären dann eine Art von Ereignissen), sondern intensional. Objekte sind Aspekte von Ereignissen. Im 4. Kapitel von EN 114 ff., dt. 145 f. erläutert Dewey die Unterscheidung ausgehend von Reihen wie „unmittelbar, individuell, unwiederholbar" vs. „raumzeitlich geordnet, konstant und wiederholbar." Vgl. auch EN 126 f., dt. 160 f.
15 Das gilt für alle Formen des konstitutionstheoretischen subjektiven Idealismus im Anschluss an Kant. Diese Form des Idealismus „faßte Rekonstitution als Konstitution auf; die Rekonstruktion als Konstruktion." EN 126, dt. 160. Das Handeln des Denkens muss dann als magischer Akt, als „Wunder" erscheinen.
16 Gegen solche extravaganten Überspitzungen konstruktivistischen Denkens betont Dewey durchaus robust: „Daß es vor aller Erforschung und Entdeckung Existenz gibt, ist natürlich zuzugeben." EN 124, dt. 158. Zum Verhältnis Deweys zum Konstruktivismus Dinglers vgl. Hampe 2007, 146 ff.
17 Im vorliegenden Kapitel meint Dewey damit ausdrücklich den Materialismus. Es geht hier also in erster Linie um eine ontologische Position über die Struktur der Realität. Dewey differenziert hier nicht weiter (z. B. zwischen epistemologischen und ontologischen Aspekten des Themas), was

versum ausgehen. Auch der statische Realismus wird daher dem Prozesscharakter der Natur nicht gerecht: „Der Glaube, daß diese Ordnungen der Relation, die das angemessene Objekt der Wissenschaft sind, deshalb auch das einzige letztlich ‚reale Objekt' der Wissenschaft seien, ist die Quelle jener Behauptung eines symmetrischen, fest ineinander gefügten und vollendeten Universums, die sowohl vom traditionellen Materialismus wie Idealismus vertreten wird." (EN 127, dt. 161) Deweys Begriff des Realen ergibt sich dagegen aus seiner Konzeption von Gegenständen als Mittel. Das „Reale" ist dann einfach die Bezeichnung für Gegenstände, sofern man sie nicht als final, sondern als Mittel in gelenkten Prozessen der Problemlösung und Entdeckung betrachtet. Das Reale ist einfach nur der Name für solche Prozesse, sofern sie durch wissenschaftliche Forschung gelenkt und kontrolliert werden. Damit steht Dewey quer zu den Unterscheidungen, die man aus den dialektischen Zusammenhängen neuzeitlicher epistemologischer Kontroversen kennt. Man sollte allerdings Deweys Ansatz auch nicht einfach von einem als selbstverständlich vorausgesetzten Diskussionsrahmen her klassifizieren. Ich habe daher vorgeschlagen, seine Position vor Hintergrund seiner prozessphilosophischen Naturkonzeption zu erschließen.

Das hilft auch, wenn man die kryptischen Bemerkungen Deweys zum Wahrheitsbegriff in diesem Kapitel deuten will. Dieser Begriff gehört zu den notorischen Streitpunkten von Deweys Philosophie. In gängigen Lehrbuchdarstellungen führt er unter dem Titel „pragmatistische Wahrheitstheorie" ein Schattendasein (vgl. bspw. Engel 2002, 34 ff.). Das dürfte wohl auch daran liegen, dass seine Position meistens mit derjenigen von James identifiziert wird, wonach sich die Wahrheit von Aussagen an der Nützlichkeit ihrer Folgen bemessen soll.[18] Das Thema „Wahrheit" hat Dewey jedenfalls immer wieder zu Stellungnahmen herausgefordert, wobei die Auseinandersetzung mit Russells Kritik und rivalisierenden Konzeptionen aus dem Umfeld des logischen Positivismus eine große Rolle gespielt haben (vgl. Russell 1919). Deweys knappe Bemerkungen in *Experience and Nature* fügen sich gut in das bisher zum Instrumentalismus Gesagte ein und verdeutlichen auch, dass er in dieser Frage eine von James und Peirce gleichermaßen zu unterscheidende Position vertritt. Dewey schreibt: „Manchmal wird der Gebrauch des Wortes ‚Wahrheit' darauf eingeschränkt, eine logische Eigenschaft

---

freilich vor dem Hintergrund heutiger Debatten irritieren kann. Für eine hilfreiche Darstellung dieser Debatte vgl. Schlaudt 2014, Kap. 2.

18 Deweys Verhältnis zu James' Wahrheitstheorie muss differenzierter bewertet werden. Vor *Experience and Nature* hat Dewey durchaus eine enger an James angelehnte Wahrheitsauffassung vertreten, James' Position dabei allerdings in entscheidenden Punkten kritisiert: vgl. MW 12, 169 ff., zu James 217 ff. Vgl. dazu Schlaudt 2014, 152–155. Schlaudt geht allerdings weder auf *Experience and Nature* noch auf die *Logik* ein.

von Aussagen zu bezeichnen; aber wenn wir seine Bedeutung so weit ausdehnen, daß Wahrheit die Eigenschaft bezeichnet, sich auf die Existenz zu beziehen, dann ist die Bedeutung von Wahrheit: Prozesse der Veränderung, die so gelenkt werden, daß sie ein beabsichtigtes Ziel erreichen." (EN 128, dt. 162) Wenn man die üblichen wahrheitstheoretischen Unterscheidungen vor Augen hat, fällt es nicht leicht zu verstehen, was Dewey hier meint. Zweifellos ist ihm in seiner späteren Logik, wenn er Wahrheit als „begründete Behauptbarkeit (*warranted assertability*)" bestimmt (vgl. LW 12, 15; dt. 20), eine glücklichere Formulierung gelungen. Bezogen auf das obige Zitat kann man festhalten, dass Dewey eine Erweiterung des Begriffs vorschlägt. Wahrheit soll nicht *nur* als Eigenschaft von Aussagen begriffen werden, sondern als Relation zu dem, was er als „Existenz" bezeichnet.[19] Die Rede von Erweiterung kann also ernst genommen werden: Wahrheit *kann* als Aussagewahrheit verstanden werden, der Begriff geht darin aber nicht auf.[20] Wichtiger ist für Dewey ein anderer Aspekt, nämlich die Funktion des Wahrheitskonzepts im Forschungsprozess. Wahrheit wäre dann die Bezeichnung des Forschungsprozesses unter dem Aspekt seines relativen Abschlusses. Interpretiert man diese Passage so, deutet sich in ihr eine Vorstufe dessen an, was Dewey später unter dem Titel „warranted assertability" ausgearbeitet hat. Bei aller gebotenen Zurückhaltung gegenüber solchen Zuschreibungen muss man Dewey dann allerdings auch schon in *Experience and Nature* als Vertreter einer epistemischen Wahrheitsauffassung identifizieren.

5.4 Schlussbemerkung

Vieles, von dem, was Dewey zu den neuzeitlichen Wissenschaften schreibt, ist heute anerkannt und Gegenstand differenzierter wissenschaftsphilosophischer und -historischer Forschung – allerdings ohne, dass man sich dabei ausdrücklich auf Dewey berufen würde. Das gilt für den von ihm in *Experience and Nature* herausgearbeiteten Zusammenhang von Wissenschaft, Technik und Kunst. Es gilt vor allem auch für das, was man als einen „Hauptpfeiler der gesamten Dewey'schen Philosophie" (Hartmann 2009, 439) bezeichnen muss, nämlich die Betonung der Rolle des Experiments für das Verständnis neuzeitlicher Wissenschaft, ja wissenschaftlicher Forschung überhaupt. In den 1920er Jahren, in denen sich der logische Positivismus formierte, um sich für lange Zeit als dominante

---

19 „Existenz" wird von Dewey im vorliegenden Text immer verwendet, wenn er das Reale in seinem eigenen prozessphilosophischen Sinne bezeichnen will.
20 Dewey lehnt, anders als das Vorurteil es will, noch nicht einmal den traditionellen Korrespondenz-Gedanken ab. Vgl. dazu die instruktiven Bemerkungen in Künne 2005, 172.

wissenschaftstheoretische Strömung zu etablieren, waren solche Ideen unorthodox und innovativ. So erscheint Dewey als ein Philosoph, der zu seiner Zeit unzeitgemäß war und heute als Wegbereiter eines Blicks auf Wissenschaft und Technik angesehen werden kann, dessen Relevanz und anhaltende Originalität allerdings erst seit einigen Jahren überhaupt wieder in den Blick rückt (vgl. Hartmann 2009, 438 f. und Hampe 2007).[21] Im Kontext von *Experience and Nature* ist zudem die prozessphilosophische Einbettung hervorzuheben, die in den anderen systematischen Schriften Deweys nicht so deutlich hervortritt, obwohl sie einen zentralen Aspekt seiner Metaphysik der Erfahrung ausmacht.

Literatur

Apel, K.-O. 1975: Der Denkweg von Charles S. Peirce. Eine Einführung in den amerikanischen Pragmatismus, Frankfurt a. M.
Aristoteles 1954: Ethica Nicomachea. Ed. J. Bywater (= Eth. Nic.), Oxford
Bergson, H. 2011 [1900]: Das Lachen. Ein Essay über die Bedeutung des Komischen, Hamburg
Dewey, J. 1998: Die Suche nach Gewißheit. Eine Untersuchung des Verhältnisses von Erkenntnis und Handeln, Frankfurt a. M.
Dewey, J. 1988: Kunst als Erfahrung, Frankfurt a. M.
Dewey, J. 2002: Logik. Die Theorie der Forschung, Frankfurt a. M.
Engel, P. 2002: Truth, New York
Fraassen, B. C. van 2004: The Empirical Stance, New Haven/London
Gale, R. M. 2010: The naturalism of John Dewey, in: Cochran, M. (ed.): The Cambridge Companion to Dewey, Cambridge/New York, 55–79
Hampe, M. 2007: Eine kleine Geschichte des Naturgesetzbegriffs, Frankfurt a. M.
Hartmann, M. 2009: „Vertiefung der Erfahrung. John Dewey in der deutschsprachigen Rezeption", in: Allgemeine Zeitschrift für Philosophie Jg. 34, Heft 3, 415–440
Hegel, G. W. F. 1996 [1813]: Wissenschaft der Logik II (= Werke in 20 Bänden hg. v. E. Moldenhauer u. K. M. Michel, Bd. 6), Frankfurt a. M.
Hildebrand, D. L. 2008: Dewey. A Beginner's Guide, Oxford
Husserl, E. 1992 [1936]: Die Krisis der europäischen Wissenschaften und die transzendentale Phänomenologie. Eine Einleitung in die phänomenologische Philosophie, Hamburg
Künne, W. 2005: Conceptions of Truth, Oxford

---

[21] In einer begriffsgeschichtlichen Skizze zum Terminus „Empirismus" stellt Bas van Fraassen 2004, 217 ff. Dewey in eine Tradition der Kritik am herkömmlichen Empirismus. Mit ganz ähnlichen Überlegungen wie Husserl habe Dewey die Sackgassen eines fundierungslogischen Empirismus erkannt. Allerdings biete Deweys Ansatz keine Ressourcen für eine Erneuerung empiristischen Denkens, sondern führe lediglich zu Bacon, also zu den neuzeitlichen Quellen des Empirismus zurück. Die vorangehenden Ausführungen konnten hoffentlich deutlich machen, dass diese Beurteilung von Deweys Position zu kurz greift.

Kutschera, F. v. 2006: Der Wissensbegriff bei Platon und heute, in: Rapp, C.; Wagner, T. (Hrsg.): Wissen und Bildung in der antiken Philosophie, Stuttgart, 87–102

Levi, I. 2010: Dewey's logic of inquiry, in: Cochran, M. (ed.): The Cambridge Companion to Dewey, Cambridge/New York, 80–100

Plato 1963: Respublica. In: Platonis Opera, Vol. IV, ed. J. Burnet (= Rep.), Oxford

Rölli, M. 2009: „Zu den Sachen selbst! Methodendifferenzen zwischen Husserl und Dewey", in: Journal Phänomenologie 32 (Schwerpunkt Phänomenologie und Pragmatismus), 46–58

Russell, B. 1919: „Professor Dewey's ‚Essays in Experimental Logic'", in: The Journal of Philosophy, Psychology and Scientific Methods 16 (1), 5–26

Särkelä, A. 2016: „Der Einfluss des Darwinismus auf Dewey", in: Deutsche Zeitschrift für Philosophie Jg. 63, Heft 6, 1099–1123

Schlaudt, O. 2014: Was ist empirische Wahrheit? Pragmatistische Wahrheitstheorie zwischen Kritizismus und Naturalismus, Frankfurt a. M.

Tetens, H. 1999: „Instrumentalismus", in: Sandkühler, H. J. (Hrsg.): Enzyklopädie Philosophie, Bd. 1 A-N, Hamburg, 641–643

Jasper Liptow
6 Natur, Kommunikation und Bedeutung

(Zum fünften Kapitel)

Im fünften Kapitel von EN entwirft Dewey zum ersten Mal ein umfassendes Bild seiner sprachphilosophischen Position, indem er frühere Überlegungen zur Rolle von Bedeutung (vgl. MW 6, 177–355, Kap. 9 und 13) und Kommunikation (vgl. MW 13, 29–39) zusammenführt.[1] Diesem Bild zufolge kommt der Sprache eine fundamentale Rolle für ein philosophisches Verständnis der menschlichen Situation zu: Kulturelle Praktiken, soziale Institutionen und psychische Zustände, die über bloßes sinnliches Erleben hinausgehen, ja selbst wie uns Dinge in der alltäglichen Erfahrung begegnen, ist Dewey zufolge von *Bedeutungen* abhängig, die ihren Ursprung in der *Kommunikation* als einer bestimmten Form sozialer Interaktion haben. Eine Erklärung von Kommunikation und Sprache gilt ihm somit als einer der Schlüssel zu einem „naturalistische[n] Humanismus" (EN 10, dt. 15), wie er in EN entwickelt werden soll.[2]

Dewey kann damit als ein früher Vertreter der Idee eines Primats der Sprache vor dem Denken und einer philosophischen „Wende zur Sprache" gelten, die in unterschiedlicher Form sowohl die analytische wie auch die hermeneutische, die strukturalistische und poststrukturalistische Sprachphilosophie des 20. Jahrhunderts geprägt hat. Es wird im Folgenden darum gehen herauszustellen, in welcher Weise Dewey diese Idee ausgestaltet und begründet. Auch wenn Dewey seine sprachphilosophischen Überlegungen nicht in Form einer Theorie entwickelt,

---

In der Deutschen Übersetzung von EN wird das Nomen „meaning" in der Regel mit „Sinn" übersetzt, der Plural „meanings" dagegen mit „Bedeutungen". Das ist ungünstig, weil so ein begrifflicher Unterschied angedeutet wird, wo keiner besteht. Die Übersetzung des Singulars „meaning" mit „Sinn" ist darüber hinaus ungünstig, weil auf diese Weise der tatsächlich bestehende begriffliche Unterschied zwischen „meaning" und „sense" verwischt wird, den Dewey an späterer Stelle macht. Vgl. EN 200, dt. 251. Ich werde „meaning" daher konsequent mit „Bedeutung" übersetzen. Um Missverständnisse zu vermeiden, ist es wichtig im Auge zu behalten, dass sich Deweys Gebrauch der Ausdrücke „Bedeutung" und „Sinn" stark von dem heute üblichen sprachphilosophischen Gebrauch dieser Ausdrücke unterscheidet.

[1] Nach EN findet sich eine ähnlich ambitionierte Überlegung zur Sprache nur noch im 3. Kapitel von Deweys monumentaler *Logik*, LW 12. Siehe dazu unten Anm. 14.
[2] Zu Deweys Konzeption des Naturalismus, die sich deutlich von dem heute üblichen Verständnis unterscheidet, vgl. auch EN Kap. 1, sowie LW 3, 73–81. In welchem Sinn der Kategorie des Sozialen eine fundamentale Rolle für eine naturalistische Philosophie zukommt, erläutert Dewey auch in LW 3, 41–54.

lässt sich durchaus argumentieren, dass Dewey wichtige Grundgedanken, Problemstellungen und Argumentationsfiguren sogenannter „Gebrauchstheorien" der Bedeutung vorwegnimmt, wie sie später vor allem im Anschluss an die Arbeiten des späten Wittgenstein entwickelt wurden.

Das fünfte Kapitel von EN lässt sich grob in drei Teile gliedern. Der erste Teil wirbt für Deweys „Wende zur Sprache" und besteht aus einer einleitenden Darstellung des „Wunders" der Kommunikation (EN 132 f., dt. 166–168), einer Kritik traditioneller philosophischer Konzeptionen der Sprache (EN 133–137, dt. 168–173) und einer Skizze seines naturalistischen Neuansatzes (EN 137 f., dt. 173–175). Dieser Neuansatz besteht aus zwei umfassenden Theoriestücken: Im zweiten Teil entwickelt Dewey eine Theorie der *Kommunikation* als sozialer Interaktion, in der alle Bedeutung gegründet ist (EN 138–143, dt. 175–180); im dritten Teil unternimmt er eine umfassende Analyse verschiedener Aspekte des Phänomens der Bedeutung (EN 143–157, dt. 180–199). Dewey schließt das Kapitel mit Überlegungen zum Verhältnis von instrumenteller und finaler Funktion der Kommunikation (EN 157–160, dt. 199–202).

Deweys sprachphilosophische Ausführungen sind reich an systematischen Ideen, begrifflichen Innovationen und originellen Argumenten. Mein Kommentar wird sich darauf konzentrieren, den für Deweys Projekt zentralen Gedankengang herauszuarbeiten. Zu diesem Zweck werde ich von der Gliederung des Kapitels abweichen und nach einer Darstellung von Deweys „Wende zur Sprache" zunächst seine Konzeption von Bedeutung und erst dann seine Erklärung des Ursprungs der Bedeutung in der Kommunikation erläutern. Abschließend werde ich Deweys Auffassung zur nachfolgenden Sprachphilosophie ins Verhältnis setzen und dabei zumindest auf einige der Ideen zu sprechen kommen, die abseits des zentralen Gedankengangs liegen.

6.1 Deweys „Wende zur Sprache"

Wenn von einer „Wende zur Sprache" die Rede ist, die die Philosophie des 20. Jahrhunderts vollzogen habe, wird darunter oft eine methodische Neuorientierung verstanden, der zufolge philosophische Arbeit in der Analyse oder Explikation des Gebrauchs sprachlicher Ausdrücke oder Strukturen besteht. Diese Idee ist Dewey fremd. Für ihn ist sprachliche Kommunikation vor allem deshalb ein ausgezeichneter Gegenstand der Philosophie, weil sie, wie er denkt, sowohl für den menschlichen Geist[3] als auch für die Welt, wie sie uns in der Erfahrung begegnet, *konstitutiv* ist. Aus einer genetischen Perspektive drückt Dewey das auch gelegentlich so aus, dass das Auftreten der Kommunikation eine *Transformation* der Welt bewirkt habe (vgl. EN 133, dt. 168). Dewey charakterisiert diese Transformation einleitend so:

> Wo Kommunikation besteht, sind alle natürlichen Ereignisse der Überprüfung und Überarbeitung unterworfen; sie werden den Erfordernissen der Konversation neu angepaßt [...]. Ereignisse werden zu Objekten, zu Dingen mit einer Bedeutung. (EN 132, dt. 167; vgl. auch EN 147f., dt. 174; Übersetzung leicht abgeändert, J. L.)

Um die Tragweite dieser Bemerkung zu verstehen, muss man sich klarmachen, dass Dewey nicht nur semantische Eigenschaften von sprachlichen Ausdrücken und anderen Zeichen als „Bedeutungen" bezeichnet, sondern auch bereits gewöhnliche Eigenschaften, die wir den Gegenständen unserer alltäglichen Erfahrung zuschreiben; etwa die Eigenschaften des Wassers, flüssig zu sein, zu reinigen oder Durst zu löschen. Wenn solche Eigenschaften erst durch Kommunikation ermöglicht werden, dann gilt das sicherlich auch für die Gegenstände unserer alltäglichen Erfahrung selbst.

Sprachliche Kommunikation ist Dewey zufolge aber nicht nur an der Konstitution der Gegenstände unserer Erfahrung als Objekten mit bestimmten Eigenschaften beteiligt, sondern auch eine Bedingung *geistiger* Ereignisse und Fähigkeiten, wie Denken, Wahrnehmung und Erkenntnis,[4] ja insgesamt „psychischer Ereignisse, sofern sie überhaupt mehr sind als Reaktionen eines Geschöpfes, das für Schmerz und diffuses Behagen empfänglich ist" (EN 134, dt. 170). Auch Werkzeuggebrauch ist für Dewey von Bedeutungen abhängig, die durch Sprache geschaffen werden, weshalb er die Sprache auch als „das Werkzeug der Werkzeuge" bezeichnet (vgl. EN 134, 146, dt. 169, 185). Dass die Abhängigkeit alles Geistigen von der Sprache für Dewey mehr ist als eine empirische These, wird klar, wenn er an späterer Stelle Geist als „das gesamte System von Bedeutungen, wie sie im Funktionieren des organischen Lebens verwirklicht sind" (EN 230, dt. 288), und Bewusstsein (zumindest in einem Sinn dieses Ausdrucks) als „Gewahrsein (*awareness*) oder Wahrnehmung (*perception*) von Bedeutungen" bestimmt (ebd., Übersetzung geändert, J. L.).

---

[3] Zu Deweys komplexer Konzeption des Geistes, auf die ich hier nicht eingehen kann, vgl. EN Kap. 6.
[4] Vgl. EN 133, dt. 169, wo es heißt, dass das „Auftreten des Diskurses dumpfe Geschöpfe in denkende und wissende Lebewesen verwandelt [...] hat".

Unter diesen Voraussetzungen ist es wenig verwunderlich, dass Dewey in einer Erklärung von Kommunikation und Sprache den Schlüssel zu einem naturalistischen Verständnis des Geistes und des Verhältnisses von Geist und Welt sieht.[5] Die Auffassungen von Sprache und Kommunikation, die die Philosophie im Lauf ihrer Geschichte entwickelt hat, kritisiert Dewey entsprechend dafür, die transformative Leistung der Kommunikation übersehen zu haben.[6]

Wenn man Deweys Auffassung der fundamentalen Stellung der Sprache für die menschliche Erfahrung verstehen will, ist es hilfreich, mit einem Verständnis seiner Konzeption von *Bedeutungen* – als Eigenschaften sowohl von Objekten der Erfahrung wie auch von sprachlichen Zeichen – zu beginnen, um sich dann seiner Erklärung des Ursprungs von Bedeutungen in der *Kommunikation* zuzuwenden.

6.2 Deweys Konzeption von Bedeutung (*meaning*)

Dewey zufolge ist Bedeutung „primär" eine Eigenschaft von einzelnen Akten kommunikativen Verhaltens, „sekundär" dann eine Eigenschaft von Dingen, die dieses Verhalten ermöglichen. Unter diesen Dingen seien es dann „an erster Stelle" die Laute oder Bewegungen des Sprechers, die Bedeutung haben, sprachliche Ausdrücke also, zweitens aber würden auch die Dinge *über* die kommuniziert wird, Bedeutung gewinnen (vgl. EN 142, dt. 179 f.). Nun reden wir im Alltag tatsächlich ebenso von der Bedeutung von Wörtern und anderen Zeichen wie von der Bedeutung von Dingen. Aber das heißt nicht, dass hier auch tatsächlich ein *einheitlicher Begriff* der Bedeutung am Werk ist.[7] Genau das aber ist Deweys These: Sowohl kommunikatives Verhalten, als auch die Dinge, *mit deren Hilfe* wir kommunizieren (sprachliche Ausdrücke und andere Zeichen), als auch schließlich die Dinge, *über* die wir kommunizieren, sollen alle in genau demselben Sinn Bedeutung haben. Um diese These zu verstehen, beginnen wir am besten mit Deweys Auffassung der Bedeutung von Dingen.

---

5 Die Rolle einer Theorie der Sprache für eine naturalistische Erklärung spezifisch menschlicher Leistungen und Fähigkeiten betont Dewey vor allem in seiner *Logik*. Vgl. LW 12, 49 f., dt. 60 f.
6 Ich kann aus Platzgründen auf diese Kritik, die nicht an bestimmte Theorien, sondern pauschal an philosophische Traditionen – „Empiristen", „Transzendentalphilosophen", die „Griechen", die „Modernen" – adressiert ist, nicht eingehen.
7 Die Alltagssprache ist hier ohnehin keine echte Hilfe: Mit Bezug auf Werkzeuge oder bloße Dinge sprechen wir im Deutschen meist eher von deren „Sinn" als von deren „Bedeutung" und oft verstehen wir im Alltag unter der „Bedeutung" eines Dings – anders als Dewey – seinen Wert.

6.2.1 Die Bedeutung von Dingen

Es gibt einen Sinn, in dem wir „natürliche" Dinge gelegentlich tatsächlich als Zeichen begreifen, die etwas „bedeuten": als *natürliche* Zeichen, die Dinge bedeuten, mit denen sie kausal zusammenhängen. So ist etwa Rauch ein Zeichen für Feuer, rote Punkte auf der Haut bedeuten Masern und Wolken Regen.[8] Aber *dieser* Sinn von „Zeichen" und „Bedeutung" ist offensichtlich zu eng, um zu erläutern, was es ganz *allgemein* heißen könnte, von der „Bedeutung" *beliebiger* Dinge zu reden.

Eine solche Erläuterung kann von unserem alltäglichen Begriff des *Verstehens* ausgehen, den wir umstandslos nicht nur auf sprachliche Ausdrücke oder Äußerungen, sondern ganz allgemein auf beliebige Dinge anwenden, wenn wir etwa sagen, dass jemand versteht, was ein Hammer ist, oder nicht versteht, was Wasser ist.[9] Zu verstehen, was ein Hammer ist, heißt zu verstehen, welche Möglichkeiten ein Hammer für unseren Umgang mit ihm bereithält. Zu verstehen, was Wasser ist, heißt zu verstehen, welche Möglichkeiten Wasser für seine Interaktion mit anderen Dingen und mit uns bereithält. Wir verstehen etwas als einen Hammer, indem wir es als etwas begreifen, das es uns ermöglicht, etwas zu zertrümmern oder einen Nagel in die Wand zu schlagen. Wir verstehen etwas als Wasser, indem wir es als etwas begreifen, das die Möglichkeit bereithält, Feuer oder Durst zu löschen usw. Das, was wir verstehen, wenn wir ein gewöhnliches Ding verstehen, ist gerade das, was Dewey die „Bedeutung" dieses Dings nennt.

Dewey erläutert diese Art des Verstehens als eine Erfahrung der *potentiellen Konsequenzen*, die ein Ding besitzt. Dewey zufolge ist diese Art der Erfahrung ein komplexes Phänomen, das aus einer ursprünglicheren Art der Erfahrung hervorgeht. Die ursprüngliche unmittelbare Erfahrung der Dinge ist zunächst die Erfahrung intrinsischer „Qualitäten" der Dinge – in ihr werden Dinge als farbig oder laut, als eklig, schön oder beängstigend erfahren. Dinge, die auf diese Weise in der Erfahrung vorkommen, nennt Dewey auch „Ereignisse". Nun erfahren wir Dinge nicht nur in ihrer Aktualität, sondern auch in ihren *Möglichkeiten* oder *Potentialitäten*. Wir erfahren Dinge nicht nur nicht als solche, die gut riechen oder schön aussehen, sondern auch als solche, die tragbar sind, mit denen wir hämmern oder unseren Durst löschen können. Ein Ding *auch dann* als tragbar zu

---

[8] In seiner *Logik* unterscheidet Dewey anders als in EN ausdrücklich zwischen künstlichen und natürlichen Zeichen. Erstere bezeichnet er als „Symbole", die „Bedeutung" haben, letztere als „Zeichen", die „Signifikanz" besitzen. Vgl. LW 12, 57ff., dt. 69ff. Dewey knüpft hier an Peirce' semiotische Unterscheidung zwischen Indices und Symbolen an. Zu einer eng verwandten Unterscheidung zwischen natürlicher und nichtnatürlicher Bedeutung vgl. Grice 1957.
[9] Vgl. zu dieser Annäherung an den Begriff der Bedeutung auch MW 6, 177–355.

erfahren, wenn es *nicht* getragen wird, heißt, es auf sein Getragenwerden *zu beziehen*, eine *potentielle* (gegenwärtig nicht aktualisierte) *Konsequenz als eine aktual von dem Ding besessene Eigenschaft* zu erfahren. Genau das ist es, was Dewey mit der *Bedeutung eines Dings* meint. Da Erfahrung für Dewey immer auch praktischen Umgang mit Dingen einschließt, ist Folgendes seine prägnanteste Bestimmung dieser Konzeption der Bedeutung von Dingen:

> Bedeutungen sind Regeln für den Gebrauch und die Interpretation von Dingen; wobei die Interpretation immer eine Zuschreibung von Potentialität für irgendeine Konsequenz ist. (EN 147, dt. 186)

Dinge, die in dieser Weise – als Dinge mit Bedeutungen – erfahren werden, nennt Dewey *Objekte* – im Gegensatz zu den *Ereignissen* der ursprünglichen unmittelbaren Erfahrung. Und er macht ausdrücklich klar, dass die Dinge, die uns üblicherweise in der alltäglichen Erfahrung begegnen – „Tische, die Milchstraße, Stühle, Sterne, Katzen, Elektronen, Hunde, Elektronen, Kentauren, historische Epochen und all die unendlich vielen Gegenstände des Diskurses, die durch allgemeine Namen, Verben und ihre Qualifikatoren bezeichnet werden" (EN 240, dt. 302) – allesamt Objekte in diesem Sinn sind. Tatsächlich ist Deweys Begriff der Bedeutung eines Dings letztlich nichts anderes als eine pragmatistische Explikation unseres alltäglichen Begriffs einer *Eigenschaft* von Dingen. Die wiederkehrenden Eigenschaften von Dingen sind Dewey zufolge nichts anderes als die potentiellen Konsequenzen, die sie aktual besitzen.[10] Insofern Sprache für Bedeutung konstitutiv ist, ist für Dewey daher die gesamte Welt objektiver Gegenstände mit wiederkehrenden Eigenschaften auf Sprache angewiesen.[11]

Damit diese These nicht absurd klingt, muss man berücksichtigen, dass die Rede von „Dingen" für Dewey immer schon einen Bezug auf Erfahrung einschließt (vgl. EN 12, dt. 18). Sprache transformiert Ereignisse zu Objekten, indem sie die

---

[10] Auf dieser Grundlage versucht Dewey auch, eine pragmatistische Explikation des Begriffs des *Wesens* von Dingen zu geben. Vgl. EN 143f., dt. 181f.

[11] Es ist dabei wichtig zu beachten, dass die Konsequenzen, von denen hier die Rede ist, nicht nur solche sind, die *unmittelbar* unseren Umgang oder unsere Erfahrung mit Dingen betreffen. Es ist Dewey zufolge das Merkmal einer „wissenschaftlichen" Auffassung der Dinge, dass durch sie „Objekte, statt in Begriffen ihrer Konsequenzen in sozialen Interaktionen und Diskussion definiert zu werden, vielmehr in Begriffen ihrer Konsequenzen in Hinblick aufeinander definiert [werden]". EN 148, dt. 188. Auf diese Weise können die Bedeutungen von Dingen unter Abstraktion von menschlicher Erfahrung zu den komplexen Netzwerken wissenschaftlicher Theorien verwoben werden. Dewey zufolge müssen auch wissenschaftliche Objekte allerdings *letztlich* auf Konsequenzen bezogen werden, die sich in menschlichen Erfahrungen niederschlagen können. Vgl. z. B. EN 151f., dt. 192.

menschliche *Erfahrung* der Welt von einer Erfahrung von Ereignissen und ihren unmittelbaren Qualitäten zu einer Erfahrung von Dingen als Besitzern potentieller Konsequenzen transformiert.[12] Weil Dinge das sind, was erfahren wird, ist diese Transformation zugleich eine der Dinge.[13]

In dieser Konzeption von Bedeutung ist nun für Dewey bereits die Idee einer grundlegenden *Zeichenhaftigkeit* der Dinge eingeschlossen. Insofern nämlich die Konsequenzen, die die Bedeutungen ausmachen, im Augenblick ihrer Erfahrung *nicht aktualisiert* sein müssen, beinhaltet ihre Erfahrung immer einen *Bezug* auf ihre mögliche Aktualisierung. Wie Dewey bereits im vierten Kapitel von EN schreibt:

> Sobald sich die Reaktionen nicht mehr auf die unmittelbaren Qualitäten der Dinge, sondern auf darüber hinaus liegende Zwecke richten, treten die unmittelbaren Qualitäten in den Hintergrund, während diejenigen Eigenschaften hervortreten, die Zeichen sind, die anderes anzeigen. Ein Ding ist auf bedeutsamere Weise das, was es ermöglicht, als das, was es unmittelbar ist. Ja, der Begriff der kognitiven Bedeutung, der intellektuellen Bedeutsamkeit selbst besteht genau darin, daß Dinge in ihrer Unmittelbarkeit dem untergeordnet sind, was sie anzeigen und wofür sie Belege sind. Ein intellektuelles Zeichen bezeichnet, daß ein Ding nicht unmittelbar aufgefaßt, sondern auf etwas bezogen wird, das sich als eine Konsequenz ergeben könnte. (EN 105, dt. 133; Übersetzung. leicht abgeändert, J. L.)

Ich habe bisher versucht, den Inhalt von Deweys These, dass die Dinge, über die wir kommunizieren, Bedeutung haben und in einem gewissen Sinn als Zeichen verstanden werden können, zu erläutern und Deweys Gründe für diese These herauszustellen. Ich wende mich jetzt der Frage zu, wie sich dieses Verständnis der Bedeutung von Dingen zu dem verhält, was Dewey über die Bedeutung sprachlicher Ausdrücke sagt.

---

[12] Die entsprechende Transformation der Erfahrung beschreibt Dewey auch als den Übergang vom bloßen „Fühlen" oder „Haben" von Dingen zu ihrer „Wahrnehmung" und „Erkenntnis". Vgl. EN 143, dt. 181.

[13] Dass die Rede von Dingen immer auf ihre Erfahrbarkeit Bezug nimmt, ist einer von Deweys „metaphysischen" Ausgangspunkten. Besonders pointiert hat Dewey diesen Gedanken als das „Postulat des unmittelbaren Empirismus" in dem gleichnamigen Aufsatz vertreten: „Immediate empiricism postulates that things – anything, everything, in the ordinary or non-technical use of the term ‚thing' – are what they are experienced as. Hence, if one wishes to describe anything truly, his task is to tell what it is experienced as being." MW 3, 158.

6.2.2 Die Bedeutung sprachlicher Ausdrücke

Tatsächlich finden wir im fünften Kapitel von EN nur Andeutungen einer eigenen Erläuterung der Frage nach der Bedeutung kommunikativen Verhaltens und der dabei verwendeten sprachlichen Ausdrücke. Man könnte daher schließen, dass für Dewey die Bedeutung sprachlicher Ausdrücke nichts anderes ist als ein Spezialfall der Bedeutung von Dingen im Allgemeinen. Die Bedeutung eines sprachlichen Ausdrucks bestünde dann schlicht in den potentiellen Konsequenzen, die dieser Ausdruck bzw. seine Verwendung besitzt.[14] Spezifische Konsequenzen der Verwendung eines bestimmten sprachlichen Ausdrucks könnten etwa darin bestehen, die (Disposition zur) Verwendung bestimmter anderer Ausdrücke oder die (Disposition zur) Interaktion mit bestimmten Arten von Dingen hervorzurufen. Eine Äußerung von „Wasser" könnte etwa die (Disposition zur) Verwendung von „flüssig" oder „trinkbar" oder (die Disposition) zum Bringen von Wasser hervorrufen. Es ist keine abwegige Idee, die Bedeutung von sprachlichen Ausdrücken in bestimmten Arten von Beziehungen zu sehen, die sie zu anderen Ausdrücken und Dingen in der Welt unterhalten. Was hier erkennbar wird, sind Umrisse einer „Gebrauchstheorie" sprachlicher Bedeutung, wie sie in der zweiten Hälfte des 20. Jahrhunderts entwickelt wurde.[15] Allerdings bleibt uns Dewey eine genauere Bestimmung der für sprachliche Bedeutung konstitutiven Beziehungen und eine Erklärung, wie es sprachlichen Ausdrücken auf diese Weise gelingt, die für sprachliche Bedeutungen spezifischen Merkmale auszuprägen – sich auf Dinge zu beziehen, für bestimmte Arten von Dingen zu stehen, Sachverhalte darzustellen oder wahr sein zu können –, schuldig. Ohne eine solche

---

14 Für eine Behauptung in diese Richtung vgl. LW 12, Kap. 3.
15 Theorien sprachlicher Bedeutung, die von dieser Idee ihren Ausgang nehmen, haben nach Dewey vor allem Wilfrid Sellars und Robert Brandom auszuarbeiten versucht. Ich will nur zwei der Hindernisse nennen, die auf diesem Weg zu bewältigen sind: Erstens ist das Verhalten, mit dem wir faktisch auf Äußerungen reagieren, sicherlich sehr viel situationsabhängiger und damit uneinheitlicher und variabler als die Bedeutungen, die wir den geäußerten Ausdrücken zubilligen. Es müsste daher zunächst gezeigt werden, dass eine *Dimension* unseres Gebrauchs sprachlicher Ausdrücke existiert, die geeignet ist, als Grundlage stabiler und geteilter Bedeutungen zu fungieren. Darüber hinaus werden in kommunikativen Situationen primär nicht einzelne Ausdrücke, sondern vollständige Sätze geäußert. Es sind daher sie und nicht die einzelnen Ausdrücke, aus denen sie bestehen, die zunächst praktische Konsequenzen haben. Es müsste also zweitens ein Weg gefunden werden, den „Beitrag" zu bestimmen, den ein einzelner Ausdruck zu den praktischen Konsequenzen der potentiell unendlichen Vielzahl der Sätze leistet, in denen er vorkommt. Für den Vorwurf, dass Deweys Sprachphilosophie nicht ausreichend zwischen der Bedeutung von Sätzen und der Bedeutung von Ausdrücken unterhalb der Satzebene differenziert, vgl. Black 1962.

Erklärung aber lässt sich nicht beurteilen, ob Sprache und Kommunikation wirklich in der Lage sind, das zu leisten, was Dewey ihnen zumutet. Das lässt sich leicht für die kognitive oder epistemische Funktion von Sprache zeigen, die Dewey zu Beginn des Kapitels so charakterisiert:

> Wo es Kommunikation gibt, erwerben Dinge dadurch, dass sie eine Bedeutung erhalten, Repräsentanten, Surrogate, Zeichen und Implikate, die unendlich leichter handhabbar, dauernder und annehmbarer sind als die Ereignisse in ihrem ersten [d. h. vorsprachlichen oder bedeutungs-losen, J.L.] Zustand. (EN 132, dt. 168)

Ohne eine Erklärung, auf welche Weise die Bedeutung sprachlicher Ausdrücke in dem allgemeinen Sinn, in dem Dewey den Begriff der Bedeutung eingeführt hat, eine repräsentationale Dimension der Bedeutung im engeren Sinne eines Stehens bestimmter Ausdrücke für bestimmte Dinge ermöglicht, hängt Deweys Idee einer Erforschung der Dinge durch eine Manipulation ihrer Zeichen in der Luft. Es soll ja die Bedeutung von Blumen und nicht etwa Tischen sein, die uns dadurch zugänglich wird, dass wir in der Lage sind, einen Ausdruck wie „Blume" mit einer bestimmten Bedeutung zu gebrauchen.

Auch wenn Deweys Idee eines internen Zusammenhangs zwischen der sprachlichen Bedeutung einzelner Ausdrücke und der Bedeutung entsprechender Dinge daher fragwürdig wird, können wir Deweys sprachphilosophischer Idee auf der Spur bleiben, dass die Bedeutung sprachlicher Ausdrücke in bestimmten Konsequenzen ihres Gebrauchs zu suchen sei. Seine grundlegende Annahme ist, dass sprachliche Bedeutung ihren Ursprung in der *Kommunikation* hat.

6.3 Der Ursprung der Bedeutung in der Kommunikation

Dewey führt seine Auffassung von Kommunikation im Rahmen einer Überlegung zum Ursprung der Sprache ein.[16] Im Gegensatz zu den damals geläufigen Sprachursprungstheorien des 19. Jahrhunderts,[17] die die Begriffe des Zeichens, der

---

[16] Dass auch die Philosophie Phänomene untersuchen sollte, indem sie deren Entstehung aus einfacheren Phänomenen zu rekonstruieren versucht, hat Dewey prominent bereits in MW 4, 3–14 vertreten.

[17] Die drei Ursprungstheorien, die Dewey zurückweist, wurden in der Sprachwissenschaft des 19. Jahrhunderts diskutiert und haben dort auch ihre Spitznamen erhalten. Der „bow-wow"-Theorie („Wau-wau"-Theorie) zufolge entstand die Sprache aus der onomatopoetischen Nachbildung von Naturlauten, der „pooh-pooh"-Theorie („Pfui-Pfui"-Theorie) zufolge aus Ausrufen, die natürlicherweise bestimmte Gefühlszustände begleiten. Die „ding-dong"-Theorie („Bim-Bam"-Theorie) schließlich nahm an, dass der Mensch grundlegende Ideen und Begriffe ursprünglich auf

Bedeutung (als Beziehung zwischen Zeichen und Bezeichnetem) und des Bezeichneten als gegeben voraussetzen und die Frage zu beantworten versuchen, wie es geschehen konnte, dass bestimmte Laute ausgewählt wurden, um als Zeichen für bestimmte Dinge zu fungieren, geht es Dewey um die Frage, wie das Phänomen der Bedeutung und des Zeichengebrauchs überhaupt zur Existenz gelangen konnte. Deweys Überlegung zielt darauf ab, Sprache und damit auch die geistigen Phänomene, die sie hervorbringt, als in einem weiten Sinn *natürliche* Phänomene zu begreifen, die in keinem dualistischen Gegensatz zum Rest der Natur stehen, und so eine naturalistische Erklärung von Sprache und den Leistungen, die sie ermöglicht, zu liefern.

Als Vorläufer sprachlicher Akte, die für eine Erklärung des Ursprungs der Sprache herangezogen werden können, macht Dewey Formen des Verhaltens aus, die er als „signalisierende Akte" bezeichnet. Es handelt sich dabei um Verhaltensweisen eines Lebewesens, die die Funktion haben, ein *anderes* Lebewesen (derselben oder einer anderen Art) in einer bestimmten Weise zu beeinflussen – etwa das Spreizen der Schwanzfedern eines Pfaus. Signalisierende Akte sind Dewey zufolge „eine materielle Bedingung der Sprache" (EN 140, dt. 177) – Sprache entsteht, wenn von signalisierenden Akten ein bestimmter Gebrauch gemacht wird. Sie sind aber als solche „weder selbst Sprache noch [...] deren *hinreichende* Bedingung" (ebd.). Das Lebewesen, das den signalisierenden Akt hervorbringt, tut das nicht, *um* das Verhalten eines anderen Lebewesens zu beeinflussen, und das Lebewesen, dessen Verhalten durch einen signalisierenden Akt beeinflusst wird, reagiert auf diesen nicht *als* ein Zeichen. Das Verhalten der an einem signalisierenden Akt beteiligten Parteien bleibt „ego-zentrisch" (*ego-centric*) (ebd.), wie Dewey sagt. Damit aus signalisierenden Akten kommunikative und letztlich sprachliche Akte entstehen, bedürfe es dagegen einer bestimmten Form des *sozialen* Verhaltens: Die „wesentliche Eigentümlichkeit von Sprache oder Zeichen" (ebd.) bestehe darin, dass sich die an dem Austausch beteiligten Parteien „auf den Standpunkt einer Situation [versetzen], an der zwei Parteien teilhaben" (ebd.):

> Das ist das Wesen und die Bedeutung der Mitteilung, von Zeichen und Bedeutung. Etwas wird buchstäblich zwischen zwei verschiedenen Zentren des Verhaltens geteilt. Zu verstehen heißt, eine gemeinsame Erwartung zu hegen, es bedeutet, sich in seinem eigenen Verhalten so auf das Verhalten des anderen zu beziehen, daß die Teilnahme an einem gemeinsamen, beide umschließenden Unternehmen ermöglicht wird. (EN 141, dt. 178)

---

eine bestimmte Weise instinktiv „erklingen" lässt. Die ersten beiden Spitznamen finden sich erstmals in Müller 1861, der dritte könnte auf Whitney 1867 zurückgehen.

Es ist dieses „Unternehmen", das Dewey als „Kommunikation" bezeichnet und das ihm zufolge die Grundlage aller Bedeutung bildet.

Um diese radikale Idee richtig einschätzen zu können, ist es wichtig im Auge zu behalten, dass Deweys Idee eines Primats der Kommunikation vor der Bedeutung nicht impliziert, dass Ausdrücke nur im Kontext von Situationen der Kommunikation Bedeutung haben. Selbstverständlich gebrauchen wir ständig Sprache, *ohne* in Deweys Sinn zu kommunizieren: Wir imaginieren Äußerungen, machen uns Notizen, reden mit Tieren und Babys, probieren Beweise oder informalere Gedankengänge auf Papier aus, bevor wir sie zum Zweck der Kommunikation niederschreiben, usw. (Diese Art der Eigenständigkeit der Bedeutung gegenüber der Kommunikation ist noch offensichtlicher, wenn es nicht um die Bedeutung sprachlicher Ausdrücke, sondern um die Bedeutung von *Dingen* geht. Wir können offenbar etwas als Blume erfahren, ohne darüber zu kommunizieren.) Auf einen entsprechenden Einwand von Everett Hall (vgl. Hall 1928, 174 f.) hat Dewey ausdrücklich klargestellt, dass er in EN nicht die These vertritt, Dinge könnten nur im Kontext von Situationen der Kommunikation Bedeutung haben (vgl. LW 3, 347). Die These sei lediglich, dass Bedeutungen (sowohl von sprachlichen Ausdrücken als auch von anderen Dingen) durch Kommunikation in die Welt gelangten. Wenn Bedeutungen erst einmal in der Welt seien, könnten auch Dinge, die nicht zur Kommunikation verwendet wurden oder werden, Bedeutungen erlangen oder besitzen (vgl. ebd.).

Wie sieht nun Deweys Analyse der Kommunikation aus? In einer zentralen Passage bestimmt Dewey Kommunikation als die *erfolgreiche Koordination des Handelns* der an der Kommunikation beteiligten Parteien:

> Die Seele der Sprache ist Mitteilung, Kommunikation, das Bewirken von Kooperation in einer Aktivität, die von Partnern ausgeübt wird und in der die Aktivität jedes der beiden durch die Partnerschaft modifiziert und reguliert wird. Sich nicht zu verstehen heißt, zu keiner Übereinstimmung im Handeln zu kommen; sich mißzuverstehen heißt, eine Handlung mit entgegengesetzten Absichten zu vollziehen. (EN 141, dt. 179)[18]

---

[18] Deweys Beschreibung der (erfolgreichen) Kommunikation als „Übereinstimmung im Handeln" scheint mir über das Ziel hinauszuschießen. B kann As Bitte in *jeder* Hinsicht, die mir einfällt, *verstehen* – und letztlich beschließen, der Bitte *nicht* nachzukommen, so dass es „zu keiner Übereinstimmung im Handeln" kommt. Sicherlich gibt es in diesem Fall einen Sinn, in dem As Bitte ihren Zweck verfehlt hat, aber mir ist nicht klar, was das mit der sprachphilosophischen Frage nach dem *Verstehen* und der *Bedeutung* kommunikativer Akte und der in diesen Akten verwendeten sprachlichen Ausdrücke zu tun hat. Glücklicherweise bleibt Deweys detailliertere Beschreibung der sozialen Struktur der Kommunikation von diesem Problem unberührt, da sie offensichtlich auf den Fall der unerfüllten wie der erfüllten Bitte gleichermaßen zutrifft.

Kommunikation ist gegenüber anderen Formen der Interaktion durch die spezifische Art und Weise ausgezeichnet, in der die Verhaltensweisen der Beteiligten aufeinander bezogen sind.[19] Im grundlegenden Fall sind drei „Parteien" an der Kommunikation beteiligt: Ein Sprecher A, ein Hörer B und etwas Drittes, das wir den „Gegenstand" der Kommunikation nennen können, im einfachsten Fall ein konkreter materieller Gegenstand. Dabei darf Kommunikation aber nicht so verstanden werden, dass sie sich aus drei Bestandteilen, die unabhängig von ihr bestehen und erklärt werden könnten, „zusammensetzen" ließe. Die Beiträge, die die an der Situation beteiligten Parteien zur Kommunikation beisteuern, müssen eher als *Momente* dieser Situation verstanden werden, die sich zwar in der Analyse hervorheben, aber jeweils nicht unabhängig von den anderen Momenten und ihrem Zusammenspiel erklären lassen. Die genaue Struktur dieses Zusammenspiels erläutert Dewey am Beispiel einer von A an B gerichteten Bitte, ihm eine Blume zu bringen. Wenn B A's Bitte versteht, dann reagiert B auf A's Bitte nicht als ein bloßes Verhalten (wie er etwa auf ein Geräusch von A reagiert, indem er sich A zuwendet), und er reagiert auf die Blume nicht einfach als ein bloßes Ding (wie er etwa auf die Blume reagiert, wenn sein Blick auf sie fällt), sondern er reagiert auf A's Verhalten als eines, das eine (potentielle) Erfahrung der Blume einschließt, und auf die Blume als einen (potentiellen) Gegenstand von A's Erfahrung. Oder wie Dewey kurz sagt: B „reagiert [...] auf eine Weise, die eine Funktion von A's *Beziehung* [...] zu dem Ding ist." (EN 141, dt. 178). Analoges gilt für A. Indem A seine Bitte an B adressiert, begreift A die Blume, wie Dewey schreibt, „nicht nur in [ihrer] direkten Beziehung zu sich selbst, sondern als ein Ding, das auch von B begriffen und gehandhabt werden kann. Er sieht das Ding so, wie es in B's Erfahrung vorkommen könnte" (ebd.). Sein Verhalten setzt damit zumindest eine potentielle Erfahrung von B voraus und wird damit ebenfalls durch die *Beziehung* zwischen dem Kommunikationspartner und dem Ding bestimmt. Dewey fasst das so zusammen, dass er sagt, das Verhalten der an der Situation der Kommunikation beteiligten Partner sei „kooperativ, insofern die Reaktion auf die Handlung eines anderen die gleichzeitige Reaktion auf ein Ding als eines voraussetzt, das in das Verhalten des anderen eingeht, und dies auf beiden Seiten" (EN 141, dt. 179, Übersetzung leicht abgeändert, J. L.).[20]

---

19 Die Parallelen zwischen Deweys Auffassung und derjenigen, die George Herbert Mead in Mead 1934 entwickelt, sind offensichtlich. Ausdrücklich auf Mead bezieht sich Dewey in MW 13, 29–39, wo er zentrale Aspekte seiner Auffassung von Kommunikation erstmals ausführlich darstellt. Zum Verhältnis von Dewey zu Mead, auf das ich hier nicht weiter eingehen kann, vgl. auch kurz Black 1962.
20 Man könnte den Verdacht haben, dass Deweys Beschreibung der sozialen Struktur der Kommunikation zumindest teilweise dem Beispiel der Bitte geschuldet ist. Aber das scheint nicht

Diese überzeugende Darstellung sprachlicher Kommunikation scheint mir allerdings noch nicht die Frage zu beantworten, in welchem Sinn die Bedeutung sprachlicher Ausdrücke und Dinge aus der Kommunikation allererst *hervorgehen* soll. In der Passage, die einer solchen Antwort am nächsten kommt, beschreibt Dewey, wie ein Ding eine bestimmte Bedeutung erwirbt, wiederum am Beispiel von A's Bitte:

> [Das Ding] ist nicht mehr nur das, was es in diesem Augenblick unmittelbar ist, sondern wird in seinen Möglichkeiten, als Mittel zu weiteren Konsequenzen, zum Gegenstand der Reaktion. Die gezeigte Blume z. B. *ist* tragbar. Aber ohne Sprache ist Tragbarkeit eine rohe Kontingenz, deren Realisierung von den Umständen abhängt. Aber wenn A auf das Verständnis von B rechnet und B auf den Plan von A reagiert, dann *ist* die Blume in diesem Augenblick tragbar, obgleich nicht jetzt wirklich in Bewegung. Ihre Potentialität oder das Bedingen von Konsequenzen ist eine unmittelbar erkannte und besessene Eigenschaft; die Blume *bedeutet* Tragbarkeit, statt einfach nur tragbar zu sein. (EN 142, dt. 180)

Deweys Idee scheint zu sein, dass in Akten der Kommunikation *bestimmte* der unbestimmt vielen Potentialitäten eines Dings in dem Sinn *ausgewählt* werden, dass sie *als* Potentialitäten dieses Dinges *verstanden* sein müssen, damit die Kommunikation gelingen kann: Wer nicht Tragbarkeit als eine der Eigenschaften begreift, die die Blume auch dann schon besitzt, wenn sie sich noch nicht aktualisiert, kann die Bitte, die Blume zu bringen, nicht angemessen verstehen. Ein Verstehen der Bedeutung des kommunikativen Verhaltens und der dabei verwendeten sprachlichen Ausdrücke setzt ein Verstehen entsprechender Bedeutungen von Dingen einerseits voraus und ist anderseits daran beteiligt, ein solches Verständnis hervorzubringen.

Doch diese Erklärung ist einerseits nicht ausreichend, da sie höchstens erklärt, wie die Bedeutung der Blume, nicht aber die Bedeutung des Ausdrucks „Blume" von der Kommunikation abhängt. Und sie kann anderseits gerade in dieser Hinsicht kaum korrekt sein, da, wie uns heute bekannt ist, eine Vielzahl von empirischen Belegen dafür spricht, dass auch nicht-sprachliche Lebewesen Werkzeuge gebrauchen können und zumindest in diesem Sinn ein Verständnis

---

so zu sein. Auch eine von A an B gerichtete Behauptung etwa kann als eine Funktion der wirklichen oder potentiellen *Beziehung* zwischen B und demjenigen Gegenstand, über den etwas behauptet wird, begriffen werden, insofern sie voraussetzt, dass B sich dazu verhalten kann, ob die Behauptung etwas Wahres über diesen Gegenstand mitteilt. Dewey selbst begreift Behauptungen allerdings ohnehin als abkünftig gegenüber solchen Arten von Sprechakten, die offensichtlicher dazu dienen, Handlungen zu koordinieren. Vgl. MW 13, 29–39.

von Bedeutungen haben.[21] Darüber hinaus scheint es empirische Belege dafür zu geben, dass bereits Neugeborene ein zumindest rudimentäres Verständnis von Objekten als Dingen mit grundlegenden wiederkehrenden Eigenschaften mitbringen (vgl. Carey 2009). Auch das ist schwer verträglich mit dem Gedanken, dass die Transformation von Ereignissen in Objekte vorgängiger Kommunikation bedarf.

Auch Deweys Annahme, dass seine Beschreibung der Situation der Kommunikation geeignet ist, eine naturalistische Erklärung der Entstehung von Bedeutung zu liefern, ist zweifelhaft. So scheinen mir Deweys Beschreibungen der Einstellungen oder Erfahrungen der an der Kommunikation beteiligten Partner durchweg *vorauszusetzen*, dass diese bereits über begrifflich artikulierte psychische Zustände (und damit Deweys eigenem Ansatz zufolge über Sprache) verfügen: B „*nimmt wahr* [*perceives*], welche Rolle das Ding in A's Erfahrung spielen könnte" (EN 141, dt. 178, Herv. J. L.), A „*begreift* [*conceives*] [...] das Ding [...] als ein Ding, das von B begriffen und gehandhabt werden kann" und „*sieht* [*sees*] das Ding so, wie es in B's Erfahrung vorkommen könnte" (ebd., Herv. J. L.). Und das ist kein vermeidbarer Lapsus: Es ist schwer vorstellbar, wie derart komplex ineinander verschachtelte Erfahrungen, wie sie für die Situation der Kommunikation kennzeichnend sind, ohne die Fähigkeit auskommen können sollten, die Inhalte der Erfahrungen begrifflich und damit, Dewey zufolge, sprachlich zu artikulieren. Dieser Einwand betrifft zwar nicht den systematischen Kern von Deweys sprachphilosophischen Überlegungen, seine Erklärung von Kommunikation und Bedeutung, wohl aber die *methodische* Stellung, die er selbst diesen Überlegungen einräumt, wenn er sie nutzen möchte, um zunächst Bedeutung und letztlich alle Aspekte subjektiven und objektiven Geistes *genetisch* und damit *naturalistisch* zu erklären.

6.4 Dewey und die Sprachphilosophie des 20. Jahrhunderts

Auch wenn es Dewey letztlich nicht gelingt, die Idee einer transformativen Kraft der Sprache ausreichend zu begründen und einer naturalistischen Erklärung zuzuführen, enthalten seine sprachphilosophischen Überlegungen eine Vielzahl wichtiger Ideen, die – sei es durch seinen direkten oder indirekten Einfluss, sei es

---

21 Vgl. zum Werkzeuggebrauch von Schimpansen die bahnbrechende Studie Van Lawick-Goodall 1968. Dewey dachte dagegen noch, dass das Fehlen von Denken und Sprache bei Tieren durch die „Tatsache" bewiesen werde, dass diese keine Werkzeuge gebrauchen. Vgl. EN 146, dt. 184.

auf andere Weise – die ihm nachfolgende Sprachphilosophie geprägt haben und auch gegenwärtig zu Recht viel Beachtung finden.

Zwei dieser Ideen sind bereits zur Sprache gekommen: Wir haben erstens gesehen, dass sich Deweys Überlegungen der Vorschlag entnehmen lässt, die Bedeutung sprachlicher Ausdrücke in Begriffen der (potentiellen) Konsequenzen ihrer Verwendung durch Sprecherinnen und Sprecher zu erklären, der von Gebrauchstheorien der Bedeutung in der zweiten Hälfte des 20. Jahrhunderts ausgearbeitet wurde. Bedenkenswert ist zweitens Deweys Konzeption von Kommunikation als einer irreduzibel sozialen Situation, in der die beteiligten Partner wechselseitig auf die Beziehungen reagieren, die zwischen ihnen und den Gegenständen bestehen, über die kommuniziert wird. Eine sehr ähnliche Auffassung von Kommunikation hat Donald Davidson in seinen späteren Arbeiten entwickelt und ebenfalls als notwendige Bedingung für sprachliche Bedeutung geltend zu machen versucht.[22]

Deweys Idee einer Institution von Bedeutungen durch soziale Interaktion hat darüber hinaus Konsequenzen in Hinblick auf die Frage, wie sich der „ontologische Status" von Bedeutungen verstehen lässt. In kritischer Absicht wendet sich Dewey dabei nicht nur gegen die traditionelle These, dass Bedeutungen letztlich auf psychische Zustände zurückzuführen seien, sondern auch gegen ihre „antipsychologistische" Gegenthese, wie sie einflussreich Gottlob Frege entwickelt hat (vgl. Frege 1892 und Frege 1918/19), dass Bedeutungen abstrakte Gegenstände seien, die ihr Dasein außerhalb von Raum und Zeit fristen. Dass diese Alternativen „viel zu eng konzipiert" seien (EN 153, dt. 193), zeige bereits ein unvoreingenommener Blick auf unsere Welt, in der es „viele andere Dinge [gibt], die weder physische noch psychische Existenzen sind und die nachweislich von menschlicher Gemeinschaft und Interaktion abhängen" (EN 154, dt. 194), wie etwa Verkehrsregeln (vgl. ebd.), Körperschaften (vgl. ebd.) oder Rechtsinstitutionen (vgl. EN 154 ff., dt. 195 ff.). Obwohl es sich hier nicht um physische Dinge handelt, sind sie doch „in Hinblick auf Meinungen, Emotionen und Empfindungen von Individuen genauso objektiv und zwingend wie physische Objekte" (EN 156, dt. 197). Anders als etwa Fregesche Gedanken und deren Bestandteile stehen diese Dinge der Natur nicht dualistisch gegenüber. Sie sind Geschöpfe sozialer Interaktionen und können „empirisch durch Beziehung auf soziale Interaktionen und deren Konsequenzen beschrieben werden" (ebd.).

---

[22] Ich meine vor allem Davidsons Idee, dass Kommunikation eine Situation der „Triangulation" zwischen einer Sprecherin, einem Interpreten und einem gemeinsamen Gegenstand in der objektiven Welt voraussetzt, die in vielen der Aufsätze entwickelt wird, die in Davidson 2001 gesammelt sind.

Die Idee, dass Bedeutungen weder psychische, noch physische, noch metaphysische, sondern *soziale* Gebilde sind, kann die Intuition erklären, dass sie unabhängig von den psychischen Zuständen einzelner Sprecherinnen und Sprecher existieren – und in diesem Sinn „objektiv" sind –, ohne ihren kausalen Zusammenhang mit der menschlichen Praxis zu einem Rätsel zu machen. Auch diese Idee ist von der Sprachphilosophie der zweiten Hälfte des 20. Jahrhunderts aufgenommen worden.

Mehr Aufmerksamkeit, als sie von der gegenwärtigen Sprachphilosophie erhält, verdient schließlich die damit zusammenhängende Idee, dass unser Denken und Forschen nicht so verstanden werden darf, dass es sich nur auf festen Bahnen bewegen kann, die durch die Bedeutungen unserer sprachlichen Ausdrücke nach den apriorischen Regeln der Logik vorgezeichnet sind. Vielmehr geht es Dewey zufolge immer auch darum, bestehende Bedeutungen im Diskurs zusammenzubringen, damit sie „kopulieren und neue Bedeutungen zeugen" können (EN 152, dt. 192), mit dem Ziel, unseren Vorrat an Bedeutungen zu erweitern und „gründlichere, weiterreichende Bedeutungen zu erzeugen, als es die waren, aus denen sie entsprungen sind" (EN 152, dt. 193). Denken und Forschen besteht für Dewey nicht allein in der Entwicklung neuer Gedanken und Theorien, sondern vor allem auch in der Entwicklung neuer Bedeutungen und Begriffe.

Literatur

Black, M. 1962: „Dewey's Philosophy of Language", in: Journal of Philosophy 59, 505–523
Carey, S. 2009: The Origin of Concepts, Oxford
Davidson, D. 2001: Subjective, Intersubjective, Objective, Oxford; dt. als Subjektiv, intersubjektiv, objektiv, Frankfurt a. M. 2004
Frege, G. 1892: „Über Sinn und Bedeutung", in: Zeitschrift für Philosophie und philosophische Kritik 100, 25–50, wieder abgedruckt in: ders.: Funktion, Begriff, Bedeutung. Fünf logische Studien, hrsg. u. eingel. von G. Patzig, Göttingen [6]1986, 40–65
Frege, G. 1918/19: „Der Gedanke. Eine logische Untersuchung", in: Beiträge zur Philosophie des deutschen Idealismus 2, 58–77, wieder abgedruckt in: Logische Untersuchungen, 4. durchgesehene und bibliografisch ergänzte Aufl., Göttingen 1993, 30–53
Grice, H. P. 1957: „Meaning", in: Philosophical Review 66, 377–388
Hall, E. W. 1928: „Some Meanings of Meaning in Dewey's Experience and Nature", in: The Journal of Philosophy 25, 169–181, URL = http://www.jstor.org/stable/2014087. [11.04.17, 16:09]
Mead, G. H. 1934: Mind, Self, and Society, Chicago
Müller, M. [2]1861: Lectures on the Science of Language, London
Van Lawick-Goodall, J. 1968: „The Behaviour of Free-living Chimpanzees in the Gombe Stream Reserve", in: Animal Behaviour Monographs 1, 161–311
Whitney, W. D. 1867: Language and the Study of Language, London

Jörg Volbers
7 Subjektivierung der Erfahrung. Zu Deweys Rekonstruktion der Subjektivität

(Zum sechsten Kapitel)

7.1 Einleitung

In den gegenwärtigen Kultur- und Geisteswissenschaften besteht ein weitreichender Konsens, dass die traditionelle Philosophie des Subjekts keine gangbare Option mehr darstellt. In seinem klassischen, insbesondere bei Kant kanonisch formulierten Verständnis ist das Subjekt etwas, das aller Erfahrung *zugrunde* liegt. Diese Annahme wird heute kaum mehr verteidigt. Entgegen einer vor allem außerhalb der Philosophie verbreiteten Wahrnehmung ist diese „Subjektkritik" allerdings kein Alleinstellungsmerkmal der Philosophie des 20. Jahrhunderts. Heute prominent mit dieser Kritik verbundene Namen wie Foucault, Derrida, Butler oder Heidegger stehen selbst bereits in einer langen Tradition, zu der Spinoza und Hobbes ebenso zu zählen sind wie Hegel, Nietzsche und Freud. Ihr gemeinsamer Abstoßungspunkt ist die kartesische Annahme, das „Subjekt" bezeichne eine Struktur oder Instanz, deren Zustände jenseits aller Zweifel lägen, dadurch jedem historischen Wandel standhalte und sich somit als ein Reflexionsthema anbietet, von dem aus das menschliche Welt- und Selbstverhältnis vollständig rekonstruiert werden könne.

Auch der klassische amerikanische Pragmatismus ist in diese subjektkritische Tradition einzureihen (Bernstein, 2010; Colapietro, 1990). In dem hier zu besprechenden Kapitel von *Erfahrung und Natur* findet sich eine durchaus repräsentative Darstellung von Deweys Position. Für ihn steht im Vordergrund, dass die Subjektphilosophie eine Trennwand zwischen Welt und Selbst errichtet, die Handeln und Denken kategorisch voneinander isoliert. Dies hält Dewey für eine „Absurdität" (EN 184, dt. 232). Der Einfluss Hegels ist hier unverkennbar: Das Problem dieser Grenzziehung der Subjektphilosophie besteht für Dewey vor allem darin, dass sie die Möglichkeit einer Entwicklung geistiger Kategorien nicht mehr zu denken erlaubt.[1] Im Grunde begeht die Subjektphilosophie den Fehler, den Dewey im ersten Kapitel als „Intellektualismus" kritisiert: Das Postulat des Subjekts verklärt eine reflexiv gewonnene Beschreibung des menschlichen Weltver-

---

[1] Zu Hegels Kritik an Kant und am Empirismus vgl. Sedgwick 2012.

hältnisses zu einem ahistorischen Grund der Erfahrung überhaupt. Auf diese Weise wird ausgeblendet, dass dieses Weltverhältnis eine Geschichte hat. Das Problem der meisten dieser mit dem Subjektbegriff verbundenen Reflexionen ist, dass sie etwas ahistorisch fixieren oder gar aus der Geschichte „herausnehmen" wollen, was tatsächlich auch eine Vergangenheit und Zukunft hat.

Während diese Diagnose heute kaum Originalität beanspruchen kann, zeichnet sich Deweys Position durch die Art und Weise aus, wie er seine „Subjektkritik" theoretisch einbettet. Hier zeigt sich ein Aspekt, der sowohl genuin pragmatistisch als auch gegenwärtig anschlussfähig ist: Dewey begreift die Kritik am Subjekt als den Weg zu einer *weiteren* Befreiung des Individuums und seiner Handlungsmöglichkeiten. Dewey wendet der Subjektphilosophie also keineswegs einfach den Rücken zu (was freilich von Autoren wie Hegel oder Foucault auch nicht behauptet werden kann). Er räumt ihr einen kritischen Gehalt ein, den es zu bewahren gilt. Die Philosophie des Subjekts ist für ihn Ausdruck einer Emanzipation des Individuums von Natur, Tradition und Gesellschaft, die Dewey schätzt und verteidigen möchte. Das Problem ist jedoch, dass ihre falsche Begrifflichkeit einer weiteren Entfaltung dieses kritischen und produktiven Potenzials im Wege steht. Deweys Subjektkritik ist also eine Kritik *im Namen* der subjektiven Selbstermächtigung zur Kritik, wie sie seit der Neuzeit unter dem Titel der „Subjektphilosophie" versammelt ist.

Ich werde im Folgenden deshalb den Ausdruck der „Subjektkritik" meiden, da er eine Opposition zur Moderne suggeriert, die Dewey nicht unterstellt werden kann. Er hält die modernen Institutionen der Politik, der Wissenschaft und des Handels für eine „Befreiung" (EN 174, dt. 220). Und auch, wenn das Buch *Erfahrung und Natur* zum Ziel hat, die moderne Entfremdung des Menschen von der Natur zu bekämpfen, führt er diese Entwicklung nicht monokausal auf „das" Subjekt zurück. In den Begriffen der Subjektphilosophie wird vielmehr eine kulturelle Praxis reflektiert, deren emanzipatorisches Potenzial Dewey an anderer Stelle verortet: Die Neuzeit entdeckt nicht das Subjekt, sondern setzt das *Individuum* frei. Anerkennung und Wertschätzung des Besonderen, des Individuellen, des Einzelnen ist in Deweys Augen das Signum der Moderne, und die modernen Institutionen sind eine Befreiung, weil sie abweichende Individualität, die Differenz zum Bestehenden, zu schätzen gelernt haben, anstatt sie zu unterdrücken. Für Dewey ist in der Gesellschaft, wie auch in der Wissenschaft, der Fortschritt auf diese Anerkennung des Individuellen in seiner Individualität zurückzuführen. Das Individuelle gilt nicht mehr als bloße Abweichung von der Norm, sondern wird als eine eigenständige Kraft der Veränderung anerkannt: Ob im Darwinismus, wo allgemeine Arten sich aus individuellen Abweichungen ergeben; in den Naturwissenschaften, wo neue Erfahrungen gesucht werden, um Theorien zu verändern;

oder in der Gesellschaft, wo die *eigene* Stimme politische und moralische Relevanz hat.

Diese Interpretation der Moderne als eine *Freisetzung* der Individualität wäre schon für sich eine Diskussion wert. Doch ich werde mich vor allem der systematischen Argumentation zuwenden, mit der Dewey diese Deutung unterfüttert. Konkret finden sich vor allem zwei Argumentationsstrategien in seinen Darlegungen. Zum einen rekonstruiert Dewey den positiven Gehalt, den er dem Subjektbegriff zuerkennt, in Begriffen der *Praxis*. Klassisch wird das kritische Potenzial subjektiver Rationalität dadurch begründet, dass das Subjekt im Stande ist, sich auf sich selbst reflexiv zu beziehen – ein Selbstbezug, der seit Descartes als ein Bezug des *Denkens* diskutiert wird: Ich denke, also bin ich (ein Subjekt). Dewey nun entwickelt ein Konzept des Denkens, das diese Reflexivität dezidiert als eine Praxis begreift – als einen *materiell* verankerten, *raumzeitlichen* Prozess, in dem der Mensch nur ein „Faktor" (EN 184, dt. 232) unter vielen ist. Auf diese Weise formuliert Dewey das zentrale Argument, das die Subjektphilosophie für sich reklamiert, pragmatistisch um. Aus dem „Ich denke" der Tradition wird das praktisch ausgreifende „Ich handle" der „Untersuchung", der *inquiry*.

Mit dieser Umformulierung freilich kommt das Subjekt in dem emphatischen Sinne, wie es die Tradition verteidigt, nicht mehr in den Blick. Die Praxis der *inquiry* ist weder spezifisch innerlich noch zwingend individuell. Deweys zweiter argumentativer Hauptzug besteht entsprechend in der These, dass der Subjektbegriff der Tradition eine historisch gewachsene und praktisch institutionalisierte *Interpretation* dieser Praxis des Denkens ist. Hinter dem „Ich denke" der Subjektphilosophie steht in Deweys Perspektive ein Selbstverständnis, das durchaus produktiv und wertvoll ist: Indem das Individuum sich als Subjekt des Handelns und Denkens begreift, übernimmt es Verantwortung für die dadurch bewirkten Ereignisse. Indem es die Erfahrungen dezidiert seinem Urteil und seinen Bemühungen der Kontrolle unterstellt, räumt das Individuum sich die Möglichkeit ein, auf sie kritisch Einfluss zu nehmen. Es ist die bewusste Anerkennung dieses Schrittes, mit dem sich das Selbst vom Einfluss der Tradition und der Natur emanzipiert. Das Individuum bindet sich an die Erfahrung und ihren Verlauf, es versteht *sich selbst* – seine Möglichkeiten, seine Überzeugungen, seine Gefühle – durch sie. „Tadel und Lob", so formuliert es Dewey, kommen nicht mehr von „der Natur, der eigenen Familie, der Kirche oder dem Staat" (EN 180, dt. 227), sondern von einem selbst. Dadurch wird die Erfahrung in einem vertieften Sinne zu etwas,

was für das Individuum von Bedeutung ist. Die Erfahrung wird – in einigen ihrer Aspekte – subjektiviert.[2]

Das Besondere an dieser subjektiven Selbstermächtigung, wie Dewey sie konzipiert, ist, dass sie *gerade dadurch* funktioniert, dass sie nie völlig eingelöst werden kann. Das Denken im pragmatistischen Sinne ist eine experimentelle Praxis, deren wesentliches Merkmal darin besteht, dass sie aktiv nach neuen, bisher unbekannten Konsequenzen des eigenen Handelns sucht. Aus ihnen zieht diese Praxis ihren Erkenntnisgewinn. Diese riskante Offenheit schlägt entsprechend auch auf die Subjektivierung der Erfahrung durch, wie sie Dewey beschreibt. Der Selbstbezug, der Anspruch auf Kontrolle und Kritik der Erfahrung, wird durch die Ereignisse unterlaufen werden. Ihm haftet immer etwas Illusorisches an, insofern kein Ereignis, wie Dewey anmerkt, jemals nur *eine* Ursache hat (also etwa „das Subjekt") (EN 180, dt. 228). Die subjektivierende Selbstbindung ist immer eine Festlegung unter vielen, die zahlreiche andere Ursachen im Fluss des Geschehens ausblenden muss. Deweys zentrale These ist aber, dass eben diese performative – gewissermaßen heroische – Dimension der Subjektivierung erst das kritische Potenzial freigesetzt hat, das die Moderne kennzeichne. Denn erst diese Festlegung, so einseitig sie auch sein mag, eröffnet die Möglichkeit, intelligent zu handeln und aus den Konsequenzen dieses Handelns reflexiv zu lernen. Deweys Philosophie folgt hier Hegels Ratschlag, dass die „Furcht zu irren schon der Irrtum selbst" sei (Hegel 1993, 69). Erst die notwendig sich dem Irrtum öffnenden, auf die Zukunft hin entwerfende Stellungnahme zur Erfahrung schafft die Möglichkeit, ein Selbst in dem von der Subjektphilosophie avisiertem Sinne auszubilden.

Die folgenden Ausführungen werden diese Skizze vertiefen und im Text belegen. Ich werde zuerst (1.) Deweys naturphilosophische Ansicht erläutern, dass die Natur *wesentlich* als eine Natur im Wandel, mithin also prozessual, zu verstehen ist. In diesem Bild kommt (2.) dem Individuum eine besondere Rolle zu, da die individuellen Existenzen gewissermaßen Haltepunkte im Werden der Natur anbieten, mögliche „Zentren der Erfahrung", wie Dewey es formuliert. Subjektivität wird dann verständlich als eine reflexive Vertiefung dieser Individualität, die allem Natürlichen anhaftet. Diese Vertiefung geschieht, wie ich dann (3.) ausführen werde, durch das pragmatistische „Ich handle", dass alles Denken begleitet, und führt schließlich (4.) zu der skizzierten riskanten Struktur eines Subjekts, das sich auf eine Zukunft hin entwirft, die sich ihm konstitutiv entzieht.

---

[2] Eine Übersicht zum aktuellen Diskurs der Subjektivierung, der v. a. von Foucault ausgeht, vgl. die Beiträge in Alkemeyer u. a. 2013.

7.2 Eine Welt der Relationen

Deweys Grundannahme ist, dass die sich in der Subjektphilosophie artikulierende „scharfe Trennung zwischen dem Geist und der natürlichen Welt" (EN 30, dt. 40, mod. J.V.) aufzugeben ist zugunsten einer, wie ich es nennen möchte, *prozessualen* Sicht auf die Natur (vgl. auch EN 92, dt. 117). In dieser Perspektive steht alles, was existiert, in einem dynamisch sich wandelnden Netz von Beziehungen und Kräften. In dieser Sicht ist Veränderung der Normalfall und Stabilität eine Errungenschaft, die nur gegen Widerstände durchgesetzt werden kann.

Bereits die Einleitung von *Erfahrung und Natur* nimmt diese Perspektive ein. Der ständige Fluss des Handelns und Leidens, den Dewey „Primärerfahrung" nennt, wird beschrieben als eine ungefilterte Abfolge von Dingen und Ereignissen, aus der erst in der reflexiven „Analyse des Erfahrungsprozesses" (EN 21, dt. 28) stabile Objekte und Verhältnisse gewonnen werden. Ein tragfähiger Umgang mit der Welt muss diesem Prozess immer erst noch abgerungen werden. Das effektivste Mittel zur Kontrolle der Erfahrung ist für Dewey das Wissen. Es erlaubt am besten, Konsequenzen abzuschätzen und damit stabile Erwartungen auszubilden. Die Primärerfahrung kennt solche stabilen Fixpunkte aber noch nicht, oder nur in unreflektierter, zur körperlichen Gewohnheit geronnenen Form. Hier ist jedes Ereignis das, was es ist, und erhält seine Bedeutung nur durch die weitere unvermeidliche Verkettung mit anderen Ereignissen.

Im vorliegenden Kapitel zeigt sich diese prozessuale Perspektive vor allem in der Beschreibung der Natur in Begriffen, die bewusst jede Konnotation mit dem klassisch-idealistischen Begriff des „Geistes" (*mind*) meiden. Die Wirklichkeit wird beschrieben als ein „Netz von bestehenden Kräften", von „Ereignissen" und „Veränderungen", die durch „Energien" gelenkt werden (EN 168, 183, 181, 187, dt. 212, 231, 229, 236). Dieses Netz wird holistisch gedacht. Alle Ereignisse sind durch die Beziehungen bestimmt, die sie mit anderen Ereignissen eingehen, und gewinnen *nur* durch diese Einbettung in einen Kontext von Beziehungen an Konkretion. Der stete Wandel der Natur ist daher auch ein Werden. Die Ereignisse sind unabgeschlossen und verändern sich durch die Beziehungen, die sie eingehen.

Dewey verdeutlicht diesen Gedanken am Beispiel des Feuers. Das Feuer ist, für sich genommen, „das, was es ist" (EN 181, dt. 229). Als isoliertes Ereignis kann über das Feuer nicht mehr ausgesagt werden, als dass es existiert; „einzig seine ‚Washeit' [ist] von Interesse" (EN 181, dt. 229), also seine unbestimmte Qualität. Erst der effektive praktische Umgang mit dem Feuer verleiht ihm Konkretion. Je mehr wir das Feuer *verwenden* lernen, desto mehr Beziehungen ergeben sich, die auf unser Verständnis des Feuers zurückschlagen. Das Feuer ist nicht mehr einfach da, sondern lässt sich kontrollieren, löschen oder gar bewusst herstellen. Es wandelt sich von einem furchteinflößenden, gleichsam magischen Objekt zu einer abstrakten chemischen Reaktion.

Die neu gewonnenen Beziehungen sind das Produkt eines Eingriffes und damit *selbst* eine Veränderung. Die Beziehungen, die zu einem gegebenen Zeitpunkt die Bedeutung des Feuers bestimmen, müssen immer erst praktisch hergestellt und stabilisiert werden. Dadurch sind sie nie eine rein passive Entdeckung. Sie sind immer auch eine *Festlegung* auf einen Kontext, eine aktive Kontextualisierung, die bestimmte Aspekte des Feuers hervorhebt, andere ausblendet und neue Verbindungen – wie etwa die erst von Lavoisier entdeckte Beziehung zwischen Feuer und Sauerstoff – hinzufügt. Entdeckung und Konstruktion gehen hier Hand in Hand.[3]

Wichtig ist, dass diese Logik der Verkettung kein Ende findet. Reflexion, also das Nachdenken *über* bestehende Beziehungen, ist selbst nur eine weitere Praxis des In-Beziehung-Setzens. Jede praktisch konstituierte Beziehung kann nur dadurch interpretiert werden, dass sie wiederum in andere – mutmaßlich neue – Beziehungen gestellt wird: „Wenn ein Sachverhalt wahrgenommen wird, ist das Wahrnehmen-eines-Sachverhaltes ein weiterer Sachverhalt" (EN 85, dt. 108). Diese infinite Logik der Verkettung nimmt deutlich Anleihen bei Peirces Semiotik, der zufolge ein Zeichen nur durch *weitere* Zeichen interpretiert werden kann (LW 15, 141–152; Nagl 1992). Das Werden der Natur wird durch die Reflexion nicht unterbrochen, sondern fortgeführt.

7.3 Natürliche Individualität

Veränderung, so der Grundgedanke, findet immer statt. Vor diesem Hintergrund des steten Wandels und der Vielfalt der Beziehungen führt Dewey gleich am Anfang des Kapitels den Begriff des „Individuums" ein. Der Begriff hat theoriestrategisch die Funktion, einen Anker in diesen Fluss des Werdens zu werfen. Alles Werden ist relational, aber nicht jede Beziehung ist gleich. Sie kann immer von unterschiedlichen Standpunkten betrachtet werden, die Dewey mit dem Begriff des Individuums markiert. Bestimmte Ereignisse treten hervor, da sie für das Individuum relevant sind, während andere in den Hintergrund treten. Dies gelte sowohl für Organismen wie für „Atome und Moleküle" (EN 163, dt. 205). Alle Existenzen gehen mit einigen Ereignissen eine besondere Beziehung ein, während

---

[3] In der Tradition, die Taylor die „Herder-Humboldt-Hegel"-Tradition nennt, Taylor 1988, wird dies die Praxis der *Artikulation* genannt. Matthias Jung zeigt ausführlich, dass Dewey Handeln und Denken als artikulative Praktiken begreift. Vgl. Jung 2014.

andere für sie völlig irrelevant sind. Eisen rostet bei Wasser, reagiert aber nicht auf die Schallwellen, denen es ausgesetzt wird. Für Menschen wiederum ist Schall zentral für die Kommunikation und daher bedeutsam, Ultraschall jedoch verhallt unbemerkt.

Mit anderen Worten: Alle Dinge, Ereignisse und Organismen haben eine individuelle Beziehung zur Welt. Eine Metapher, mit der Dewey diese natürlich gegebene Individualität beschreibt, ist die *Zentrierung*. Alle Lebewesen zeigten „Vorlieben und Selbstzentriertheit" (EN 163, dt. 205); sie seien „individuelle Handlungszentren" (EN 190, dt. 239). Subjektivität, wie Dewey sie begreift, ist demnach ein individualisiertes Weltverhältnis. Das Subjekt wird von Dewey verstanden als ein „distinktes Zentrum des Begehrens, Denkens und Strebens" (EN 168, dt. 213, mod. J.V.). Die Metaphorik des Zentrums lässt offen, *wie* dieses Begehren und Denken geformt ist; entscheidend ist, dass es sich um die individuelle Existenz bündelt.

Dewey verteidigt damit nicht den klassischen liberalen Individualismus, der die Person von allen gesellschaftlichen Verhältnissen abtrennt: Ihren *Formen* nach ist diese Subjektivität in kulturelle und natürliche Prozesse eingebettet, weil nur praktisch etablierte Zeichenverwendungen und Handlungsweisen (*habits*) überhaupt erst stabile Sinnzusammenhänge schaffen. Doch Dewey will, bei aller Kritik, eben die sich im Subjektbegriff ausdrückende Intituition bewahren, dass Denken, Handeln und Erfahrung immer *relativ* zu einem Individuum, zu einer Person sind – sie sind *für uns* (Hegel), *pour soi* (Sartre) oder *je meine* (Heidegger). Erst so wird Kritik denkbar, die ja selbst dann, wenn sie mit allgemeinen Begriffen operiert, sich aus einer individualisierten Perspektive gegen das bestehende Verständnis richtet.

Nun ist die von Dewey behauptete Zentrierung der Erfahrung freilich noch kein vollwertiges Äquivalent für die Annahme, dass Subjektivität einen irreduziblen Selbstbezug aufweist. Gerade das „Ich denke", das – wie Kant behauptet hat – alle subjektiven Vorstellungen begleiten können muss, ist mehr als eine individuelle Perspektive. Es soll eine allgemeine Form beschreiben, in die sich alle Erfahrung fügen muss, um für das Individuum reflexiv zugänglich zu sein. Wenn Dewey wirklich den Gedanken subjektiver Kritik und Emanzipation bewahren will, kann die bloße Feststellung individuell zentrierter Erfahrung daher nur ein Anfang sein. Ein reformulierter Begriff der Subjektivität muss die im subjektiven Selbstbezug formulierte Reflexivität bewahren. Während die individuelle Zentrierung ein je besonderes Verhältnis zu den Ereignissen der *Welt* ausdrückt, beschreibt der subjektive Selbstbezug nämlich weitergehend ein Verhältnis zu *diesem* Verhältnis. Das Selbst wird relevant als Inbegriff des Weltverhältnisses, als Subjekt eben, zu dem sich das Individuum wiederum reflexiv verhalten können soll.

Dieser Unterschied wird noch einmal deutlich mit Blick auf die organische Basis der Selbstbeziehung. Während bei Atomen und Molekülen die Individualität nur *von außen* zugeschrieben werden kann, verfügen lebendige Organismen über die „zentrierte" Fähigkeit der *Selbstregulierung*. Selbstkoordination ist zentral für das organische Überleben und steht daher am Anfang einer naturalistischen Ausdeutung des Verhältnisses von Körper und Geist.[4] Ein Organismus hat ein *individuelles* Weltverhältnis in dem Sinne, dass er die Fähigkeit besitzt, auf Ereignisse gezielt Einfluss zu nehmen bzw. zu reagieren, d. h. seine Weltverhältnisse zu steuern; sie stoßen ihm nicht einfach nur zu.

Doch die Subjektphilosophie hat mit dem „Ich denke" Weitergehendes im Blick. Ihr geht es beim Selbstbezug nicht einfach nur um die Fähigkeit, sich zu koordinieren. Ihr geht es um eine reflexive *Identifikation* dieser Fähigkeit, um eine bewusste Bestimmung der Möglichkeiten des eigenen Tuns und Handelns (Menke 2003). Aus dieser Selbstbesinnung heraus leitet die Subjektphilosophie ihren starken Anspruch auf *Kritik* ab, den sich Dewey ebenfalls erhalten will. Ein Subjekt, das sich seiner Fähigkeiten gewiss ist, weiß, woran sein Handeln und Tun zu messen ist. Es emanzipiert sich, insofern es über eigene Maßstäbe verfügt. Es kann beurteilen, ob es seine Fähigkeiten *richtig* ausübt – und dies, so die Idee, unabhängig von äußeren Einflüssen und Vorgaben, wie etwa der Tradition.

Der Hinweis auf die Selbstkoordination alles Lebendigen ist somit noch kein adäquater Ersatz für die *Freiheit*, die mit dem klassischen Subjektbegriff verbunden ist und die Dewey ja (wenn auch transformiert) bewahren möchte. Deweys Naturalismus kann zwar davon profitieren, dass Organismen einen gewissen Grad an Reflexivität aufweisen: Sie müssen zwischen dem organischen „Selbst" und der Umwelt unterscheiden lernen, um zu überleben. Doch diese Unterscheidung bleibt beim Organismus noch implizit, sie ist noch nicht *als* Unterscheidung thematisch. Um den individuellen Selbstbezug als Subjektivität im vollem Sinne zu rekonstruieren, muss gezeigt werden, wie diese Unterscheidung zwischen Selbstbezug und Fremdbezug als solche in den Blick kommt.

7.4 Denken als Handeln

Der Weg zu einer solchen Revision des subjektiven Selbstbezugs führt über die pragmatistische Neufassung des Denkens. Sie orientiert sich an den experimentellen Wissenschaften. Wenn Dewey vom „Denken" spricht, dann meint er keinen kognitiven „inneren" Vorgang, sondern eine am Vorbild des Experiments mo-

---

4 Vgl. den Beitrag von Marc Rölli (in diesem Band) zu dem Kapitel 7 von *Erfahrung und Natur*.

dellierte materielle Praxis. Meist bezeichnet Dewey diese Praxis auch schlicht als „Untersuchung", als *inquiry*. Diese Praxis ist raumzeitlich situiert und bezieht die beteiligten Körper und die Gefühle der Partizipanten ebenso mit ein wie Symbole und Apparate. Die These, dass Denken als eine solche Praxis des Untersuchens begriffen werden muss, ist ein Kernbestand der pragmatistischen Tradition und hat ihren Ursprung bei Peirce (Peirce 1992).

Für die hier verfolgte Frage nach einer Alternative zum subjektiven Selbstbezug ist vor allem interessant, dass in dieser Praxis des Denkens das Verhältnis zur Welt in der soeben beschriebenen Form reflexiv thematisch wird. So schon bei ihrem Ausgangspunkt: Die Untersuchung beginnt, wenn die eingesetzten Mittel und Wege nicht die von uns erwarteten Konsequenzen zeitigen. Damit rückt bereits das Verhältnis zur Welt *als* Verhältnis in den Blick, und zwar negativ. Es stellen sich Zweifel und Ungewissheiten ein, die (noch) nicht eindeutig auf den Weltbezug oder Selbstbezug zurückführbar sind. Es ist nicht klar, was eigentlich das Problem ist, und die Praxis der Problemlösung (die *inquiry*) beginnt damit, dass diese diffuse Situation überhaupt erst *als* Problem näher bestimmt und damit handhabbar wird (LW 12).

Das Experiment ist nun in zwei Hinsichten eine ganz besondere Art und Weise, auf solche Problemsituationen einzugehen. Zum einen ist festzuhalten, dass das Experiment die erlebte *Unbestimmtheit* nicht zu verdrängen oder zu leugnen versucht. Das Experiment greift sie vielmehr positiv auf, um aus der erlebten Not eine Tugend zu machen. Da das Problem darin besteht, dass die eingesetzten Mittel zu unerwarteten Konsequenzen führen, liegt die Lösung darin, solche Konsequenzen eben bewusst und unter Beobachtung zu provozieren. Das Experiment arbeitet *mit* dem ständigen Wandel der Erfahrung, anstatt sich ihm entgegen zu stellen. Es nutzt die Kontingenz der Erfahrung als Erkenntnismittel. Es verändert gezielt die Bedingungen, etwa die Apparate, aber auch die Begriffe oder die Praktiken, um zu prüfen, welche neuen und unerwarteten Konsequenzen diese Veränderungen nach sich ziehen werden. Das Experiment integriert den Wandel der Natur zu Zwecken der Erkenntnis in die eigene intelligente Praxis.

Das zweite wichtige Merkmal des Experiments ist seine *Reflexivität*. Mit den bewussten Eingriffen werden immer auch zugleich die eigenen Verständnisse auf die Probe gestellt: Tritt tatsächlich das ein, was wir erwartet haben? Die *inquiry* ist eine reflexive Klärung dessen, was es heißt, dieses oder jenes zu tun, zu erwarten, zu glauben, und modifiziert damit in eins den Welt- und Selbstbezug. Das Ende der so verstandenen Praxis des Denkens ist eine „geklärte" (Dewey) Situation, in der die Welt ebenso verändert wurde wie unser Verständnis dessen, was die eigenen Handlungen und Eingriffe bewirken.

In dieser pragmatistischen Umformulierung verliert das Denken die einheitliche Form eines durchgängig transparenten Selbstbezugs. Im experimentellen

Paradigma ist das Denken gerade dann, wenn es effektiv sein soll, nicht mehr durchgängig für das Subjekt verständlich. Sein Ausgangspunkt ist ja immer ein *Problem*, also etwas, was gerade noch nicht verstanden wird; sein *modus operandi* ist die bewusste Provokation des Neuen, Unerwarteten und Überraschenden. Dieses Aufbrechen der geschlossenen Kreisstruktur des denkenden Selbstbezugs ist die eigentliche Überwindung der Subjektphilosophie: Das Denken zielt *konstitutiv* auf „Versuche oder Experimente, die ohne Garantie sind und die das Risiko der Verschwendung, des Verlusts und des Irrtums mit sich führen" (EN 172, dt. 218). Nur in diesem genuin riskanten Akt steckt das Potenzial, auch wirklich auf qualitativ neue Zusammenhänge und Einsichten zu stoßen, und nur in dieser intransparenten Offenheit ist das Denken bei sich.

Freilich ist weder alles Denken noch jedes Experiment so revolutionär wie das bisher hier in den Mittelpunkt gestellte Schema. Oft denken wir gar nicht, folgen nur den etablierten Gewohnheiten; und wenn wir denken, dann nur vor dem Hintergrund „überlieferter Objekte und Wesenheiten" (EN 172, dt. 217), deren Beziehungen weiter erkundet werden. Und viele Experimente „führen" nur schon wohl etablierte Theorien zu pädagogischen Zwecken „auf" im Sinne einer Selbstvergewisserung des Etablierten. Nicht alles Denken – so Dewey mit einem typischen, da die Moderne affirmierenden, Vergleich – ist von der Art der „Erfindung der Dampflokomotive" (EN 171, dt. 216), also genuin innovativ. Insbesondere müssen sich überhaupt erst feste organische und kollektive Gewohnheiten *entwickeln*, bevor die Praxis des Denkens zu einem Umsturz der festgefahrenen Formen des Verstehens führen kann. Doch sowohl kulturhistorisch als auch evolutionär ist es nötig gewesen, so Deweys Überzeugung, zu irgendeinem Zeitpunkt neue Weisen des Verstehens – also neue Praktiken, Handlungsweisen und Bedeutungen – zu etablieren. Ohne diese vergangenen Innovationen gäbe es heute „keine *Objekte* zu sehen, keine Bedeutungen zu begreifen" (EN 172, dt. 217).

7.5 Riskante Subjektivierung

Die eigentliche Subjektivierung der Erfahrung setzt bei dieser riskanten Struktur an, die alle lebendige Koordination im Allgemeinen und die reflexive *inquiry* im Besonderen prägt. Wie schon erwähnt, kann bereits bei Organismen eine fortdauernde Selbstregulierung unterstellt werden, die eine Unterscheidung zwischen sich und der Umwelt trifft. Auch bei dieser Selbstregulierung kommt es bereits zu Krisen, zu Schwierigkeiten, die gemeistert werden müssen. Doch beim Menschen ist die Praxis der Problemlösung auf eine ganz besondere Weise offen: Die Untersuchung muss sich nicht auf bereits vorhandene Mittel und Umstände beschränken, sondern kann *neue* Ansätze, Werkzeuge und Formen des Verstehens etablieren. Der Mensch ist für Dewey ein Wesen, das von Natur aus kein festes Wesen hat, ein „nicht festgestelltes Tier", wie es Nietzsche nennt. Das bedeutet für den Pragmatisten vor allem, dass sich dadurch das Potenzial zur Problemlösung enorm ausweitet: Es können kreativ neue Mittel und Wahrnehmungsweisen eingeführt werden, die genuin andere Zugriffe eröffnen, und es können Beziehungen zu Situationen oder Praktiken gestiftet werden, die auf dem ersten Blick mit dem Problem in keinen Zusammenhang stehen. Peirce hat diese Form des kreativen Schließens als *Abduktion* bezeichnet, und sie stellt das von Dewey in Anspruch genommene Prinzip in Reinform dar: Im Unterschied zum induktiven Schluss, der das Gegebene verallgemeinert, ist der abduktive Schluss ein kreativer Akt, eine Konjektur, die Thesen und damit Zusammenhänge *errät*, die sich dann als sinnvoll erweisen (Wirth 2003).

Das Selbst, wie es bei der Subjektphilosophie im Vordergrund steht, wird also in Deweys Rekonstruktion vor allem dann thematisch, wenn *offen* ist, wie es sich zu sich selbst verhalten sollte. Im Normalfall, wenn die Welt keine großen Hindernisse bietet, fällt die temporale und reflexive Struktur der Erfahrung nicht ins Gewicht. Selbst und Welt greifen stabil ineinander: Das „Individuum (ist) in seiner Welt zu Hause", da die Umwelt seinen Handlungen ständig „Unterstützung gewährt" (EN 188, dt. 237). Infolge eines langen wechselseitigen Anpassungsprozesses werden kaum noch größere Widerstände erfahren. Doch es kommt unweigerlich der Moment, wo dieser selbstverständliche Fluss der Erfahrung empfindlich gestört wird. Die koordinierenden Aktivitäten greifen nicht mehr, erzeugen unerwartete Konsequenzen oder stoßen auf unbekannte Hindernisse: Das Individuum liegt „mit seiner Umgebung über Kreuz" (EN 188, dt. 238).

Erst in diesem Moment wird der von der Subjektphilosophie thematisierte Unterschied erfahrbar.[5] Solange die Praxis im stabilen Fließgleichgewicht ist, spielen alle beteiligten Faktoren mehr oder weniger bruchlos zusammen. Sobald diese Praxis gestört ist, wird es aber wichtig, einzelne Ursachen und Zusammenhänge zu lokalisieren. Dies öffnet den Raum für die emphatische reflexive Stellungnahme des Selbst zur Erfahrung, zu jener Reflexivität also, die von der Tradition in den Mittelpunkt gestellt wird. Sich als Subjekt des Denkens, Fühlens und Handelns zu begreifen, bedeutet dann, in Deweys Rekonstruktion, sich als

---

[5] In Kapitel 8 erläutert Dewey entsprechend das Bewusstsein als eine Wahrnehmung von Veränderungen mit ungewissen Folgen: „Die Aufmerksamkeit ist am wachsten und gespanntesten dann, wenn man sich in einer ungewöhnlichen Situation befindet und ein starkes Interesse am Ergebnis mit der Unsicherheit über den Ausgang verbindet". EN 235, dt. 296. Man bemerke, wie Dewey hier die Erfahrung der Ungewissheit immer zugleich auch am reflexiven Interesse *an* den weiteren Verlauf der Erfahrung bindet.

eine relevante Ursache der Erfahrung zu begreifen und der *Form* dieses Einflusses nachzugehen. Die Erfahrungen werden als die Folgen des eigenen Handelns, Fühlens und Denkens begriffen, als das – freilich immer nur partielle – Produkt einer subjektiven Verfasstheit. Mit dieser Stellungnahme nimmt das Selbst in Anspruch, dass es auf diese Erfahrungen auch reflexiv Einfluss nehmen kann, durch eine Veränderung des Selbst. Wir können uns selbst und unser Weltverhältnis kritisch neu bestimmen, indem wir auf das eigene Denken, Handeln und Fühlen reflektieren – und so lautet dann auch das traditionelle Versprechen der Subjektphilosophie.

Doch im Unterschied zur Tradition konzipiert Dewey diese Stellungnahme des Individuums zur Erfahrung nicht als eine *theoretische* Einsicht, sondern als eine *praktische* Festlegung.[6] Das Selbst *verhält* sich zu sich selbst als jemand, der oder die diese Möglichkeiten hat. Dieses Postulat der Subjektivität hat die Struktur einer Wette, denn behauptet wird ja nur die *Möglichkeit* einer kontrollierten Einflussnahme. Diese Behauptung eines Einflusses muss sich – im Zusammenspiel mit den faktischen Verhältnissen – immer noch erst bewähren. Dieses Bewusstsein der eigenen Möglichkeiten, das immer auf die Zukunft gerichtet bleibt, ist in pragmatistischer Perspektive eben jenes reflexive Selbstbewusstsein, auf das die Tradition der Subjektphilosophie mit den falschen Mitteln zielt.

Die subjektive Festlegung der Erfahrung, und damit das durch sie konstituierte Selbstverständnis, ist *konstitutiv* offen und riskant: Das Individuum ist ein Selbst, nur indem es sich zu sich selbst als etwas verhält, das *in der Zukunft* dieses und jenes vermag. Das Individuum bindet sich an Erfahrungen, über deren Verlauf es nicht mit Gewissheit bestimmen kann. Seine Identifikation ist ein Akt der Übernahme von Verantwortung, wie Dewey schreibt:

> Wer ganz betont sagt: ‚*Ich* denke, glaube, wünsche‘, statt lediglich ‚*Es* wird gedacht, geglaubt, gewünscht‘, akzeptiert und behauptet eine Verantwortung und meldet einen Anspruch an. Es bedeutet nicht, daß das Selbst die Quelle oder der Urheber des Gedankens und der Affektion oder ihr exklusiver Sitz ist. Es bedeutet, daß das Selbst, als eine zentrierte Organisation von Energien, sich selbst mit einer Überzeugung oder einem Gefühl identifiziert, die unabhängigen und äußerlichen Ursprungs sind. (EN 180, dt. Ausg. 226, Übersetzung mod. J. V.)

Subjektivierung, wie Dewey sie begreift, besteht also darin, Verantwortung für etwas zu übernehmen, was in seinem Ursprung gar nicht eindeutig als das „Eigene" identifizierbar ist. Es ist ein performativer „Akt der Adoption" (EN 180, dt. 227), in dem das Eigene sich infolge dieser Übernahme der Verantwortung erst

---

6 Diese Logik der Reflexion als Selbstfestlegung hat zuletzt vor allem Georg Bertram mit Verweis auf Hegel herausgearbeitet. Bertram, 2014, S. 79–89.

als das Eigene konstituiert. So bildet sich die Grenze zwischen Selbst und Welt in einem Akt neu, der wesentlich auch imaginativ ist: Das Individuum entwirft sich als eine Person, die dieses und jenes vermag, als „Werkzeug der Werkzeuge" (EN 189, dt. 239), als ein Subjekt von Fähigkeiten. Dieser Entwurf bestimmt dann, was in den Bereich der genuinen Selbstregulierung fällt und was als Widerfahrnis gilt.

Eine solche subjektivierende (und damit zugleich objektivierende) Übernahme der Verantwortung ist immer eine Vereinfachung. Sie zieht eine Grenze zwischen Selbst und Welt, die der multikausalen Natur des Wandels nie gerecht werden kann. Daher ist diese Grenze instabil. Immer wieder wird es nötig sein, die Grenze zwischen Selbst und Welt neu zu ziehen; Dewey spricht hier von einer „'Dialektik' des Allgemeinen und des Individuellen", von einer ständigen „Oszillation zwischen der Hingabe an das Äußere und der Behauptung des Inneren" (EN 188, dt. 237).[7] Selbstverständnisse können dysfunktional werden, oder die natürlichen und kulturellen Umstände können neue Formen der Handlungsregulation eröffnen, und damit neue Weisen, sich als ‚Selbst' zu betrachten.

Dennoch hält Dewey die moderne Unterscheidung von Selbst und Welt, von Subjekt und Objekt, für eine echte kulturelle Errungenschaft. Die Erfahrung, dass die Welt uns Widerstände bietet, ist universell; vielfältig sind dagegen die von unterschiedlichen Kulturen und Epochen entwickelten Möglichkeiten, diese Erfahrung reflexiv zu verarbeiten. So sieht Dewey etwa im „indischen Denken" (EN 184, dt. 232) den Vorschlag, in Reaktion auf die unvermeidliche Erfahrung der Frustration alles subjektive Streben und Begehren abzuwerten. Die modern-neuzeitliche Deutung habe dagegen den Vorteil, dass sie die *relationale Struktur* der Erfahrung zu Bewusstsein bringt. Es wird deutlich, dass die Umstände und der subjektive Erfahrungsraum nicht voneinander isoliert werden können, dass also beide Seiten voneinander abhängen.

Die „Wahrheit in der Übertreibung des Subjektivismus" (EN 189, dt. 238) ist somit, dass das Selbst als ein *wirkender* Faktor der Praxis in den Blick rückt. Dies gilt, was Dewey am Beispiel der Ökonomie deutlich macht, für die Analyse von realen Prozessen: Solche Analysen bleiben unvollständig, wenn nicht auch die subjektiven Faktoren „wie Anreize, Wünsche, Müdigkeit, Monotonie, Gewohnheit" (EN 182, dt. 230) berücksichtigt werden. Doch wichtiger noch ist das aufklärerische Potenzial der Selbstreflexion. Denn sobald akzeptiert wird, dass die Erfahrung auch *von einem selbst* abhängt, wird die eigene subjektive Konstitution

---

[7] Dewey setzt die „Dialektik" in dem Zitat in Anführungszeichen, wohl um sich von Hegels Begriff der Dialektik abzugrenzen. Es ist aber unklar, worin genau die Abgrenzung besteht. Deweys frühere Vorlesungen zu Hegel, zumindest heben genau jene Momente bei Hegel hervor, die hier an Deweys Text rekonstruiert wurden. Shook & Good, 2010.

(die Persönlichkeit, die Fähigkeiten, das Selbst) zu einem unverzichtbaren Teil der Reflexion auf die Welt. Die Welt ist nicht mehr unmittelbar gegeben, sondern kann nur *in Relation* zu einem selbst verstanden werden.

Erst mit diesem Verständnis wird die riskante Struktur der Subjektivierung vollständig ausgelebt. Jetzt muss das Selbst sich *als* Selbst zur Welt verhalten. Es kann nicht nur auf die Umstände reflektieren, sondern muss auch sein Verhältnis zu den Umständen einbeziehen – und damit bereit sein, sich selbst zu ändern.[8] In der recht verstandenen Praxis des Denkens, so Deweys Auffassung, investiert das Selbst seine Vorstellungen, Kräfte und Neigungen und setzt sie dem Risiko des Wandels aus. Erst dadurch öffnet sich eine dritte Option jenseits der schlechten Alternative, sich vor den Widrigkeiten der Welt in die Innerlichkeit zurück zu ziehen, oder aber das Problem nur mit Gewalt aufzulösen, durch reine Kraft und Selbstbehauptung. Dieser dritte Weg setzt jedoch die hier skizzierte performative Stellungnahme des Selbst voraus. Indem das Individuum seine Erfahrungen subjektiviert und sich reflexiv zu dieser Subjektivität zu verhalten lernt, kann es an den Widerständen der Welt *wachsen*, anstatt sich ihnen zu ergeben. Nur in einer solchen wechselseitigen Veränderung, die Welt und Selbst umgreift, ist für Dewey eine echte Entwicklung zu haben: „Denn bei einer neuen Wahrheit und Vision anzulangen heißt, sich zu ändern" (EN 189, dt. 238).

Literatur

Bernstein, R. J. 2010: The Pragmatic Turn, Cambridge
Bertram, G. W. 2014: Kunst als menschliche Praxis eine Ästhetik, Berlin
Colapietro, V. M. 1990: „The Vanishing Subject of Contemporary Siscourse: A Pragmatic Response", in: Journal of Philosophy, Vol. 87, No. 11, Eighty-Seventh Annual Meeting American Philosophical Association, Eastern Division (Nov., 1990), 644–655
Hegel, G. W. F. [4]1993: Phänomenologie des Geistes, Frankfurt a. M.
Jung, M. 2014: Gewöhnliche Erfahrung, Tübingen
Menke, C. 2010: „Subjektivität", in: Barck, K.; Fontius, M. et al. (Hrsg.), Ästhetische Grundbegriffe. Historisches Wörterbuch in sieben Bänden., Bd. 5
Nagl, L. [1]1992: Charles Sanders Peirce, Reihe Campus, Frankfurt a. M./New York, Bibliographie und Literaturverzeichnis, 161–169
Peirce, C. S. 1992: „The Fixation of Belief", in: Houser, N.; Kloesel, C. J. W. (eds.): The Essential Peirce I. 1867–1893: Selected Philosophical Writings, Vol. 1, Bloomington/Indianapolis, 109–124

---

8 Aristoteles' *Nikomachische Ethik*, die darauf beharrt, das man auch für seinen Charakter (und damit für seine Handlungsdispositionen) verantwortlich gemacht werden kann, trägt somit genuin moderne Züge – freilich in den Rahmen einer vormodernen Kosmologie, die es verhindert, dass diese Ethik der Praxis auch auf die Theorie des Erkennens ausgeweitet wird.

Sedgwick, S. S. ¹2012: Hegel's critique of Kant: from dichotomy to identity, Oxford
Shook, J. R.; Good, J. A. ¹2010: John Dewey's philosophy of spirit: with the 1897 lecture on Hegel, New York
Taylor, C. 1988: „Bedeutungstheorien", in: Negative Freiheit? Zur Kritik des neuzeitlichen Individualismus, Frankfuart a. M., 52–117
Wirth, U. 2003: „Die Phantasie des Neuen als Abduktion", in: Deutsche Vierteljahrsschrift für Literaturwissenschaft und Geistesgeschichte, Jg. 77 (Dezember 2003), Heft 4, 591–618
Alkemeyer, T.; Gelhard, A.; Ricken, N. (Hrsg.) 2013: Techniken der Subjektivierung, Paderborn

Marc Rölli
8 Kontinuum der Qualitäten

(Zum siebten Kapitel)

8.1 Einleitung

In Kapitel 7 von *Erfahrung und Natur* erläutert Dewey ausführlich seine These von der Kontinuität von Natur und Geist. Besondere Aufmerksamkeit erfahren dabei die Lebewesen, die dieses Kontinuum gleichsam bevölkern oder durchqueren. Die tradierte Begrifflichkeit von Geist und Seele (spirit, mind, soul, psyche) wird dabei in Beziehung auf Natur und Leben bzw. organische Körper (organic bodies) differenziert. Das in der Kapitelüberschrift genannte parataktische Kompositum „Körper-Geist" (body-mind) ist Programm: mit ihm wird die notwendige Revision der geläufigen Abgrenzung des Geistigen vom Natürlichen gleich in der Überschrift benannt. Die Abgrenzung ist aus Deweys Sicht problematisch, weil sie eine Kontinuität unterbricht und asymmetrische – oder „hypertaktische" – Relationen zwischen dem künstlich Getrennten konstruiert.

Diese allgemein gehaltene Problemstellung wird von Dewey konkretisiert, indem er die traditionelle Fassung dualistischer Konzeptionen kenntlich macht, die Natur (oder Materie, Körper) und Geist (oder Seele) prinzipiell voneinander trennen und das Getrennte dann auf merkwürdige und umständliche Weise wieder miteinander vermitteln. Die ersten Seiten des Kapitels sind einer knappen Rekonstruktion von Etappen dieser historischen Denkweise gewidmet (vgl. EN 191–194, dt. 240–244). Dabei macht Dewey deutlich, dass das Problem nicht rein theoretischer Natur ist. Auch in den Schlusspassagen des Kapitels betont er nachdrücklich, dass der Verlust der Kontinuität bis in die Gegenwart hinein Wirkungen zeitigt, die von letztlich grundsätzlicher Relevanz sind.

Das Problem der Trennung von Seinssphären wird von Dewey beiseitegeschoben, indem er eine „empirische" Perspektive auf „lebende Dinge" (living things) (EN 194, dt. 244) einnimmt. Der Ausdruck „empirisch" bezeichnet den spezifischen Ansatz seines *empirischen Pragmatismus* (vgl. EN Kap. 1). Vorläufig könnte man sagen, dass Dewey zwischen natur*wissenschaftlichen* und natur*philosophischen* Positionen einen Ausgleich sucht. Aus empirischer Sicht sind Dewey zufolge lebende Dinge im Unterschied zu leblosen physischen Dingen auf bestimmte Weise organisiert. Das heißt aber nicht, dass sie im traditionellen Sinne (einer prinzipiellen Fehldeutung der empirischen Kontinuität) *wesentlich* voneinander unterschieden sind. Schritt für Schritt werden die Aktivitäten von Lebewesen rekonstruiert, die zunächst *psycho-physisch* und bei ansteigendem Differenzierungsgrad *mental* qualifiziert werden (vgl. EN 194–201, dt. 244–253). Die Übergänge erfolgen in einem natürlichen Kontinuum, wenngleich Dewey auf allen Ebenen deskriptive Unterscheidungen markiert, die durchaus einen operationalen Wert haben. Mit dieser Rekonstruktion der organisierten Aktivitäten in unterschiedlich qualifizierten Situationen demonstriert Dewey – im kritischen Anschluss an Leibniz und Bergson – die Kontinuität natürlicher oder empirischer Prozesse, die nicht zugunsten radikaler Trennungen aufgegeben werden muss. Allerdings ist Kontinuität nicht einfach romantisch-naturphilosophisch oder auch vitalistisch-lebensphilosophisch zu verstehen. In diesen beiden Auffassungen der Kontinuität wird auf ein ontologisch irreduzibles, nicht physikalisch-„mechanistisch" fassbares Lebensprinzip rekurriert. Während das romantische Verständnis der Kontinuität aber auf einen Begriff des Lebens baut, der mit der natürlichen Entwicklung der (idealistisch verstandenen) Vernunft übereinstimmt, basiert das später einsetzende vitalistische Kontinuitätsdenken auf unbewusst ablaufenden (oder in der – vererblichen – Konstitution eines Charakters verwurzelten) organischen Prozessen, die für höhere kognitive Funktionen fundamentale Relevanz reklamieren.

Das Eigentümliche des Deweyschen Ansatzes wird deutlicher, wenn in einem weiteren Schritt empirische Qualitäten im historischen Kontext der Entstehung der neuzeitlichen Physik situiert werden (vgl. EN 201–207, dt. 253–260). Die Ablehnung der Qualitäten als naturwissenschaftliche Erklärungsgründe fällt Dewey zufolge mit einem typisch metaphysischen Dualismus zusammen, welcher der berechenbaren Empirie und den von ihr thematisierten graduierbaren Größen und Eigenschaften einen exklusiven Realitätsstatus zuschreibt. An diesem Punkt formuliert er seine Kritik an der traditionellen Erkenntnistheorie, indem er auf den im ersten Kapitel eingeführten Erfahrungsbegriff zurückgreift. Erkenntnisse besitzen einen instrumentalen Wert, auch wenn sie keine Wahrheiten artikulieren, die ihren immanent reduktionistischen Charakter überwinden könnten (vgl. EN 6, dt. 11 und EN Kap. 4). Vielmehr erlaubt die Auffassung der *empirischen Differenz* (zwischen primärer und sekundärer Erfahrung) die Ausarbeitung einer Konzeption des instrumentalen Gebrauchs von Erkenntnissen *als* sekundären Erfahrungen. Zum Beispiel sind affektive Qualitäten vollkommen real – und nicht lediglich „subjektiv", auch wenn sie etwa nicht messbar sind –, allerdings muss das nicht bedeuten, dass sie in der naturwissenschaftlichen Forschung eine operative Verwendung finden: „da sie *gehabt* werden [since they are *had*], besteht keine Notwendigkeit, sie zu *erkennen*." (EN 202, dt. 254) (vgl. EN 220, dt. 276)

In einem weiteren Schritt erläutert Dewey, dass die Unterscheidung der drei natürlichen Interaktionsebenen (physisch, psycho-physisch, mental) nicht mittels erklärender, sondern mittels beschreibender Begriffe erfolgt (vgl. EN 207–213, dt. 260–267). Erneut werden die metaphysikkritischen Ausführungen zur Präzision seiner nicht-dualistisch vorgehenden Rekonstruktion empirischer (physischer, organischer und kommunikativer) Verhältnisse verwendet. Dewey kommt auf verschiedene Beispiele zu sprechen und verlagert – hin und wieder etwas assoziativ – die thematischen Blickwinkel, aber die daraus entstehenden Redundanzen sind nicht zuletzt eine Replik auf die methodische Einsicht, dass mit der traditionellen Problemstellung implizite Annahmen und Denkgewohnheiten verbunden sind, die sich sprachlich sedimentiert haben – und daher nur mit größerem begrifflichen Aufwand in Bewegung versetzt und ausgeräumt werden können.

Deweys Sprachgebrauch mag in mancher Hinsicht unspektakulär sein. Sein Schreibstil zeichnet sich durch ein *rekonstruierendes Verfahren* aus, das althergebrachte Begriffe nicht aufgibt, sondern in neuartige Gebrauchskontexte zu versetzen sucht. Daraus können scheinbare Widersprüche resultieren, sofern methodisch differenzierte Theorieebenen (z. B. der empirischen Differenz) im Begriffsgebrauch nicht klar getrennt werden oder trennbar sind (vgl. EN 220 – 221, dt. 276 – 277). Gleichwohl wendet er in seiner positiven, auf dualistische Theoreme verzichtenden Neubeschreibung z. B. von empirischen Qualitäten eine modernwissenschaftliche „Infra-Sprache" an, die traditionelle Terminologie bewusst vermeidet und sich damit möglichst frei macht von theoriegeschichtlichem Ballast: Relationen, Funktionen, Bedeutungen, Ereignisse, Situationen, Interaktionen.[1]

In den folgenden Textpassagen werden von Dewey Überlegungen und Beispiele aufgeführt, die mehr erläuternden Charakter haben, Themen wieder aufgreifen und den Gedankengang systematisch kaum vorantreiben. Lernprozesse und Gewohnheiten „höherer Organismen" werden diskutiert (vgl. EN 213 – 215, dt. 267 – 270) und mit Ausführungen zum Begriff des Lebens (vgl. EN 215 – 218, dt. 270 – 274) flankiert. Diese münden in eine Diskussion von „Bedeutungen" als Eigenschaften von Interaktionen (vgl. EN Kap. 5). Zum einen wird der logische oder „dialektische" Status der Aussagen (im Sinne der „Emergenztheorie des Geistes") thematisiert, zum anderen wird auf dem Weg einer Theorie der Bedeutungen die Kommunikationsform mentaler Prozesse konkreter gefasst (vgl. EN 218 – 223, dt. 274 – 280). In diesem Zusammenhang präsentiert Dewey auch Vorschläge zur Neudefinition von Geist (im Sinne von „spirit" und nicht von „mind") und Seele (EN 223 – 224, dt. 280 – 281).

---

[1] Genau besehen ist die verwendete Terminologie nicht einfach neutral, vielmehr erlaubt sie die Vermeidung metaphysischer Dualismen – und schließt sich in diesem Sinne explizit an die wissenschaftliche „Revolution" an, die Dewey in der modernen Physik von Maxwell oder Einstein (und in ihrer impliziten Verabschiedung bestimmter Annahmen der klassischen Physik Newtons) auszumachen glaubt. Vgl. Dewey 2001, 205.

In den das Kapitel beschließenden Passagen bezieht Dewey die zeitgenössischen Probleme der Industrialisierung und des technischen Fortschritts auf eine kritikwürdige Verselbständigung des instrumentellen Habitus (EN 224–225, dt. 282–283). Aus seiner Sicht korrespondiert die zunehmende Fixierung auf getrennte, spezifische und isolierte Sachverhalte in Wissenschaft und Technik mit einer Haltung der Ignoranz gegenüber primären Erfahrungszusammenhängen. Die Abtrennung der Natur vom Geist führt in eine Situation, die nicht dazu beiträgt, Kulturtechniken im Umgang mit der Natur auszubilden. Aus diesem Grund entsteht eine Schieflage mit möglicherweise katastrophalen Folgen: „Die Trennung hat einen Punkt erreicht, wo intelligente Menschen sich fragen, ob das Ende nicht eine Katastrophe sein wird, die Unterwerfung des Menschen unter die industriellen und militärischen Maschinen, die er geschaffen hat." (EN 225, dt. 283) An diesem Punkt wird greifbar, inwiefern in der von Dewey unternommenen Rekonstruktion der Erfahrung ein kritisches Potential seiner Philosophie liegt.

Die inhaltlichen Schwerpunkte des Kapitels werden in den folgenden Themenstellungen zusammengefasst: Erstens wird die historische Perspektive Deweys rekonstruiert, die zur Auszeichnung und Kritik metaphysischer Dualismen führt. Zweitens wird die Kontinuitätsthese diskutiert, die mit der Unterscheidung physischer, psycho-physischer und mentaler Vorgänge zusammen besteht. Drittens ist auf die besondere Situation der entstehenden Naturwissenschaften in der frühen Neuzeit und ihre Relevanz für die Philosophie des 17. Jahrhunderts einzugehen, die in Deweys Augen für die Konzeption von *Erfahrung und Natur* von größter Bedeutung ist. Sie macht die empirische Methode und den mit ihr verbundenen Instrumentalismus des Erkennens – technisch ausgedrückt: den sonderbaren Status von empirischen Qualitäten – nachvollziehbar.

8.2 Traditionen des metaphysischen Dualismus

Dewey beginnt mit einer Unterscheidung dreier historischer Stadien von Denkweisen (im Sinne einer Abfolge kultureller Erfahrungen), die im Hinblick auf die Beziehungen von Natur und Geist und unter Berücksichtigung der körperlichen Existenz von Lebewesen vorgestellt werden. In allen drei Fällen werden „Faktoren" entwickelt, die einen bestimmenden Einfluss auf traditionelle Problemstellungen ausüben, die sich durch eine asymmetrische Relation der Gegensätze auszeichnen.[2] Im ersten Stadium des klassischen griechischen Denkens wird die „mittlere

---

2 Man könnte davon sprechen, dass Deweys Pragmatismus postnietzscheanischen Typs ist. Vgl.

Position" (EN 193, dt. 242) betont, die der menschliche Körper zwischen Natur und Geist einnimmt. Er verwirklicht nicht nur die physischen Möglichkeiten, sondern bietet zugleich die Möglichkeit einer geistigen Existenz. Dewey erinnert an das aristotelische Konzept, Leben als psychische Selbstbewegung zu verstehen – und als Stufenfolge der vegetativen, animalischen und rationalen Seele aufzufassen. Doch trotz ihres „glücklichen Gleichgewichts" (EN 191, dt. 240) liegt bereits im griechischen Denken ein problematisches Element in der Hierarchie der Stufenordnung, die sich in den Klasseneinteilungen der Gesellschaft wiederspiegelt und in der (von Platon und Aristoteles geteilten) „metaphysischen Geringschätzung" (EN 192, dt. 241) des Materiellen zum Ausdruck kommt.[3] In der „paulinischen Christenheit" (EN 192, dt. 241) spitzt sich dann in einer weiteren historischen Epoche die Antithese von Natur und Geist weiter zu, indem die metaphysische Degradierung der materiell-körperlichen Existenz in moralischer und religiöser Hinsicht aufgenommen und verschärft wird. Das Körperliche wird mit irdischen und fleischlichen Begierden verbunden, welche den Geist nur verführen, da seine wahre Seinsweise gottähnlich und unvergänglich ist. Dieser Geist (spirit) erhebt sich über die niederen Regionen weltlicher Angelegenheiten und manifestiert sich nicht länger in einem seelisch organisierten lebendigen Körper. In diesem Sinne knüpft die christliche Religion und Philosophie an die „hellenistische Dreiteilung" (EN 193, dt. 243) von Körper, Seele und Geist an. Reiner Geist (spirit, nous) entfernt sich von einem körperlich verbundenen Geist (mind, psyche). In der thomistischen Scholastik wird der aristotelische Begriffsrahmen beibehalten – aber „diese formale Verwandtschaft [wird] durch die Verführung des Geistes [spirit] durch das Fleisch verzerrt und verdorben, wie sich im Sündenfall des Menschen [...] zeigt." (EN 192, dt. 241) Der einfachen, unauflöslichen Einheit des Geistes steht die Vielfalt und Wandelbarkeit der Materie entgegen. Im Menschen verbindet sich beides v. a. als praktisches Problem des moralischen Handelns. Mit der anbrechenden Neuzeit verschieben sich dann laut Dewey noch einmal die epistemischen Koordinaten. Eine „gänzlich mechanisch[e]" (EN 191, dt. 240) Naturbetrachtung entwi-

---

Nietzsche 1988, 16: „Der Grundglaube der Metaphysiker ist der Glaube an die Gegensätze der Werthe."

[3] Zwar folgt Dewey hier einigen zentralen philosophie- und kunsthistorischen Auffassungen Hegels, wenn er z. B. das „glückliche Gleichgewicht" innerhalb des klassischen Griechentums und seiner „Kunstreligion" herausstellt und mit einem „andächtigen Interesse für den menschlichen Körper", EN 192, dt. 241, verbindet. Seine kritisch gemeinte Hervorhebung der theoretizistisch (oder intellektualistisch-dogmatisch) verfassten Metaphysik verrät aber gleichzeitig eine grundsätzlich reservierte Einstellung auch Hegel und seiner Geschichtsauffassung gegenüber, die sich mit der Ablehnung asymmetrischer Relationen zwischen Natur und Geist verbinden lässt. Vgl. Rölli 2011, 17–46.

ckelt sich, wenn (spätestens bei Descartes und seinen Anhängern) die „klassische Metaphysik von Möglichkeit und Wirklichkeit" verabschiedet wird und der Begriff der Kausalität (als *causa efficiens*) in den Mittelpunkt tritt (EN 193, dt. 242). Im Dualismus der Substanzen wird die Trennung von Natur (*res extensa*) und Denken (*res cogitans*) radikal und „unversöhnlich" (EN 193, dt. 242). Diese moderne Denkweise etabliert sich im 17. Jahrhundert und erhält sich in zahlreichen Modifikationen bis in die Gegenwart.[4] Für Dewey ist dabei wichtig, dass der cartesianische Formalismus die empirische Relevanz absorbiert, die sich aus dem älteren Dualismus – etwa aus der christlichen Trennung „zwischen Fleisch und Geist, Sünde und Erlösung, Aufruhr und Gehorsam" (EN 193–194, dt. 243) zu praktisch-moralischen Zwecken – ergibt.

8.3 Die These der Kontinuität

Die Alternative zu dualistischen Auffassungen der Beziehung von Körper und Geist stützt sich Dewey zufolge auf den Kontinuitätsgedanken. Berühmt ist seine Formulierung durch Leibniz: „Nichts geschieht auf einen Schlag; und es ist einer meiner größten und bewährtesten Grundsätze, daß die Natur niemals Sprünge macht. Das nannte ich das Gesetz der Kontinuität [...]." (Leibniz 1996, XXIX)[5] *Natura non facit saltus*: In seiner frühen Arbeit zu *Leibniz's New Essays* (EW 1, 251–435) bezeichnet Dewey diesen Grundsatz als „unvergänglich" – und bringt ihn mit der Idee eines „organischen Ganzen" in Verbindung, die den cartesianischen Dualismus, die Trennung von „Seele und Körper" oder von „Geist und Materie" hinter sich lässt (EW I, 435, 320–321). Aus seiner Sicht bezeichnet der Begriff „Kontinuität" einen philosophischen Denkansatz, der in letzter Konsequenz dualistische Irrtümer und Trennungen korrigiert. Wo Kontinuität besteht, da muss nicht zwischen zwei grundverschiedenen Dingen vermittelt werden. Tatsächlich sind es gerade die „metaphysischen" (EN 194, dt. 244) Vermittlungsbemühungen, die wenig überzeugen können. Dewey spricht von einem „Mysterium" (EN 196, dt. 246) der Vermittlung und von der „Irrealität des Problems" (EN 194, dt. 243). Die traditionell dualistisch angelegten Lösungsstrategien reproduzieren lediglich eine verfehlte Problemstellung, die aufgrund ihres „dialektischen Charakters" (EN 194, dt. 244) auch nicht empirisch falsifiziert werden kann. Daher fordert Dewey eine Revision der „Auffassungen, auf denen das Problem beruht" bzw. der „zugrun-

---

[4] Dewey verweist auch explizit auf zahlreiche Positionen, zuletzt mit dem Ausdruck „élan vital" auf Bergsons *L'Évolution Créatrice* von 1907. Vgl. EN 193, dt. 243.
[5] Vgl. zu Aristoteles' Begriff des Kontinuums Beeley 1996, 13–40.

deliegenden metaphysischen Streitfragen" (EN 194, dt. 244). Als entsprechende Postulate werden vorab zwei identifiziert: erstens das „Dogma der überlegenen Realität von ‚Ursachen'" und zweitens die „Ignoranz" der (nicht zuletzt temporalen) Qualitäten natürlicher Ereignisse (EN 194, dt. 244). Wie wir im nächsten Abschnitt sehen werden, hängen diese beiden Postulate nicht nur systematisch eng zusammen; sie sind auch historisch in Deweys Rekonstruktion der Moderne aufeinander bezogen.

Vor diesem Hintergrund ist es wenig erstaunlich, dass Dewey einen anderen, durch und durch nicht-dualistischen Anfang machen will, indem er seine empirische Methode des Philosophierens zur Anwendung bringt (s. dazu EN, Kap. 2). Hier manifestiert sich der revolutionäre Geist des amerikanischen Pragmatismus. Dewey beginnt mit dem aus seiner Sicht unbestreitbaren Satz, dass es Erfahrungen gibt, die von natürlichen Prozessen Zeugnis ablegen (vgl. EN 27, dt. 36). Es gibt zahllose unterschiedlich komplexe, empirisch qualifizierte Ereignisse (events) und Ereignisrelationen. Weder sind Ereignisse isoliert noch sind ihre Verbindungen „umfassend und homogen" (EN 207, dt. 260). Sie sind mehr oder weniger eng bzw. lose gekoppelt (vgl. ebd.). Körper befinden sich in empirischen Verhältnissen, sie machen Erfahrungen in Situationen. Diese sehr allgemeine Redeweise wird von Dewey durch die Unterscheidung von drei Ebenen „anwachsender Komplexität" (EN 200, dt. 252) konkretisiert. Dabei handelt es sich um physische, psycho-physische und mentale Aktivitätstypen, die in einer Kontinuitätsrelation zueinander stehen.

Kontinuität bedeutet hier, dass zwischen den genannten Ebenen keine wesentlichen oder ontologischen Unterschiede existieren. Lebewesen sind im Vergleich zu leblosen Dingen als Prozesse, Aktivitäten bzw. natürliche Ereignisse zu charakterisieren, die auf eine bestimmte Weise organisiert sind, aber sie bringen keine neuartigen Entitäten oder kausalen Faktoren ins Spiel. Eine Pflanze besteht wie ein Eisenmolekül aus „physikalisch-chemischen Energien", doch ihre Energien sind anders miteinander verknüpft, weshalb ihre Aktivitäten auch andere Konsequenzen haben.[6] Lebewesen sind so organisiert, dass sie dazu tendieren, „zeitliche Muster der Aktivität aufrechtzuerhalten", während z. B. Eisen keinerlei Vorliebe zeigt, „einfaches Eisen zu bleiben; es wird sozusagen ebensogern Eisenoxyd" (EN 195, dt. 245). Psycho-physische Aktivitäten unterscheiden sich von physischen lediglich durch Eigenschaften und Fähigkeiten, die aus ihren Interaktionsbeziehungen hervorgehen. Es gibt nur empirische Ereignisse, die unter-

---

6 Ausdrücklich wendet sich Dewey gegen vitalistische Positionen in der Naturphilosophie, die in der Organisation der Lebewesen teleologische oder metaphysische Lebensprinzipien ausfindig machen. „Organisation ist eine Tatsache, obgleich sie keine ursprüngliche organisierende Kraft ist." EN 195, dt. 245. Mit anderen Worten: Sie ist eine empirische Qualität von Ereignissen.

schiedlich qualifiziert sind – und deshalb gibt es für Dewey „kein Problem der Beziehung des Physischen *und* Psychischen." (EN 196, dt. 246)

In der spezifischen Organisation der psycho-physischen Aktivitäten liegt zugleich ihre Sensitivität. Psycho-physische Organismen bilden eine „selektive Tendenz" (bias) (EN 196, dt. 247) in ihren Umweltbeziehungen aus, indem sie Aktivitäten bevorzugen, die zu ihrer Erhaltung beitragen. Hier lokalisiert Dewey „die Basis für Empfindungsfähigkeit" (sensitivity) (EN 196, dt. 247). Bei Tieren, die sich von Ort zu Ort bewegen und die mit sog. „Exterozeptoren" (nach der physiologischen Terminologie Sherringtons) ausgestattet sind, wird die Sensitivität „als Gefühl [feeling] realisiert" (EN 197, dt. 247). Die mit der Exterozeption und den lokomotorischen Organen verbundene Beziehung auf Nähe und Ferne bildet im zeitlichen Schema der animalischen Aktivitäten Erwartungshorizonte aus, die sich mit der impliziten Differenz vorbereitenden und erfüllenden Tuns – realisiert als „vages Unbehagen oder Behagen" – konstituieren (EN 197, dt. 247).

Die sinnlichen Empfindungen (sensory affections) sind per se „a-noetisch" (EN 199, dt. 250), d. h. sie sind nicht auf der mentalen, sondern auf der psychophysischen Ebene angesiedelt. Empfindungen werden empfunden ohne Bewusstsein ihrer Bedeutungen. Aufgrund ihrer informellen, implizit historischen und differentiellen Anlage sind sie allerdings „für endlose Unterscheidungen empfänglich": sie besitzen evolutives Potential. „Mit der Vervielfältigung von differenzierten sensorischen Reaktionen auf verschiedene Energien der Umgebung [...] und mit der Ausdehnung der Reichweite und Genauigkeit der Bewegungen [...] variiert mehr und mehr die Qualität und Intensität der Gefühle." (EN 198, dt. 248) Die qualitativen Unterschiede sinnlicher Empfindungen oder Gefühle bedeuten etwas, wenn sie als Zeichen von Aktivitäten (und ihren Konsequenzen) aufgefasst werden. Wie Dewey mit Blick auf frühkindliches Lernen bemerkt, ergeben Gefühle Sinn, wenn sie zur Bezeichnung von Objekten verwendet werden. Genau darin, in ihrer referentiellen Funktion, wird ihre Unterschiedlichkeit manifest (vgl. EN 199–200, dt. 250–251). Die psycho-physischen Aktivitäten sind erst dann mental bestimmt, wenn die sinnlichen Qualitäten objektive und temporale Unterschiede bezeichnen. Dies geschieht in organisierten Interaktionen, nämlich in der sprachlich verfassten Kommunikationspraxis. Dann werden Gefühle nicht nur gefühlt: „sie berichten und prophezeien" (EN 198, dt. 249).

Bei der sprachlich-kommunikativen Auszeichnung der mentalen Existenzweise wiederholt Deweys sein Kontinuitätsargument, das besagt, dass „Geist" ein natürliches Phänomen ist und keineswegs übernatürlichen Ursprungs. Zwar spricht Dewey davon, dass sinnliche Qualitäten sprachlich „objektiviert" werden, aber bei diesem Vorgang handelt es sich nicht um eine Projektionsleistung, die aus einem abgeschlossenen Inneren heraus zustande kommt (EN 198, dt. 249). Ausdrücklich unterstreicht er, dass Qualitäten, ganz gleich ob sprachlich bestimmt oder nicht, immer Qualitäten von Situationen sind. Damit sind sie in Organismus-Umwelt-Interaktionen verortet – und nicht auf einer (sei es subjektiven oder objektiven) Seite des Dualismus (vgl. ebd.). Erst vor dem Hintergrund der primären Erfahrung natürlicher Kontinuität ist es sinnvoll, sekundäre Identitäten zu bestimmen, die einen instrumentalen Wert im weiteren Verlauf der Interaktionen annehmen können. Problematisch ist es dagegen, sekundäre Bestimmungen oder Begriffe irrtümlicherweise als primäre Wesenheiten auszugeben. „Die Idee, daß Materie, Leben und Geist verschiedene Arten des Seins darstellen, ist eine Lehre, die, wie so viele philosophische Irrtümer, aus einer Verdinglichung [substantiation] bedingter Funktionen entspringt." (EN 200, dt. 252) Der Fehlschluss besteht darin, empirische Sachverhalte im Hinblick auf in ihnen enthaltene Funktionsweisen zu „reduplizieren" (ebd.), indem sie als essentielle Ursachen aufgefasst werden, mit denen prätendiert wird zu *erklären*, was geschieht. Als Beispiele für diese philosophische Begründungstechnik, Wirkungen auf Ursachen zu reduzieren, diskutiert Dewey die Erkenntnistheorie des klassischen Empirismus ebenso wie dualistisch verfasste Metaphysiken.

Gegen die atomistische Sinnesdatentheorie empiristischer Herkunft, die auf unmittelbare Gegebenheiten einfacher Vorstellungen (ideas) und Eindrücke (impressions) vertraut, insistiert Dewey auf der epistemischen Neutralität sinnlicher Qualitäten. „Sinnliche Empfindungen" konstituieren sich als bestimmte „elementare Formen der Erkenntnis" erst im Vollzug einer diskursiven Identifikationspraxis (EN 199, dt. 250). Sie werden im Denken unterschieden: die Analyse des Komplexen und die Zerlegung in das Elementare ist „praktisch oder instrumentell" (EN 201, dt. 253).[7] In diesem Sinne kann die Erkenntnis materieller Bedingungen biologischer und mentaler Prozesse nützlich sein – während die metaphysische Umdeutung dieser Erkenntnis, welche den Ursachen im Vergleich zu den Wirkungen einen höheren ontologischen Rang einräumt, wenig überzeugt.

An diesem Punkt wird nicht zuletzt deutlich, inwiefern Dewey den (von Aristoteles und Leibniz her überlieferten) metaphysischen Kontinuitätsgedanken verändert oder aktualisiert. Tatsächlich verbindet er seine Kritik privilegierter Ursachen mit einer evolutionstheoretischen Modifikation des Kontinuitätsbegriffs. In diesem Sinne bezeichnet er seine Ausarbeitung der verschiedenen Interaktionsebenen (physikalischen, biologischen und gesellschaftlichen Typs) auch als „Emergenztheorie" (EN 207, dt. 260).[8] Entwicklungen sind unvorhersehbar und Neues kann entstehen: „‚Wirkungen' sind adäquatere Kennzeichen

---

[7] Vgl. zur Kritik am Mythos des „lediglich Gegebenen" auch EN 207, dt. 259.
[8] Dewey bewegt sich hier im Umfeld der Arbeit von Conwy Lloyd Morgan 1923.

der Natur der Natur als einfach ‚Ursachen', da sie die Freisetzung von Möglichkeiten bezeichnen." (EN 201, dt. 253) Arthur Lovejoy hat mit der Überlegung eines *Primats der Wirkung* die These verbunden, dass eine radikale Evolutionslehre die traditionelle „Emanations- und Schöpfungslehre" verdrängt habe. Während diese besagt, „daß das ‚Niedrigere' aus dem ‚Höheren' hervorgehen muß und daß die Ursache wenigstens nicht geringer als ihre Wirkungen sein darf", unterstreicht jene: „die Wirkung enthält mehr als die Ursache" (vgl. Lovejoy 1993, 378, 380). Ebenso vertritt Dewey eine evolutionistische Deutung der Kontinuität, die nicht länger in Begriffen der Emanation (a priori festgelegter Seinsordnungen z. B. göttlichen Ursprungs) zu denken ist (vgl. MW 4, 3 ff.).

Sinnliche Qualitäten sind epistemisch betrachtet bedeutungslos – und doch sind sie für jede noetische Funktion „unverzichtbar" (indispensible) (EN 199, dt. 250), da sie der mentalen Aktivität semantischer Unterscheidungen das Material liefern. Ebenso könnte man sagen, dass biologische Prozesse für die Ausbildung des Bewusstseins (bzw. des Geistes) vorausgesetzt sind, wenngleich sie nicht als ihr Erklärungsgrund fungieren können. An dieser Stelle verbirgt sich eine Zweideutigkeit in Deweys Text, die sich in zwei mögliche Rezeptionslinien seines empirischen Naturalismus verzweigt. Zum einen kann der Einsatz mit dem Organismus (und seinen Umweltbeziehungen) biologisch gedeutet werden. Psycho-physische Qualitäten erscheinen dann als primäre Qualitäten – und der biologische Diskurs als einer, der unmittelbar zur Bestimmung einer „Lebenserfahrung" herangezogen werden kann (vgl. EN 205, dt. 258). Gegen eine solche Deutung aber spricht zum anderen, dass nach Dewey sämtliche Spielarten diskursiver Erkenntnisse nur sekundär-empirische Merkmale aufweisen. Organismus-Umwelt-Beziehungen (vgl. EN 215, dt. 270) könnten damit in reichhaltigere Sozialbeziehungen überführt (und in ihnen quasi aufgehoben) werden. Explizit verweist Dewey darauf, dass die sprachlich einsetzende Differenzierungspraxis psycho-physischer Qualitäten eingespielten Bedeutungsmustern folgt. Gewohnheiten sind soziale oder kulturelle Funktionen, die biologische Funktionen ohne Rest absorbieren (MW 14, 13 ff.).[9] Das muss umgekehrt nicht heißen, dass die kulturalistischen Aspekte die naturalistischen komplett verdrängen.[10] Nach Dewey bleibt eine irreduzible körperliche Dimension stets erhalten, die sich in der Ungewissheit und Opazität der Situationen und im instrumentellen Bezug auf eine

---

[9] Ein kurzer Abriss der Theorie der Gewohnheiten findet sich in Rölli 2015, 81–100.
[10] Eher ließe sich sagen, dass Dewey den Gegensatz zwischen Natur und Kultur unterwandert, indem er seine Erfahrungstheorie in einer sowohl körperlichen als auch gesellschaftlichen Konkretion verortet. Vgl. Rölli 2009. Descola präsentiert die „Figuren des Kontinuierlichen" hinsichtlich Natur-Kultur aus ethnologischer Sicht, in Descola 2011, 21 ff.

in der primären Erfahrung verwurzelte Problemstellung zeigt. Kurz gesagt: Die empirische Differenz ist eine philosophische, nicht eine biologische.

8.4 Moderne Qualitäten

Den eigentümlichen naturalistischen Status des zusammengesetzten Begriffs „body-mind" kann Dewey nur erläutern, wenn es ihm gelingt, die Qualitäten als empirisch relevant zu betrachten – und sie damit trotz ihrer epistemischen Neutralität historisch und systematisch einzuholen. In einem ersten Schritt rekonstruiert er die Kritik an der epistemischen Funktion der Qualitäten, die mit der Ausbildung der experimentellen Methode der Physik seit Galilei verbunden wird. Entscheidend ist dabei, dass den „unmittelbaren Qualitäten" – nach der Physik des Aristoteles z. B. „dem Feuchten und dem Trockenen, dem Heißen und dem Kalten, dem Schweren und dem Leichten" – die Wirksamkeit abgesprochen wurde (EN 203, dt. 255). In Anlehnung an die wissenschaftshistorische Bedeutung des *mos geometricus* spricht Dewey von einer „neuen Dialektik [...] der mathematischen Gleichungen und Funktionen." (EN 202, dt. 254) Sinnliche oder phänomenale Qualitäten sind aus wissenschaftlicher Sicht (seit dem Beginn der frühen Neuzeit) ohne direkte methodische Relevanz.[11] Sie besitzen diese erkenntnistheoretische Relevanz lediglich „als Relationen" (EN 202, dt. 253), indem sie mathematisch beschreibbar sind.[12]

Zur eindeutig positiven Rekonstruktion der experimentellen Methode der Physik treten weitere Annahmen Deweys, die seine Position von szientistischen Vereinfachungen deutlich abgrenzt. Die erste besagt, dass bis weit ins 19. Jahrhundert hinein die wissenschaftliche Praxis von einer dogmatischen Theorie *über* diese Praxis verstellt und verdreht worden ist. Als Kerndogma dieser intellek-

---

[11] Eine indirekte Relevanz bleibt allerdings erhalten, sofern die Individualisierung von Erkenntnisobjekten stets mittels unmittelbar erfahrener Qualitäten erfolgt. Vgl. EN 203–204, dt. 255–256.

[12] Ihre relationale Bedeutung erläutert Dewey wie folgt: „Zeitliche Qualitäten wurden als räumliche Geschwindigkeiten ausgedrückt; dadurch machten es mathematische Funktionen, die direkt auf räumliche Positionen, Richtungen und Entfernungen anwendbar waren, möglich, die Folge von Ereignissen auf berechenbare Termini zu reduzieren." EN 202, dt. 254. Allgemeiner könnte man sagen, dass Dewey den empirischen Gehalt der Lockeschen Qualitäten insofern übernimmt, als „primäre Qualitäten" relational (und damit quantitativ) und „sekundäre Qualitäten" (wie Farbe, Geschmack) als epistemisch bedeutungslos aufgefasst werden. Zweifellos würde Dewey aber gegen Locke einwenden, den modernen Dualismus (subjektiver Geschmack vs. objektives Gewicht etc.) lediglich variiert zu haben. Kein Wunder, dass Dewey gerade *nicht* die wissenschaftlich nobilitierten Qualitäten als primäre (Erfahrungen) einstuft.

tualistischen Sichtweise gilt die „traditionelle Ansicht, daß das Objekt der Erkenntnis die Wirklichkeit *par excellence* sei" bzw. „das eigentliche Objekt der Wissenschaft metaphysisch real *par excellence*." (EN 202, dt. 254) Der Gleichsetzung der erkennbaren und der erfahrbaren Sache bzw. der These von der Irrealität des Nicht-Wissenschaftlichen tritt Dewey mit der Auffassung entgegen, dass unmittelbare (a-noetische) Qualitäten empirisch jederzeit vorkommen und als derartige Erfahrungen nicht zuletzt einen besonderen philosophischen, wenn auch keinen erkenntnistheoretischen, Stellenwert besitzen. (Gimmler 2008) Mit ihnen kann auf die Ausgangssituation der Forschung – auf die Situiertheit jeder Problemstellung und auf den instrumentellen Status jeder Erkenntnis – reflektiert werden.[13]

Aus Deweys Sicht entsteht an diesem Punkt ein neuer (typisch neuzeitlicher) Dualismus. Zwar wurden die unmittelbaren Qualitäten aus dem naturwissenschaftlichen Gegenstandsbereich vertrieben, doch ihre „Existenz" konnte nicht einfach geleugnet werden. Aus diesem Grund wurden sie „in ein psychisches Reich des Seins versammelt, im Unterschied zu den Objekten der Physik." (EN 202–203, dt. 254) Mit dieser Unterscheidung verbindet sich ein wissenschaftlich verallgemeinertes physikalisches Objektivitätsdenken, dem ein subjektiver Bereich des Seelischen und Geistigen entgegengesetzt wird. Aus Deweys Sicht sind sowohl die im Laufe des 19. Jahrhunderts einsetzenden Bestrebungen einer Verwissenschaftlichung der Human- und Kulturwissenschaften, z. B. der methodische Reduktionismus der empirischen Psychologie (von Herbart über Fechner bis zu Wundt), als auch die (von Dewey als „supranaturalistisch" bezeichneten) wertkonservativen Strategien einer Absetzung des reinen Geistes von den Naturwissenschaften in theologischer, moralischer oder metaphysischer Absicht zutiefst problematisch, weil sie den traditionellen Dualismus von (subjektiver) „Erfahrung" und (objektiver) „Natur" weitertradieren (vgl. EN 204–205, dt. 257 und EN Kap. 10). Gegen diesen Dualismus aber wendet sich Deweys Buch bereits im Titel. Das „und" generiert gleichsam einen neuen Begriff, ein hybrides Kompositum „nature-experience", das genauso funktioniert wie Deweys „body-mind".

Ein zentraler Einsatz seines Neuanfangs liegt darin, die Qualitäten für die primäre Erfahrung geltend zu machen. „Man verändere die metaphysische Prämisse [des psycho-physischen Dualismus]; das heißt, man setze die unmittelbaren Qualitäten in ihre rechtmäßige Stellung als Qualitäten der umfassenden Situation

---

[13] Vgl. zur Situationstheorie Deweys LW 12, Kap. 6. Erläuterungen dazu finden sich in Pape 2009. Bezüge der Situationslogik Deweys zu einer Theorie des situierten Wissens werden hergestellt in Rölli 2015.

wieder ein." (EN 203, dt. 254–255) Genau darin behält „die griechische Wissenschaft" gegen den modernen Wissenschaftsglauben Recht, auch wenn sie der erkenntnistheoretischen Kritik der Qualitäten nichts entgegenzusetzen hat (vgl. EN 205, dt. 257). In dieser Auszeichnung der primären Erfahrung kann man eine Nähe zu Husserls Phänomenologie der Lebenswelt sehen. Bei beiden geht es darum, eine wissenschaftlich irreduzible, an die alltägliche Lebenspraxis anknüpfende Erfahrung mit den Mitteln eines beschreibenden Verfahrens zur Geltung zu bringen.[14] Und für beide ist es von größter Bedeutung, die Grenzen der mathematischen Reduktion innerhalb des naturwissenschaftlichen Methodengebrauchs klar herauszustellen. Aber während Husserl am traditionellen Ideal „strenger Wissenschaft" festhält, indem er die Lebenswelt selbst zum privilegierten Gegenstand einer philosophischen Fundamentalwissenschaft macht, zielt Dewey im Gegenteil darauf ab, die wissenschaftliche Praxis von ihrer philosophisch-theoretischen Bevormundung zu befreien.[15] Dewey entlässt sie aus der Diktatur überhöhter Ansprüche und bindet sie pragmatisch an so etwas wie eine ‚Lebenswelt' zurück. Damit wird sie im Ungewissen einer vielschichtigen Praxis situiert, nicht in einer Wesensstruktur transzendentaler Subjektivität.

Literatur

Beeley, P. 1996: Kontinuität und Mechanismus, Stuttgart
Bergson, H. 1927: Schöpferische Entwicklung [1907], übers. v. G. Kantorowicz, Zürich

---

[14] Explizit unterstreicht Dewey den deskriptiven Status der zur Bestimmung der drei Kontinuitätsfelder herangezogenen Begrifflichkeit. Vgl. EN 208, dt. 261. Sie unterscheiden sich von „‚erklärenden' Kategorien", weil sie nicht „das Wirken von Kräften als ‚Ursachen'" bezeichnen – sondern an die Empirie gebunden sind. Ebd. Mit ihnen lässt sich die Empirie im Sinne eines „historischen Prozesses" aufschlüsseln. Auf diesem Weg kann „das Auseinanderbrechen der Kontinuität einer historischen Veränderung in zwei getrennte Teile", EN 210, dt. 263, verhindert werden. Dagegen nehmen sowohl mechanistische als auch teleologische Theorien in Anspruch, Naturgegebenheiten mittels Wirk- oder Endursachen erklären zu können. Diese Erklärungstechnik beruht auf einer „törichten Verdopplung" (silly reduplication), EN 210, dt. 264, sofern sie dem empirischen Kontinuum abstrakte Entitäten entnimmt, mit deren Hilfe dann erklärt werden soll, was verloren ging: die Natur mit dem Geist – oder der Geist mit der Natur; aber nicht länger „die Kontinuität des historischen Prozesses", die durch den „Begriff der kausalen Erklärung" unterbrochen wurde. EN 209, dt. 262. Mit Deweys Worten ist dieses Vorgehen „töricht, weil wir uns einbilden, daß wir die Geschichte auf der Grundlage einer willkürlichen Auswahl eines Teils ihrer selbst begründet haben." EN 210, dt. 264.
[15] Vgl. zur Gegenüberstellung von „Phänomenologie und Pragmatismus" Kertscher 2009; außerdem Merker 2013. Husserl erläutert „Galileis Mathematisierung der Natur" und ihre Folgen in der „radikalen Lebenskrisis des europäischen Menschentums" in Husserl 1976, 20, Kap. I.

Descola, P. 2011: Jenseits von Natur und Kultur, übers. v. E. Moldenhauer, Frankfurt a. M.
Dewey, J. 2001: Die Suche nach Gewißheit [1929], übers. v. M. Suhr, Frankfurt a. M.
Dewey, J. 2002: Logik. Theorie der Forschung, übers. v. M. Suhr, Frankfurt a. M.
Gimmler, A. 2008: „Nicht-epistemologische Erfahrung, Artefakte und Praktiken", in: Hetzel, A. et al. (Hrsg.), Pragmatismus – Philosophie der Zukunft?, Weilerswist, 141–157
Husserl, E. 1976: Die Krisis der europäischen Wissenschaften und die transzendentale Phänomenologie [1936], Husserliana Bd. 6, The Hague
Kertscher, J. (Hrsg.) 2009: Phänomenologie und Pragmatismus, Schwerpunkt im Journal Phänomenologie, Heft 32, 4–70
Leibniz, G. W. 1996: Neue Abhandlungen über den menschlichen Verstand I. Philosophische Schriften Bd. 3.1, hrsg. u. übers. v. v. Engelhardt, W. und Holz, H. H., Frankfurt a. M.
Lovejoy, A. O. 1993: Die große Kette der Wesen. Geschichte eines Gedankens [1933], übers. v. Dieter Turck, Frankfurt a. M., 377–399
Merker, B. 2013: „Phänomenologie und Pragmatismus", in: Hartmann, M. et al. (Hrsg.), Die Gegenwart des Pragmatismus, Berlin, 81–95
Morgan, C. L. 1923: Emergent Evolution. The Gifford Lectures, London
Nietzsche, F. 1988: Jenseits von Gut und Böse, Kritische Studienausgabe Bd. 5, München, 9–243
Pape, H. 2009: „Deweys Situation. Gescheitertes Handeln, gelingendes Erkennen und das gute Leben", in: Allgemeine Zeitschrift für Philosophie, Heft 34.3., Schwerpunkt John Dewey, hrsg. v. Hampe, M., Stuttgart, 331–352
Rölli, M. 2009: „Natur und Kultur. Oder: Wie der Pragmatismus John Deweys einen traditionsreichen Gegensatz aufhebt", in: Allgemeine Zeitschrift für Philosophie, Heft 34.3, Schwerpunkt: John Dewey, hrsg. v. Hampe, M., Stuttgart, 305–329
Rölli, M. 2011: „Die Durchquerung des Absoluten. Zur Hegel-Rezeption John Deweys", in: Wyrwich, T. (Hrsg.), Hegel in der neueren Philosophie. Hegel-Studien Beiheft 55, Hamburg, 17–46
Rölli, M. 2015: „Theoretizismus – eine Kritik aus pragmatischer Sicht", in: Bröckling, U. et al. (Hrsg.), Das Andere der Ordnung. Theorien des Exzeptionellen, Weilerswist, 53–72
Rölli, M. 2015: „Die amerikanische Alternative: John Dewey. Überlegungen zur Anthropologiekritik", in: ders., Fines Hominis? Zur Geschichte der philosophischen Anthropologiekritik, Bielefeld, 81–100.

Helmut Pape
9 Bewusstsein zwischen Qualität und Bedeutung

(Zum achten Kapitel)

9.1 Einige Fragen und erste Antworten

Stellen wir uns einen jungen Psychologen vor, der über den Einfluss philosophischer Bewusstseinstheorien auf die Psychologie arbeitet. Dewey gilt ihm als einer der Begründer der Psychologie. Er weiß, dass Dewey das erste Lehrbuch der Psychologie in den USA (*Psychology* 1886) verfasst hat. Er staunt, dass Dewey nirgendwo vom Gehirn als Ort geistiger Prozesse spricht, sondern von einem „organischen" und „physiologischen" Geschehen. In *Erfahrung und Natur* (EN) stößt er auf etliche Überraschungen. Aus Deweys *Psychology* von 1886 weiß er, dass Dewey geistige Phänomene als Tatsachen des Bewusstseins versteht und zwischen den drei Formen des Bewusstseins Gefühl, Wille und Wissen unterscheidet. Doch bereits der Titel des 8. Kapitels „Wirklichkeit, Ideen und Bewusstsein" deutet ein Umdenken an: Denn das Bewusstsein ist der Wirklichkeit und den Ideen nachgeordnet und „Bewusstsein" ist zu einem doppeldeutigen Begriff geworden, der zwei sehr unterschiedliche „Sachverhalte" bezeichnet:

1.) „Bewusstsein" ist zum einen ein Erfassen von Gefühlen, das im unmittelbaren Erscheinen und Empfinden von Qualitäten besteht. Diese Bewusstseinsform (auch: Qualität, qualitative Empfindung), wird als „Abschlüsse oder Beendigungen natürlicher Prozesse" (EN 226, dt. 284) erfahren und fungierte so bereits in vorangegangenen Kapiteln. Ein Merkmal von Qualitäten besteht darin, dass sie bewusst sein können, ohne dass etwas erkannt wird: Qualitäten können *empfunden* werden, ohne dass wir dadurch etwas *wissen*. Als „a-noetisches Bewusstsein" sind sie auch sprachunabhängig. Die Frage, die heute mit dem von David Chalmers[1] stammenden Wendung das schwierige Problem des Bewusstseins genannt wird, warum Menschen überhaupt etwas bewusst erleben, wenn sie eine Qualität (Quale) einer Farbe, Kälte, Geruch, Härte, Muskelstechen usw. wahrnehmen, stellt sich für Dewey nicht: Jedes Bewusstsein – auch das Bedeutungsbewusstsein– muss mit Qualitäten verknüpft sein. Vom Qualitativen geht

---

[1] Diese Beschreibung hat David J. Chalmers zuerst in Chalmers 1996 vorgeschlagen. Der berühmte Aufsatz von Thomas Nagel über den Status der Qualia *What Is It Like to Be a Bat?* argumentiert in Nagel 1974 vom Beispiel des Selbstgefühls ebenfalls für einen grundlegenden Status dieses Problems.

Bewusstsein aus und endet mit ihm. Qualitäten sind außerdem das, was materiale Wirklichkeit und Geist verbindet.

2.) Der andere Begriff von Bewusstsein ist „noetisch" anspruchsvoll. Er besteht im Erfassen von wirksamen Bedeutungen. Sie sind aber kein Wissen, sondern praktisch, d. h. orientierend und handlungsentscheidend. Dabei schließen sie künftige und augenblicklich relevante Bedeutungen ein. Bedeutungsbewusstsein besteht aber vor allem im Gewahrwerden (*awareness*)[2] jener Konsequenzen, welche die Zukunft betreffen. Bewusstsein als Erfassen von Bedeutung ist deshalb die „Wachsamkeit, Achtsamkeit, Aufmerksamkeit auf den Sinn von Ereignissen" (ebd.). Vor allem das Bedeutungsbewusstsein erzeugt jenen Spannungsbogen, der dynamisch geistige Prozesse verknüpft.

Aus dieser Unterscheidung zweier nicht aufeinander zurückführbarer Formen ergeben sich die Fragen, die das 8. Kapitel behandelt:
- i. Wie sind die beiden Bewusstseinsformen Gefühl und Bedeutung zu verstehen und in welcher Weise sind sie aufeinander bezogen?
- ii. Was trägt jede der beiden Formen von Bewusstsein zur Einheit des Geistes bei?
- iii. Wie verhalten sich die beiden Bewusstseinsformen zu den Ideen (Vorstellungen) und wie ist dadurch Bewusstsein auf Wirklichkeit bezogen?
- iv. In welcher Hinsicht werden Bewusstsein und Ideen in ihrer Beziehung zur Wirklichkeit naturalistisch erklärt?

Beginnen wir mit der letzten Frage: Was ist bewusstseinstheoretischer Naturalismus?

„Naturalismus" meint weder das Verständnis von Wirklichkeit als einer unabhängig dem Menschen gegenüberstehenden Welt noch einen erkenntnistheoretischen oder ontologischen Realismus, der die Erkennbarkeit oder unabhängige Existenz von Einzeldingen, Ereignissen und Naturgesetzen behauptet. Im Gegenteil: Dewey vertritt eine Variante des Anti-Realismus, der das Bewusstsein der Wirklichkeit zu einer bloßen „Insel im Meer der Ideen" macht, die keinerlei Vorrang hat (EN 260, dt. 327).

Der naturalistische Humanismus erklärt Bewusstsein nicht mechanistisch oder reduktiv, sondern behauptet das Bewusstsein und Natur evolutionär zusammenhängen. Da Bewusstsein aber selbst ein weites Meer von Ideen (Vorstellungen) aller Art umfasst, kann sein Entstehen und seine Wirksamkeit nicht durch

---

[2] Bedauerlicherweise hat der Übersetzer Martin Suhr *awareness* durchgängig mit „Wahrnehmung" oder „Wahr-nehmung" übertragen und auf Begriffe aus dem Begriffsfeld „Gewahren", „Gewahrwerden", „Gewahrsein" verzichtet.

eine spezielle Leistung, wie z. B. das Erkennen von physischer Wirklichkeit erklärt werden. Vielmehr stellt die Befähigung zur Entwicklung von Bedeutungen die dynamische Beziehung von Bewusstsein zur Natur her. Dies beschreibt Deweys „formale Definition" des Bewusstseins: „Bewusstsein, eine Idee, ist derjenige Aspekt eines Bedeutungssystems, der zu einer gegebenen Zeit eine Neuorientierung erfährt, sich im Übergang befindet." (EN 233, dt. 293) So betrachtet ist Bewusstsein jenes Ereignis, das im jeweiligen Augenblick, eine Neuorientierung und Fortsetzung des Zusammenhangs anschließender, umgebender natürlicher Ereignisse auf veränderte Weise ermöglicht: Bewusstsein findet dann statt, wenn sich Bedeutung ereignet: „Bewusstsein *ist* die Bedeutung von Ereignissen im Prozeß der Erneuerung; seine ‚Ursächlichkeit' ist nur die Tatsache, dass dies eine der Formen ist, in denen die Natur voranschreitet." (Ebd.) Wie aber Bedeutungsbewusstsein eine Neuorientierung auslöst, ist unklar. Bedeutungsbewusstsein betrifft die Konsequenzen für das Reagieren und Handeln, die Umgebungsereignisse beeinflussen können. Daraus folgt die Argumentationsrichtung von Deweys Naturalismus: Geistige Prozesse sind im Rahmen einer Ereignis- und Prozessontologie zu verstehen, die Bewusstsein und Natur verbindet, sodass Bewusstsein jene Gattung natürlicher Ereignisse ist, die handlungsorientierend wirksam wird.

Ein Teil der Antwort auf zwei der anderen Fragen – iii. nach der Beziehung von Ideen, Wirklichkeit und der Kooperation von Gefühl, Bedeutungsverstehen und ii. der Formung eines einheitlichen Geistes durch beide – sind damit bereits angedeutet: Die Gefühle sind jene qualitativen Inhalte, die, wenn sie in Bedeutungen übersetzt werden, zu „orientierenden" Ideen werden können. „Geist" bezeichnet dabei den einheitlichen Zusammenhang von Bedeutungen, die in mentalen Prozessen wirksam werden. Dewey verwendet dafür das Bild des Kontrastes zwischen zwei Formen des Lichts: „Geist ist eine stete Helle; Bewusstsein ist [...] eine Reihe von Blitzen von veränderlicher Stärke." (EN 230, dt. 289) Eine Idee wirkt dann auf kritische Weise, wenn Geist den Zusammenhang mit Bedeutungen *augenblicklich* herstellt, sodass durch dies „Ereignen" von Bedeutung eine Idee bewusst wird: „Während Bewusstsein auf der psycho-physischen Ebene die Totalität verwirklichter unmittelbarer qualitativer Differenzen oder ‚Gefühle' bezeichnet, bezeichnet es auf der Ebene des Geistes die verwirklichte Apprehension von Bedeutungen, das heißt von Ideen." (EN 229 f, dt. 288)

Diese drei provisorischen Antworten umschreiben die Grundfigur und den Anspruch des bewusstseinstheoretischen Naturalismus. Bewusstsein besteht demnach im Ereignis kritisch und orientierend wirksamer Bedeutungen. Bewusstsein ereignet sich bedeutungsvoll, wenn es die Wirklichkeit im Austausch mit seiner Umgebung, die aus natürlichen Ereignissen besteht, beeinflussbar macht. Diese werden im Bewusstsein zunächst in Wahrnehmungen durch Gefühlsqualitäten und dann in Bedeutung erfassende Ideen (Vorstellungen, Begriffe) übersetzt, die Konsequenzen betreffen und die orientierend oder handlungsrelevant sind. Das wirksame Bewusstsein von Bedeutungen ermöglicht also „Neu-Orientierung" insbesondere von dem, was das Subjekt denkend, wahrnehmend und handelnd bewirken kann. Also ist es einbezogen in die offene, sich entwickelnde Ordnung natürlicher Ereignisse und so mit ihnen verbunden.

Dieser Ansatz führt zu einigen Problemen: Bewusstsein, naturalistisch gesehen, vollzieht sich im, mit und an dem Körper und in der Physiologie von Menschen. Diese „psycho-physische Ebene" soll in einer Totalität verwirklichter unmittelbarer qualitativer Differenzen oder „Gefühle" ihre Entsprechung finden. Offen ist, wie diese Beziehung erklärbar ist und wie sie – über die neurophysiologischen Abhängigkeiten hinaus – auf das Denken und Selbstverständnis wirkt. Die Behauptung, dass es einen solchen Zusammenhang gibt, müsste eingelöst werden durch eine naturalistische Erklärung der „Sinn"-Integration von Gefühlsqualitäten in bedeutungsvolle Ideen, die sich mit deren Physiologie verträgt.

Offen ist neben der in (i.) angesprochenen Beziehung und Interaktion zwischen Gefühl und Bedeutung wie ein umfassendes Modell der Umgebungsinteraktion zwischen Menschen und ihrer Umwelt aussieht, das erklärt, wie geistige Prozesse derartig einbezogen sind. Es müsste deutlich werden, wie Bewusstsein in Bezug auf seine Umwelt selbst diskrete, zufällige Ereignisse durch Gefühlsqualitäten mit einer Bedeutung verknüpfen kann. Der erste Schritt dahin liefert ein Modell, dass die Umgebungsinteraktion des Bewusstseins allgemein beschreibt.

9.2 Das Interaktionsmodell von Bewusstsein und Wirklichkeit

Deweys Modell kennt der junge Psychologe bereits. Denn er hat im *Cambridge Handbook of Situated Cognition* (P. Robbins und M. Aydede, 2009) gelesen, dass Dewey neben Wittgenstein, Merleau-Ponty und Heidegger zu den philosophischen Stammvätern der situierten Kognition gerechnet wird. Auch wenn die Einschränkung des Geistigen auf das Kognitive von Dewey nicht geteilt wird, stimmt er mit den Verkörperungs- und Situierungstheorien weitgehend überein. Bereits in *The Reflex-Arc Concept in Psychology* (EW 5, 96–109) hatte er das Konzept einer Theorie des situierten Denkens entwickelt. Dewey wendet sich gegen die damals übliche Anschauung, Reiz und Reaktion seien, isolierbare, direkt miteinander verknüpfte Ereignisse. An ihre Stelle setzt er ein Verständnis von Reizen und Reaktionen, die beides interaktiv aufeinander bezieht, weil sie in die koordinierte, situationsbezogene Selbststeuerung des Organismus integriert sind. D. h. der Organismus tritt seiner Umwelt nicht „nackt" gegenüber: Er ist bereits ihr reaktiver, bedürfnis- und zielbestimmter Teil und zwar bereits durch seine körperlichsinnliche Existenz in ihr situiert. Der jeweilige Körper formt dabei den Zusammenhang des situierten Austauschs selektiv und legt dadurch fest, was ein Reiz und was eine Reaktion ist. Dewey betont also 1896, dass eine umfassende „sensori-motor co-ordination" entscheidend ist, weil z. B. die körperliche Bewegung den bestimmenden Zusammenhang herstellt: „it is the movement which is primary, and the sensation which is secondary, the movement of body, head and eye muscles determining the quality of what is experienced." (EW 5, 96)

Durch Bewegungen des Körpers werden Empfindungen in psycho-ökologische Prozesse der Orientierung eingebunden: Die körperliche Umweltbeziehung entscheidet über das, was wahrgenommen wird. In EN wird diese sensorische Koordination durch Bewegung zu einem allgemeinen Modell der Umgebungsinteraktion des Bewusstseins erweitert: Durch orientierende Bedeutungen und Gefühle wird Bewusstsein als situierter *und* verkörperter Teil gelingender Lebensvollzüge verstanden. Man könnte sagen: Bewusstsein ist als *verkörpert* und *eingebettet* erklärt, wenn gezeigt wird, dass es Gefühle und Bedürfnisse des Organismus in Bedeutungen so umzuformen vermag, dass dadurch Austauschbeziehungen zur Umwelt entstehen. Bedeutungsbewusstsein bildet, formt und leitet Verständnisse, Bedürfnisse, Empfindungen und Reaktionen in der Koordination des Austauschs und Handelns mit der sozialen und natürlichen Umwelt. Es ist also die Beziehung des Bewusstseins zum koordinierten körperlichen Handeln und seinen Objekten, das als Erfassen von Bedeutung im Handeln darüber entscheidet, wie wir geistige Prozesse erfahren und bewerten. Wie sehr diese Konzeption der Wechselwirkung zwischen Körper, Bewusstsein und Wirklichkeit den Ansätzen der situierten Kognition ähnelt, zeigt sich darin, dass z. B. eine These eines der einflussreichen Enaktivisten „To perceive you must be in possession of *senorimotor bodily skill.*" (Noë 2004, 11) eine Einsicht Deweys fast wörtlich wiederholt. Deweys Begriff der „sensori-motor co-ordination" könnte problemlos die Stelle von Noës „sensorimotor bodily skills" treten – und die Aussage Noës im 8. Kapitel von EN vorkommen.

Wenn in EN die Kooperation von Reiz und Reaktion zum körper- und handlungsbezogenen Integrationsmodell des Naturalismus erweitert wird, so sollte es ein umfassendes Verständnis von Wirklichkeit und Geist vermitteln und den Zusammenhang von „Wirklichkeit, Ideen und Bewusstsein" am Fall der verkörperten, situierten Kognition und des Bewusstseins verständlich machen. Denn anders als dem Enaktivismus geht es nicht nur um die Philosophie des Geistes: Deweys „Neu-Orientierung" bezieht die ästhetischen und moralischen Aspekte der Wirklichkeitsbeziehung mit ein, die im Herstellen von Bedürfnis- und Sinnbeziehungen praktisch werden. Das situierte Bewusstsein ist Teil des Körper-Geistes, der in diesem praktischen wie lebenskünstlerischen Zusammenhang steht. Eben deshalb kann Erkenntnis der Wirklichkeit nur einen Teilaspekt herausgreifen. Die

Beziehungen zu anderen Menschen, zu Zielen und Zwecken, sind weitreichender und bestimmen die Wahrnehmung von Bedeutungen und Gefühlsqualitäten, sodass jede einzelne Wahrnehmung zum Teil der Interaktion mit der materialen wie menschlichen Umgebung wird, und Wahrnehmung immer auch Teilnahme an der Um- und Mitwelt ist. Denn „teil-zunehmen und wahrzu-nehmen sind miteinander verbundene Leistungen." (EN 259, dt. 326)

Erst der praktische, körperliche und soziale Zusammenhang von Interaktionen kann festlegen, was die für Menschen relevanten Bedeutungen sind und wie sich Bewusstsein von Ereignissen und Möglichkeiten zu künftigen Handlungsoptionen verhält. Deshalb ist Bewusstsein der Veränderungsmodus des praktisch-biographisch situierten Geistes, der in Verwirklichungs- und Umformungsprozessen engagiert ist. Er ermöglicht neues Verhalten, Wahrnehmungen und unbewusste Reaktionen, die auf irgendeine Weise beide Formen des Bewusstseins aufeinander beziehen. Dewey behauptet sogar, dass es der Ereignischarakter von Bewusstsein ist, dass die qualitativen Erfüllungen von Menschen mit der Natur verknüpft: „Wenn Bewußtsein mit der Natur verknüpft ist, wird das Mysterium zu einer leuchtenden Offenbarung der operativen wechselseitigen Durchdringung des Wirksamen und des Erfüllenden in der Natur." (EN 265, dt. 333)

Doch wie ist diese Durchdringung zu denken? Auf welche Weise das „Wirksame" und das „Erfüllende", als die Bewusstseinsformen des Gefühl- und Bedeutungsverstehens im sozialen, gemeinschaftlichen Leben von Menschen zusammenwirken können, wird nicht klar. Denn Dewey charakterisiert beide Bewusstseinsformen durch unvereinbare Eigenschaften: Qualitäten können ohne Bewusstsein erfasst werden. Als Gefühle sind sie unmittelbar und unabhängig vom Bedeutungsbewusstsein. Denn Bedeutung besteht in der „Aufmerksamkeit auf den Sinn von Ereignissen" (EN 226, dt. 284). Da aber die Wahrnehmung von Konsequenzen allein durch das Bewusstsein von Bedeutung erlangt wird, so ist alles unmittelbare Bewusstsein von Qualitäten „bedeutungslos".[3]

Gefühlsqualitäten sind nur vermittelt und extern, nämlich als Befriedigungen, Erfüllungen und Genüsse, in denen Handlungs- und andere Aktivitätsverläufe enden, bedeutungsvoll. Dann haben Qualitäten eine praktische Bedeutung, die in den finalen Zuständen der auf Verwirklichung zielenden Bedeutungen liegt. Doch dann ist ihre Unmittelbarkeit und Unabhängigkeit aufgehoben. Nur insofern als

---

[3] Richard J. Bernstein hat darauf hingewiesen, dass das „Haben" von Qualitäten ohne Bewusstsein Deweys Naturalismus stützt. Bernstein 1961. Denn durch diesen Begriff der Qualität ist eine dualistische Zuordnung von Qualitäten zu geistigen oder zu physischen Prozessen nicht möglich. Qualitäten sind das neutrale, gemeinsame Element, das das In-der-Welt-Sein des Bewusstseins sichert. Auch Bernstein vermisst ein Argument für die behauptete Objektivität von Qualitäten.

sie aufgrund unabhängiger, objektiver Bedingungen als Zielzustände erreichbar sind, sind sie vermittelt unabhängig. Nur dann ist „das Bewusstsein ihre [der Wahrnehmung von Qualitäten] erkannte Bedeutung [...], wenn sie mit Hilfe organischer Tätigkeiten einer zielgerichteten Neuorientierung unterzogen werden [...]" (EN 240, dt. 301). Doch Qualitäten, die als bedeutungsbewusst angestrebte Zielzustände dienen, die herbeigeführt werden sollen, sind weder unmittelbar noch unabhängig.

Alles Bewusstsein hat nach Dewey seine spezifische Gefühlsqualität, weshalb auch dem bewussten Erfassen von Bedeutungen eine Qualität zukommt. Problematisch ist jedoch, dass Dewey diese These, mit einer zweiten koppelt: Im bewussten Erleben von Gefühlsqualitäten können wir das Bewusstsein des eigenen Körpers nicht von der äußeren Wirklichkeit unterscheiden. Dieser Ununterscheidbarkeitsthese unmittelbarer Gefühlsqualitäten entspricht eine ontologische These: Jeder individuelle Körper-Geist ist aufgrund des Gefühlsbewusstseins Teil der Natur. Unmittelbare Gefühlsqualitäten *sind* bereits eine Weise des Daseins und der Einbettung von Menschen in der Welt. Sie haben einen ontologischen Status und sollen, ohne für das Erkennen von Objekten dienen zu können, Ausgangspunkte der menschlichen Selbst- und Welterfahrung markieren: „Der Ausgangspunkt in der Wirklichkeit (*existential starting point*) sind unmittelbare Qualitäten. Selbst Bedeutungen, die nicht als Bedeutungen, sondern als etwas Wirkliches genommen werden, beruhen auf (*are grounded in*) unmittelbaren Qualitäten." (EN 226, dt. 284) Für das Eintreffen verwirklichter Konsequenzen ist es aber irrelevant, welche unmittelbaren Qualitäten der Handelnde gerade empfindet. Allein die externe Bedeutung entscheidet über den Wert von Qualitäten für bewusste Entscheidungen: Je nach Art des Handlungszusammenhangs können sie auf unterschiedliche Weise eingebunden werden. Entscheiden wir also rein praktisch, was die angemessene, richtige Bedeutung einer Gefühlsqualität ist?

Schon mit der Ununterscheidbarkeitsthese versteht Dewey Qualitäten naturalistisch: In den Qualitäten ist die Natur im Geist wirksam, auch wenn wir nicht wissen, was da wirkt. Die Fähigkeit, Gefühlsqualitäten und Bedeutungen zu verbinden, ist die Fähigkeit zu situativ angemessenem Erkennen und kreativem Lösen von Problemen, die natural wirkt. Das Spannungsverhältnis zwischen Gefühl und Bedeutung wird dadurch in ein geistiges Vermögen umgedeutet, das die dynamische Anpassung und die Vermittlungsleistung des individuellen Bewusstseins beschreibt. Doch einen Vorschlag, der die Möglichkeit dieses dynamischen Vermögens erklärt, liefert das 8. Kapitel nicht. Dewey geht vielmehr von der Ununterscheidbarkeitsthese aus und schließt von der Beschaffenheit des Bewusstseins auf die Beschaffenheit des Kosmos. Da das Qualitätsbewusstsein unbestimmt, aber durch Entwicklung bestimmbar ist, ist auch der naturale Kosmos ebenso beschaffen: „Die Anomalie, die sich im Auftreten des Bewußtseins zeigt, ist Beweis des anomalen Aspekts der Natur selbst." (EN 262, dt. 329)

Wenn die Wahrnehmungen stets qualitativ zufällige (kontingente) geistige Ereignisse sind, so hat dies für die Erkenntnistheorie drastische Konsequenzen: Alle wahrnehmungsbasierten Lernprozesse müssen mit der Erfahrung von Kontingenz und Unbestimmtheit umgehen können. Denn dies ist die Phase, in der die Unmittelbarkeit der zufälligen Wahrnehmungsqualität durch ein Ereignis wiederhergestellt wird. Dies ist nur so möglich, dass man von Bedeutungen absieht und sich der Erfahrung von Kontingenz, also der Unbestimmtheit und dem Zweifel, öffnet:[4] „Der Punkt maximaler Wahrnehmbarkeit ist dort erreicht, wo die Spannung und die unbestimmte Potentialität am größten sind; der Punkt der größten Unruhe ist auch der Punkt der größten Helligkeit; [...] Denn das unmittelbar Gegebene ist immer das Zweifelhafte; es ist immer eine Sache, die von nachfolgenden Ereignissen erst bestimmt werden muß [...]" (Ebd.)

Das bewusste Erfassen von Qualitäten ist ereignishaft: Sein Vollzug stellt Geist und Bewusstsein in eine einheitliche Zeitbeziehung zur physischen Umwelt. Denn: „‚Fühlen' ist ganz allgemein ein Name für die neu aktualisierte Qualität, die Ereignisse, die vorher auf einer physischen Ebene stattfanden, erwerben, wenn sie in umfassendere und delikatere Interaktionsbeziehungen treten." (EN 204, dt. 256–257) Das Fühlen von Qualitäten ist das Eintreten und Erfüllen einer „letzten Differenz", die objektiven, natürlichen Prozessen und Ereignissen zukommt, an denen Menschen fühlend partizipieren. Deshalb werden in dieser naturalistischen Sichtweise Geist und Wirklichkeit auch zu Qualitäten von Empfindungen, die gleichzeitig „Qualitäten *von* kosmischen Ereignissen" (EN 204, dt. 257) sind.[5]

In diesen Überlegungen verknüpft Dewey probablistische Eigenschaften mit der Evolution des Geistes: Geistige Prozesse sind relativ unwahrscheinliche Fortführungen natürlicher Ereignissen, die sie neu organisieren. Dewey versteht, ähnlich wie C. S. Peirce, Bewusstsein als einen Zufallsprozess, der eine neue Art

---

4 In *Logic. The Theory of Inquiry* geht Dewey in der Theorie der Situation davon aus, dass wahre Forschung stets mit dem Erfassen des Unvollendeten, Kontingenten und Unbestimmten in der Natur beginnt, dass den eigenen Überzeugungen widerspricht. Diese Erfahrung setzt den Prozess des Forschens in Gang. Der Situationsbegriff beschreibt die Dynamik des Erkenntnis- und Forschungsprozesses: Die „kritische" Situation regt zu neuen Forschungen an. Der Forscher wird veranlasst, nach anderen Erklärungsmöglichkeiten zu fahnden, weil seine Wahrnehmung mit der unmittelbaren Kontingenz des Qualitativen konfrontiert ist. Siehe dazu Pape 2009.
5 Dewey knüpft an Peirce' Theorie der Qualia an, die ebenfalls die epistemische Neutralität und ontologische Objektivität von Qualitäten behauptet. Dewey verteidigt Peirce' Ansatz 1935 gegen die Interpretation T. Goudge in LW 11, 86–94.

Ordnung hervorbringen kann. Doch erst dann, wenn sie praktisch wird, kann sie auch unmittelbaren Gefühlsqualitäten eine Bedeutung verleihen. Zunächst aber, ohne eine praktische Deutung, ist Bewusstsein eine zufällige Form, „eine traumähnliche, verantwortungslose Ausblühung" (EN 258, dt. 324), die nicht von uns auf wirkliche Ereignisse in der Natur bezogen werden kann.

9.3 Körper und Bewusstsein: Schlechte Gewohnheiten und ihre Veränderung

Die Übersetzung von Qualitäten in orientierende Bedeutungen ist eine Zuordnung von praktischem Sinn: „Die Verwirklichung von Bedeutungen verleiht psychophysischen Qualitäten ihren weiteren Sinn und Wert." (EN 229, dt. 287) Doch bereits unterbewusste Anpassungen der kulturellen Umgebung vermitteln uns praktisch wirksame Bedeutungen. Sie verändern das qualitative Körperbewusstsein so, dass es zu schlechten Gewohnheiten, zu Fehlanpassungen, zu Fehlhaltungen, schädlichem Körperbewusstsein kommt. In diesem Fall können auch die unterbewussten körperlichen Gewohnheiten beschädigt oder krankhaft verändert sein. Auch Gefühle sind betroffen. Denn sie werden dann zu „Gewohnheiten im Psycho-physischen selbst, und zwar als einseitig geschwächte, bzw. übermäßige Empfindlichkeiten; [...] Diese gewohnheitsmäßigen Wirkungen werden ihrerseits spontan, natürlich, ‚instinktiv'; sie bilden die Plattform für die Entwicklung und Apprehension weiterer Bedeutungen und beeinflussen jede nachfolgende Phase des persönlichen und sozialen Lebens." (EN 229, dt. 287) Dewey vertritt eine Theorie des falschen Selbst- und Körperbewusstseins, das sich eine „sekundäre Pseudo-Umwelt" schafft, die von einer „künstlich geschützten Phantasie der Tröstung und der Kompensation" (EN 229, dt. 288) am Leben gehalten wird.

Diese Form der Schädigung von Gefühlsqualitäten widerspricht ihrer Ununterscheidbarkeit, ihrem Status als Ausgangs- und Überschneidungspunkte mit der Natur. Dies zeigt sich darin, dass unterbewusste Fehleranpassungen von Gefühlen für die Betroffenen nicht mehr direkt korrigierbar sind: Wie kann bewusst verändert werden, was nur unmittelbar und unabhängig bewusst ist? Zwar kann ein *neues* Bewusstsein von Bedeutungen dazu führen, dass die Absicht entsteht, Gefühls- und Körpergewohnheiten zu verändern. Aber die beabsichtigte Veränderung erreicht die unterbewussten Prägungen nicht: Sie hat weder ihre Wirksamkeit noch schafft sie unabhängige Ausgangspunkte. Denn Körperempfindungen beruhen auf unterbewusst wirksamen „sensorischen Qualitäten, deren wir kognitiv gar nicht gewahr sind", ja niemals vollständig gewahr werden können (EN 227, dt. 285). Nur so funktionieren Körperhaltung, der Gleichgewichtssinn und das in jeder Bewegung implizite Gespür für die Position des eigenen Körpers.

Wie wir unseren Körper im Handeln erfahren, wird gefühlt und in Konsequenzen gedacht, was beides das Körperbewusstsein formt, sodass es zu einem handlungsabhängigen „Erwerb" von Bedeutungen der Körpergefühle kommt. Dies beeinflusst auch die physiologische oder organische Ebene der Körperempfindungen: „Bedeutungen, die im Zusammenhang mit dem Gebrauch von Werkzeugen und Sprache erworben werden, üben einen tiefen Einfluß auf organische Gefühle aus." (EN 227, dt. 286) Die „organischen Gefühle" sind in Gefühlsgewohnheiten stabilisiert, die unbewusst ausgebildet wurden. Die Sozialisations- und die Aktionsbiographie eines Menschen formt seine Körperempfindungen und Gefühlsgewohnheiten. Es sind diese, unter den Bedingungen der Zivilisation erworbenen Gewohnheiten, über die Dewey behauptet, sie seien weitgehend „verdorben". Demnach kann der moderne Mensch sich selbst und seine Umwelt nicht mehr richtig wahrnehmen, was auch seine sozialen Beziehungen beeinträchtigt. Denn das Selbst und der Charakter eines Menschen entsteht durch „die gegenseitige Durchdringung von Gewohnheiten" wie Dewey in *„Die menschliche Natur. Ihr Wesen und ihr Verhalten"* (HNC) argumentiert (Dewey 2004, 34). Für Gewohnheiten aber gilt, dass „alle ein Verlangen nach einer gewissen Art von Tätigkeit [sind], sie sind es, die das Selbst ausmachen. Wenn das Wort Wille einen verständlichen Sinn hat, so *sind* sie der Wille." (Ebd., 25 f.) Wer eine Gewohnheit hat, praktiziert eine bestimmte Art des Wollens und lässt es zu, empfänglich für bestimmte Reize zu sein und entsprechende Aktivitäten und Handlungen zu akzeptieren. Folglich ist nach Dewey jedes Wollen eine Frage der Gewohnheit, und dies gilt auch für das Denken (cf. Dewey 2004, 29, 37).

Doch Gewohnheiten sind stets veränderbar. Deweys These über das pathologische Selbst- und Körperbewusstsein kann nur über die Veränderung von Gewohnheiten mit dem Status der Gefühlsqualitäten und der orientierenden Funktion von Bewusstsein verknüpft werden.[6] Seine Kritik der „Künstlichkeit" des Körpergefühls in modernen Gesellschaften nimmt als Gegenbegriff eine „natürliche Einfachheit" an. Dieses natürliche Körpergefühl ist unersetzlich, wie Dewey betont: „In einem normalen Organismus haben diese [Körper]gefühle eine Wirksamkeit, denen das Denken nichts gleichwertiges zur Seite zu stellen hat." (EN 227, dt. 285) Das einfache Körpergefühl kann deshalb nur indirekt wiederhergestellt werden. Die Schwierigkeit ist dabei, dass wir schädlichen kulturellen Prägungen ausgeliefert sind, die ohne bewusste Kontrolle wirken: „Das Unterbewußte eines zivilisierten Erwachsenen spiegelt all die Gewohnheiten wieder, die er erworben

---

[6] Die folgende Argumentation basiert auf der gründlichen Auseinandersetzung Richard Shustermans mit Dewey in dem 6. Kapitel seines Buchs über Körperbewusstsein. Siehe Shusterman 2008.

hat; das heißt alle organischen Veränderungen, die er durchgemacht hat." (EN 286, dt. 286) Die Veränderung schädlicher Gewohnheiten ist deshalb nur so möglich, dass es dem Betroffenen gelingt, seine Gewohnheiten des Fühlens und Handelns zu umgehen. Denn die als Willen wirksamen fehlerhaften körperlichen Gewohnheiten drängen auch gegen das Bedeutungsdenken zum Handeln.[7]

Deweys Lösung setzt auf ein extern geleitetes Einüben von veränderten Handlungen im Umgang mit dem eigenen Körper. Denn dadurch können selbstkontrolliert Bedeutungen zu organischen Gefühlen und Körperbewusstsein werden, was die „sozialen Künste" und „Heilverfahren der Psychiatrie" (EN 229, dt. 288) nicht vermögen. Es kommt darauf an, dass man zur Selbstkontrolle dadurch angeleitet wird, dass neues Verhalten und somatische Prozesse mit externen Körperbeobachtungen verbunden werden. Die trügerische Selbstwahrnehmung[8] und -kontrolle wird dabei durch eine andere Person korrigiert. Denn erst wenn die eigene rationale Selbstkontrolle *durch das Handeln eines anderen Menschen* angeleitet wurde, können Körpergefühle und neue Bedeutungen verknüpft werden. Denn die Methode des Pragmatismus, dass das Bewusstsein von Bedeutungen in den Konsequenzen und deren Wahrnehmung für Handeln und Beziehungen besteht, gilt auch für die veränderte Bedeutung der Gewohnheiten des eigenen Körpers. Folglich können die unbewussten Gefühls- und Körpergewohnheiten nur dann verändert werden, wenn die *externe* Wahrnehmung des *eigenen* Körpers den Maßstab für die Bedeutung veränderter Handlungen liefert. Wer unterbewusste Gewohnheiten verändert, kann anhand des eigenen Handelns und Reagierens lernen, welche neuen „organischen Qualitäten" der eigenen Haltung, Bewegung und Körperempfindung richtig und angemessen sind.

Diesen Anforderungen der naturalistischen Bewusstseinstheorie und des Pragmatismus entspricht die Alexander-Technik, wie bereits Shusterman (vgl. Shusterman, 198–201) gezeigt hat. Die Alexander-Technik verknüpft die interaktive und reflexive Unterbrechung alter mit der Einübung neuer Bewegungen und Haltungen. Das Verhalten oder eine Körperhaltung wird dabei durch Beobachtung und Interaktion mit dem Therapeuten verändert und zwar so, dass das richtige Handeln durch ihn eingeübt und im Denken und Fühlen verkörpert wird. Dies entspricht Deweys naturalistischer Theorie des Bewusstseins, wie das folgende Beispiel zeigt.

---

[7] In der Einleitung zu Alexander 1923 betont Dewey: „And in so far as we have bad habits needing re-education, that which is familiar in our sense of ourselves and of our acts can only be a reflection of the bad psycho-physical habits that are operating within us." MW 15, 314.
[8] Eine von Deweys Thesen in der Einführung zu Alexander 1923 lautet: „*The perversion of our sensory consciousness of ourselves has gone so far that we lack criteria for judging the doctrines and methods that profess to deal with the individual human being.*" Deweys Hervorhebung, MW 15, 309.

Nehmen wir an, dass es um einen Patienten geht, der eine falsche, zu stark gebeugte Kopfhaltung zu verändern wünscht.[9] Der Alexander-Therapeut wird nun dem Patienten *nicht* sagen, dass er seinen Kopf aufrecht halten soll. Er wird ihm zunächst genau jene Bewegungen *beschreiben*, die zu der richtigen Haltung hinführen und dann diese Haltung selbst. Weiterhin wird er ihm sagen, dass er *keinesfalls* versuchen soll, diese Bewegungen und Haltung selbst auszuführen. Der Patient wird aufgefordert, sich diese Bewegungen, die zu der richtigen Haltung führen, in der Vorstellung detailliert Schritt für Schritt bewusst zu machen und den Ablauf in der Vorstellung genau durchzugehen. Weiterhin wird er angewiesen, jeden Wunsch, jeden Impuls entsprechend dieser Vorstellungen zu handeln, konsequent zu unterdrücken. Das Wirksamwerden einer bedeutungsgesteuerten Selbstkontrolle ermöglicht der nächste Schritt:

> Dem Patienten wird gesagt, sich die Abfolge der veränderten Bewegungen und Haltung vorzustellen, während der *Therapeut die Bewegungen von Hals und Kopf am Körper des Patienten tatsächlich durchführt*. Die Bewegung des eigenen Körpers wird durch den Therapeuten ausgeführt, während der Patient sie dabei in Vorstellung durchgeht.

Dieser Ablauf der Therapie entspricht den Bedingungen, die nach Deweys Theorie für die bewusste Übernahme einer Bedeutung erfüllt sein müssen. Denn:
1) Der Patient nimmt die Manipulation des Therapeuten an seinem Körper als die „richtige" Bedeutung von Bewegung und Haltung wahr;
2) Die rationale Selbstkontrolle wird verhaltensverändernd wirksam, weil der Patient die vorgestellte Ausführung unterdrückt, *während* er wahrnimmt, wie durch die Manipulation des Therapeuten die richtige Bewegung und Haltung an seinem Körper vollzogen wird.
3) Er erinnert sich an die Wahrnehmungen (1.) der richtigen Bedeutung, wenn er später versucht, die richtigen Bewegungen auszuführen.

Die Alexander-Technik musste Dewey also als ideale Therapie erscheinen, weil auf der Basis von *externen* Beobachtungen des Handelns einer anderen Person die eigene Körperhaltung und Körperbewusstsein qualitativ neu erfahren wird.

Offen bleibt, wieweit die Rekonstruktion durch rationale Kontrolle gehen kann und ob dadurch das Eigentümliche des Gefühlsbewusstseins beschädigt wird: Die Unmittelbarkeit und Unabhängigkeit des Körpergefühls. Weiterhin deutet Dewey an, dass er das Unterbewusste der Aneignungsprozesse nicht nur

---

9 Auch in dem Kapitel „Gewohnheit und Wille" in MW 14 verwendet Dewey das Beispiel eines Mannes „der sich eine schlechte Haltung angewöhnt hat, sich sagt oder lässt sich sagen, er solle sich aufrecht halten", ebd. 28.

therapeutisch für die Herstellung „gesunden" Körpergefühls korrigieren will. Solange psycho-physische Haltungen gegenüber der Umwelt unterbewusst geprägt und noch nicht rational kontrolliert sind, so Dewey, wird unsere Wahrnehmung äußerlicher Dinge stets von „Verirrung und Verderbnis" beherrscht sein. Die optimale Entwicklung von Menschen bestehe in einer umfassenden, bewussten und bedeutungskontrollierten Aneignung von Körper und Verhalten, sodass wir eine vollständig bewusste rationale Selbstkontrolle erlangen. Dies Ziel ist, darauf deuten Deweys abwertende Bemerkungen über das Unterbewusste hin, alternativlos: Die kontrollierte Rationalisierung sollte möglichst alle bedeutungsvollen Verhaltensweisen und Beziehungen gegenüber der Umwelt neu organisieren. Sein Postulat lautet, dass es stets besser ist, jede „schädliche" Prägung durch Unterbewusstes durch rational kontrollierte „Bedeutungen" zu ersetzen (EN 240, dt. 301). Dewey feiert die Alexander-Technik als die Erfüllung des Ideals der selbstbestimmten Befreiung des Einzelnen aus den Ketten unterbewusster Gewohnheiten. In der Einleitung zu einem weiteren Buch von Alexander (1932) formuliert Dewey dieses Ideal eines instrumentalistischen Rationalismus der Selbststeuerung:

> Die Entdeckung einer zentralen Kontrolle, die alle Reaktionen konditioniert, unterstellt den konditionierenden Faktor der bewussten Lenkung und gestattet es dem Einzelnen, durch sein eigenes koordiniertes Handeln seine eigenen Potentiale zu beherrschen. Sie verwandelt das Faktum konditionierter Reflexe von einem Prinzip äußerer Versklavung in ein Mittel der lebendigen Freiheit. (LW 6, 319; Übersetzung H. P.)

Die vollständige Ersetzung unterbewusst geprägter Gewohnheiten widerspricht Deweys Theorie der Gewohnheiten. Dewey hatte in HNC Gewohnheiten als vorbewusste und nur beschränkt und nachträglich rational modifizierbare Strukturform menschlichen Handelns charakterisiert. Folglich kann rationale Kontrolle niemals vollständig das ersetzen, was Gewohnheiten leisten. Damit ist lediglich die Maxime vereinbar, möglichst viele unterbewusst geprägte Gewohnheiten durch rational gebildete zu ersetzen, wenn sie pathologisch sein sollten. Offen bleibt, warum Dewey die offensichtlichen Einwände gegen das Ideal der rationalen Kontrolle und gegen die Alexander-Technik nicht gesehen hat.[10] Denn gegen beides spricht:

---

10 Shusterman hat Alexanders ideologische Deutung seiner Technik der „primary control" scharf kritisiert. Denn Alexander interpretiert seine Technik in einem engen Sinne rationalistisch: Rationale Kontrolle wird als konsequente Selbstbeherrschung aufgefasst, als ein Wert an sich behandelt, den er mit Rationalität gleichsetzt und als Charaktermerkmal der weißen Rasse zuschreibt. Dewey hat sich von dieser rassistischen Auffassung der Alexander-Technik nicht distanziert.

- dass eine uneingeschränkte bewusste, zentrale Steuerung zu einer Zerstörung der spontanen Reaktionsfähigkeit führen und Menschen lähmen kann;
- dass die rationale Korrektur anhand beobachtbarer Bewegungen eine zu schmale Basis für die Neubildung der meisten, geschweige denn aller unterbewussten Gewohnheiten ist, und
- dass die endliche Lebenszeit, die begrenzt einsetzbaren rationalen Fähigkeiten und die beschränkte Beobachtbarkeit, die z. B. schon aus der Wahrnehmungsschwelle nach dem Weber-Fechner Gesetz folgt, es nicht zulässt, dass Menschen sich vollständig selbstkontrolliert und bedeutungsbestimmt „umbauen".

Deweys Ideal der rationalen Korrektur des Unterbewussten geht weit über therapeutische Selbstkorrektur hinaus und deutet schon die Richtung an, in der heute ein transhumaner Umbau des Menschen propagiert wird.

9.4 Die Objektivität der Bedeutung: Bewusstsein, Ontologie und das Projekt des Naturalismus

Ein Grund dafür, dass Dewey ein starkes Ideal der rationalen, bedeutungsgesteuerten Selbstkorrektur vertritt, liegt darin, dass Gefühls- und Bedeutungsbewusstsein nur partiell und kontingent miteinander verknüpft werden. Dies ist auch ein Grund für Deweys These, dass Wahrnehmungen keine Begründung für die Erkenntnis objektiver Sachverhalte liefern können. Denn Wahrnehmungen sind nach Dewey qualitativ dominiertes Bewusstsein. Gegen die empiristische Legitimation von Wissen durch „Sinnesdaten" argumentiert er, dass es nichts an Wahrnehmungen gibt, die sie *per se* als ein Erfassen der äußeren Welt auszeichnen. Qualitativ sind sie nicht von anderen Bewusstseinszuständen unterschieden. „Wahrnehmungen im Naturzustand" haben für sich genommen, nichts damit zu tun, dass wir entscheiden wollen, ob etwas „da draußen" faktisch wahr oder falsch ist. Sie sind Bewusstseinsphänomene, die zu den unmittelbaren Gefühlen gehören, deren Bedeutung erst durch „Einbildungskraft und Phantasie, Träumerei und Gefühl, Liebe und Hass, Begierde, Glück und Elend" (EN 235, dt. 295) sich interpretativ entfaltet. Deshalb kann die Wahrnehmung äußerer Dinge kein interpretationsfreies Fundament für das Erkennen sein. Der kognitive Status einer wissenschaftlich als Beobachtung zählenden Wahrnehmung besteht vielmehr darin, dass sie zum Zeichen von Bedingungen wird, die unabhängig von der Wahrnehmung bestehen (vgl. EN 244, dt. 307). Wenn es darum geht, objektive Sachverhalte zu erkennen, dann ist dies stets eine Frage des interpretativen Anwendens von Bedeutungen. Denn jedes Wahrnehmungsurteil, vollzieht „ein

Neuschaffen der Bedeutungen von Ereignissen. Das heißt, der Unterschied zwischen Wahr-nehmung [awareness] gegenwärtiger und ‚realer' und abwesender und unwirklicher Dinge ist äußerlich, nicht bewußtseinsimmanent." (EN 240, dt. 302)

Erst Bedeutungsbewusstsein verwandelt eine Wahrnehmung in das Erkennen objektiver Tatsachen, die in der Umweltbeziehung zwischen Menschen und Welt herrschen. Es findet stets ein Übersetzungs- und Interpretationsprozess von Gefühlsbewusstsein in objektive Bedeutungen statt, der das individuelle, qualitative Bewusstsein sensorischer Ideen „aufhebt": Es geht sogleich in Bedeutungsbewusstsein über, das allein geeignet ist, die objektiven Bedingungen von Konsequenzen zu erkennen. Denn nur das, was objektiv das Herstellen von Umweltbeziehungen ermöglicht, hat Bedeutung: „Daher beruht die Zuverlässigkeit aller Ideen – von den einfachsten abgesehen – in letzter Instanz auf den allmählich wachsenden objektiven Anwendungen und Künsten der Gemeinschaft, nicht auf irgend etwas, was man im ‚Bewußtsein' selbst oder innerhalb des Organismus findet." (EN 261, dt. 328)

Was das Bewusstsein beherrscht, kann also nichts Qualitatives, sondern nur eine praktisch erfolgreiche Bedeutung für eine Umweltbeziehung sein. Der erfolgreich Handelnde kann ruhig bewusstseinslos agieren, solange sein Handeln funktional angemessen und erfolgreich ist.[11] Dewey schränkt in diesem Punkt sein Diktum ein, dass auch jedes Bedeutungsbewusstsein eine eigene Gefühlsqualität besitzt: Der spontan erfolgreich Handelnde hat kein unmittelbares Gefühl für den „flow" seines Handelns. Das Herstellen der erfolgreichen „Organismus-Umwelt-Integration" führt direkt vom Bedeutungsbewusstsein zum Handeln. Dewey leugnet nicht den kreativen Beitrag von Gefühlsqualitäten für die Fähigkeit des Bewusstseins, Neuorientierungen zu produzieren. Doch ist nur die bewusste Bedeutung von Konsequenzen für das produktive und handlungsleitende Bewusstsein entscheidend. Entsprechend charakterisiert er auch die Aufgabe von Philosophie: „Ereignisse, die roh eintreten und uns roh beeinflussen, mit Hilfe von Schlussfolgerungen, die ihre wahrscheinlichen Konsequenzen betreffen, in Objekte zu verwandeln." (EN 245, dt. 308) Diese Aufgabenbestimmung ist von seiner Definition des Bedeutungsbewusstseins kaum zu unterscheiden.

Wieweit kann Deweys naturalistische Theorie der Beziehung zwischen Gefühlen, Bewusstsein und Körper heute überzeugen? Einige seiner Vorschläge und Argumentationen sind anregend und auch, wenn Lücken bleiben, wegweisend. So

---

[11] Deshalb gilt: „Offenes Handeln ist die Herstellung von funktionierenden Organismus-Umwelt-Integrationen. […] Je spontaner die Reaktion, desto weniger Bewusstsein, Sinn und Denken läßt sie zu […]" EN 237, dt. 298.

gelingt es seinem nicht-reduktiven Naturalismus, unterschiedliche Sorten von Erfahrungen, Tatsachen und praktischen Zusammenhängen zu verknüpfen und die Körperlichkeit des Menschen in die Theorie des Bewusstseins einzubeziehen. Daraus entsteht eine methodische Umsicht und Offenheit, die kein reduktiver Naturalismus zu leisten vermag und eher selten zu finden ist. So bietet selbst die hoch problematische Sicht von Gefühlsqualitäten als neutralen Ausgangspunkten für geistige und natürliche Prozesse eine interessante Alternative zu heutigen Positionen an.

Literatur

Alexander, F. M. 1923: Constructive Conscious Control of the Individual, New York
Alexander, F. M. 1932: The Use of the Self: Its Conscious Direction in Relation to Diagnosis, Functioning and the Control of Reaction, New York
Bernstein, R. J. 1961: „John Dewey's Metaphysics of Experience", in: Journal of Philosophy, 58:1, 5–14
Chalmers, D. J. 1996: The Conscious Mind, Oxford
Dewey, J. 2004: Die menschliche Natur. Ihr Wesen und ihr Verhalten. Stuttgart 1931, Neuausgabe: Zürich 2004
Nagel, T. 1984: „What Is It Like to Be a Bat?" in: The Philosophical Review, 83:4, 435–450 Deutsch in: Bieri, Peter (Hrsg.): Analytische Philosophie des Geistes, Königstein 1981 (1993, 2007)
Noë, A. 2004: Action in Perception, Cambridge, Mass.
Pape, H. 2009: „Deweys Situation. Gescheitertes Handeln, gelingendes Erkennen und das gute Leben", in: Allgemeine Zeitschrift für Philosophie. Schwerpunkt: John Dewey, hrsg. v. Hampe, M., Heft 34:3, 331–352
Robbins, P.; Aydede, M. 2009: Cambridge Handbook of Situated Cognition, Cambridge
Shusterman, R. 2008: Body Consciousness. A Philosophy of Mindfullness and Somaesthetics, Cambridge

Maria-Sibylla Lotter
10 Erfahrung als Kunst. Dewey über die Funktion der Kunst im Alltagsleben

(Zum neunten Kapitel)

> The Chief function of philosophy is not to find out what difference ready-made formulae make, if true, but to arrive at and to clarify their meaning as programs of behavior for modifying the existent world. (MW 4, 104)

10.1 Einführung

Im neunten Kapitel mit dem Titel *Experience, Nature and Art* fasst Dewey alle in den vorhergehenden Kapiteln formulierten Einwände gegen das dualistische Verständnis von Praxis und Theorie, Körper und Geist, sinnlicher Erfahrung und Denken, Wissenschaft und Kunst zusammen.[1] Vor diesem Hintergrund entwickelt er die Grundgedanken einer ganzheitlichen Theorie der Lebenskunst, die er dann ein Jahrzehnt später in Art as Experience (1934) ausformuliert. Was Dewey als „Dualismen" kritisiert, sind nicht die begrifflichen Unterscheidungen als solche. Gemeint ist der in der europäischen Geistesgeschichte damit verbundene Glaube, sie entsprächen der menschlichen Natur, und die daraus entspringende Neigung, das Leben entsprechend aufzuteilen und institutionell einzurichten,[2] etwa durch eine Trennung von „geistigen" und handwerklichen Tätigkeiten, von denen nur die ersten als „Bildung" zählen. Dewey beklagt die Trennung von praktischen und theoretischen, sinnlichen und intellektuellen Aktivitäten, die das Schulsystem, aber auch die meisten Berufe prägt und die menschliche Erfahrung verkümmern lässt (vgl. KE 30). Im neunten Kapitel soll nun, mit Hilfe des Begriffs Kunst, ein nichtdualistisches Verständnis des menschlichen Lebens entwickelt werden. Das ist ein rekonstruktives, kein deskriptives Unternehmen. Im Gegensatz zu den Vertretern der „Analytischen Philosophie" geht Dewey davon aus, dass eine bloße Analyse der Bedeutungen von Begriffen wie „Erfahrung", „Kunst" und „Natur", die wir ja gegenwärtig „dualistisch" zu verstehen gewohnt sind, weder eine kritische Einsicht in die Ursachen dieses Verständnisses ermöglichen, noch eine Alternative aufzeigen könnte. Eine Analyse mit dem Anspruch, ideologische

---

[1] Man könnte sogar sagen, er fasst die wichtigsten Themen seiner lebenslangen Befassung mit Ethik, Erziehung und dem modernen Wissenschaftsverständnis zusammen; vgl. hierzu McClelland 2005, 44–62.
[2] Vgl. hierzu auch die Einleitung von Abraham Kaplan zu *Art as Experience*, LW 10, S. x.

Verzerrungen zu hinterfragen, muss ihren Gegenstand auch auf eine andere Weise beschreiben können.

Deweys Rekonstruktion der Begriffe Erfahrung, Natur und Kunst erinnert in mehreren Hinsichten an die Marxsche Ideologiekritik. Auch Dewey geht von der Annahme aus, dass die Trennungen zwischen Theorie und Praxis, intellektuellen und sinnlichen Weisen des Begreifens, aber auch die von Wissenschaft und Kunst letztlich sozialen Unterscheidungen entspringen. Wir stellen uns die Welt und unsere Erkenntnisformen auf eine bestimmte Weise geordnet vor, weil diese Ordnung die sozialen Institutionen und Klassenstrukturen widerspiegelt. Diese Weltanschauung wirkt dann wiederum verfestigend auf die soziale Wirklichkeit zurück. Darüber hinaus greift Dewey das Thema der marxistischen Entfremdungskritik auf, die Kritik an der Leere der gegenwärtigen Lebensform. Hier geht es nicht nur um die Entfremdung des Arbeiters von den Produkten seiner Arbeit, sondern eine „Verengung, Verbitterung, Verkrüppelung des Lebens, eines vollgestopften, übereilten, verworrenen und extravaganten Lebens" die alle sozialen Schichten betrifft (EN 272, dt. 341). Dewey führt es nicht nur auf die Produktionsverhältnisse, sondern generell auf ein Denken in falsch verstandenen Nützlichkeitskategorien zurück, das sich nicht nur in der Organisation des Arbeitslebens, sondern in allen sozialen Institutionen, insbesondere der Erziehung und Wissenschaft niederschlägt und verhindert, dass Produktions- und Bildungsprozesse zu interessanten und befriedigenden Erfahrungen werden können; stattdessen verödet die Gegenwart in stereotypen Routinen. Mit anderen Worten: Was uns fehlt, ist eine Kunst des Lebens. (Alexander 1987, 269) Aus diesen systematischen Gründen und nicht, weil oberflächlich betrachtet eine Ästhetik nun einmal auch in den Kanon eines philosophischen Systems gehört, wendet sich Dewey den Kunsttheorien zu.

Indem Dewey Kunst und ästhetische Erfahrung als Paradigmen von Lebenskunst begreift, weist er ihnen eine Funktion für das alltägliche Leben zu. Das steht in deutlichem Gegensatz zur modernen Vorstellung der Interesselosigkeit von Kunst, die Kant eingeführt hat und die auch die analytische Ästhetik der Gegenwart bestimmt. (Vgl. hierzu Shusterman 1989, 61) Die klassischen Kunsttheorien sind nach Deweys Diagnose nicht weniger von einer dualistischen Aufteilung der Erfahrungsbereiche geprägt als moderne Vorstellungen von Wissenschaft. Sie gehen von dem Faktum der Verarmung der Praxis aus, betrachten es aber quasi als naturgegeben und benutzen dann die Kunst als Projektionsfläche von kompensatorischen Wünschen: so erscheint sie als das ganz andere der alltäglichen Erfahrung (vgl. KE 305). Würden wir die Kunst des Lebens pflegen, dann hätte der Gedanke einer der Alltagspraxis und den sinnlichen Bestrebungen enthobenen „rein ästhetischen" Erfahrung für uns auch keinen Reiz. Was wir entwickeln sollten, ist also nicht ein Sonderbereich reinen Kunsterlebens, sondern die genussvolle ästhetische Gestaltung des alltäglichen Lebens: wo ein Lebewesen einen intensiven sinnlichen und intellektuellen Austausch mit seiner Umgebung pflegt, bedarf es keiner Sinnstiftungen jenseits der Erfahrung. Auch wie Kunst im engeren Sinne unser Leben bereichern und verändern könnte, kann erst im Ausgang von einem solchen Konzept der Lebenskunst verstanden werden. Es ist dieser radikal andere Ansatz, weswegen Deweys Überlegungen auch heute noch hochinteressant und aktuell mit Blick auf eine Ethik und Ästhetik des Alltagslebens sind. Aber gerade diese Radikalität hat bedauerlicherweise auch dazu geführt, dass er heute kaum noch rezipiert wird, da sein Ansatz mit keinem der heute dominierenden Paradigmen kompatibel ist, weder mit denen der analytischen Kunstdiskussion, noch mit den emphatischen, auf Heidegger und Adorno zurückgehenden Kunstauffassungen, die der Kunst einen außerordentlichen Wahrheitsbezug zuschreiben.[3]

Deweys Ansatz überschneidet sich vielleicht am stärksten mit Nietzsches Kunstverständnis, wenn man an Nietzsches Analyse der Bedeutung der Kunst für das Leben, seine genealogische Kritik der Wurzeln des zeitgenössischen Nihilismus und die darin implizierten normativen Überlegungen denkt: Der Sinn des Lebens ist auch nach Nietzsche weder außerhalb (im Seelenheil bzw. ewigen Leben) zu suchen, noch in säkularisierten Formen des Heilsgeschehens wie der erst in späteren Generationen im Kommunismus vollendeten Geschichte, sondern in der ästhetischen Qualität gegenwärtiger menschlicher Lebenserfahrung selbst, die freilich von kulturellen, sozialen, politischen und ökonomischen Rahmenbedingungen abhängt. Um das denken zu können, was unserem Alltagsleben fehlt, muss jedoch zunächst ein neues Verständnis von Kunst und ästhetischer Erfahrung entwickelt werden.

Kunst soll weder im Sinne eines speziellen, von der Wissenschaft, dem Alltagsleben und der Ökonomie abgegrenzten kulturellen Bereichs,[4] noch als ästhetische Erfahrung im Sinne einer speziellen Form subjektiven Erlebens verstanden werden, die ganz anders ist als Erkenntnis, Moral oder der praktische Umgang mit den Dingen. Die für die Kunst des Lebens relevanten Unterscheidungen sind weder die zwischen Praxis und Theorie, noch die zwischen schöner Kunst im Gegensatz zu allem Nützlichen, sondern betreffen unterschiedliche Formen von Praxis. Die für Dewey leitende Frage lautet also, worin der Unterschied

---

3 Zu diesem Herausfallen aus den ästhetischen Diskussionen vgl. Fisher 1989, 54–60.
4 Kritiker der Deweyschen Ästhetik haben darauf hingewiesen, dass Dewey nicht als Kunstkenner, geschweige denn Kunstliebhaber bezeichnet werden kann, sondern seine Kenntnisse etwa der Malerei aus zweiter Hand bezog. Vgl. hierzu die Diskussionen in Dewey 1992, 312–366. Das ist jedoch insofern irrelevant für sein Thema, als es ihm gar nicht um eine spezielle Theorie der bildenden Künste geht, sondern um Lebenskunst als eine ganzheitliche Form von Erfahrung.

zwischen einer sinnlosen, unverstandenen und freudlosen Praxis und einer Praxis liegt, die unmittelbar als sinn- und bedeutungsvoll erlebt wird (vgl. EN 268, dt. 337).

Bevor ich zu diesem Hauptthema komme, wende ich mich zunächst der Frage zu, warum Dewey eine Kritik an der gegenwärtigen Kultur oder Lebensform überhaupt als Kritik an gängigen metaphysischen Dualismen und einem verkürzten Verständnis von Wissenschaft und Kunst artikuliert. Wie soll eine metaphysische Neubestimmung der Beziehungen zwischen den Begriffen Erfahrung, Natur und Kunst zu einer Verbesserung der gegenwärtigen Lebensform beitragen?

10.2 Das Unternehmen einer kritischen Metaphysik im Dienste der Lebenskunst[5]

Was hat die Qualität des Lebens mit der Frage zu tun, wie wir metaphysische und erkenntnistheoretische Grundbegriffe gebrauchen? Hängt Lebensqualität nicht hauptsächlich von ökonomischen Möglichkeiten und Sachzwängen ab, von kulturellen Traditionen und persönlichem Engagement? Um zu verstehen, warum Dewey seine Kritik der Lebensverhältnisse als eine Kritik metaphysischer Dualismen artikuliert, muss man sich zunächst darüber klar werden, in welchem Sinne in *Experience and Nature* von Metaphysik die Rede ist. Unter Metaphysik versteht Dewey nicht ein spezielles Thema gewisser abstrakt denkender Menschen, der sogenannten „Metaphysiker", sondern Denkweisen, die unthematisch das Weltverständnis und damit auch die Praxis eines jeden Menschen prägen. Jeder denkt metaphysisch, insofern er in seinem Lebensvollzug von gewissen Überzeugungen bezüglich der allgemeinen Strukturen der Wirklichkeit ausgeht, die ihm als solche gewöhnlich gar nicht bewusst sind (es sei denn, er reflektiert darüber, etwa in einem philosophischen Seminar über Metaphysik): Überzeugungen wie die, dass die natürlichen Gegenstände wirklich aus Molekülen und Elektronen bestehen, dass alles determiniert ist, dass der Mensch einen freien Willen hat, dass er ein homo oeconomicus ist, etc. Während die reflektierte und begründete Metaphysik der philosophischen Klassiker nie schlicht geglaubt, sondern als begriffliche Konstruktion verstanden wird, besteht die unreflektierte Metaphysik in der Überzeugung, dass die Wirklichkeit so ist. Sie entspringt kulturell dominanten religiösen, sozialen oder wissenschaftlichen Traditionen, etwa als Verallgemeinerung spezieller wissenschaftlicher Modelle, die mit der Wirk-

---

[5] Zum Begriff der Metaphysik vgl. auch den Kommentar zum Kapitel 2 von Martin Hartmann und Arvi Säkelä.

lichkeit selbst gleichgesetzt werden. Das hat zur Folge, dass andersartige Erfahrungen, auch wenn sie für unser Alltagsleben viel wichtiger sind als wissenschaftliche, als wirklichkeitsfern oder bloß „subjektiv" gedeutet werden. So hat sich in der Nachfolge moderner Erkenntnistheorien der metaphysische Glaube verbreitet, die Wissenschaft sei „der einzig authentische Ausdruck der Natur" (EN 267, dt. 335), wogegen das, was wir im Alltagsleben als Natur erleben, bloß „subjektiv" sei, und menschliches Handeln – obgleich auch wir natürliche Wesen sind – eigentlich nicht zur Natur gehöre. Es handelt sich hier um metaphysische Überzeugungen, die wir nicht durch bewusste intellektuelle Auseinandersetzung oder abwägendes Überlegen bewusst angenommen, sondern durch implizite kulturelle Dominanzen erworben haben, insbesondere durch die enorme kulturelle Dominanz der Naturwissenschaften. Methodische Differenzierungen für die begrenzten Zwecke von Einzelwissenschaften werden so zu ontologischen Annahmen.

Eine solche unreflektierte Metaphysik, die einer Verwechslung von Gegenständen oder methodischen Konstruktionen im Rahmen spezieller wissenschaftlicher Modelle mit der Wirklichkeit selbst entspringt, ist jedoch in den Augen Deweys und anderer Pragmatisten keine besonders gut geeignete Weltanschauung, wenn es gilt unseren eigenen Anteil daran zu verstehen, warum die Welt so ist, wie sie ist, und zu begreifen, wie man das Leben verbessern könnte. Sozial- und Kulturkritik bedarf daher auch der Kritik der Metaphysik. Insbesondere die „Revolte gegen den Dualismus", die im frühen zwanzigsten Jahrhundert viele Denker aus den idealistischen und pragmatistischen Strömungen vereinte, ging von der Diagnose aus, dass die Deutung der Natur als wertneutrales Geschehen, das allein einer spezialisierten Wissenschaft zugänglich ist, und die korrespondierende Deutung der menschlichen Erfahrung als etwas bloß Subjektivem, ein Gefühl der Heimatlosigkeit und Ohnmacht erzeugt hat: Die Welt wird weder als eine gute göttliche Ordnung, noch als etwas vom Menschen Gestaltbares wahrgenommen, sondern als ein Zusammenhang von Abläufen und Gesetzen, denen der einzelne unterworfen ist und denen er sich unterzuordnen hat, um zu überleben. Um sich diesen Modellen entziehen zu können, braucht man jedoch Denkalternativen.

Dewey war zu seiner Zeit nicht der Einzige, der mit Blick auf das metaphysische Vorverständnis der Begriffe Kunst, Erfahrung und Natur versuchte, „einen Wechsel der Bedeutungen [herbeizuführen], die ihnen früher beigelegt wurden" (EN 10, dt. 15). Im Gegensatz zu den heute dominanten Strömungen der rein deskriptiven „analytischen" Metaphysik, der Kritischen Theorie der Frankfurter Schule sowie einer auf Heidegger zurückgehenden französischen Tradition der Metaphysikkritik gingen er und Zeitgenossen wie Whitehead (Whitehead 1978) davon aus, dass sich auch eine Metaphysikkritik auf eine kritische, in ihren Grundannahmen reflektierte Metaphysik stützen muss, insbesondere auf ein alternatives Verständnis eines metaphysischen Grundbegriffs wie „Natur". Deweys Kritik richtet sich gegen einen Begriff der Natur, der nur dem begrenzten Bild der Naturwissenschaften entspricht, während Qualitäten und Werte einem davon abgetrennten Bereich bloß subjektiven menschlichen Erlebens zugeschrieben werden. Zwischen subjektiv und objektiv erfahrener Natur zu unterscheiden, ist nach Dewey allein schon deswegen abwegig, weil die Erkenntnis natürlicher Wesen ja selbst in der Natur stattfindet und die Unterschiede zwischen den verschiedenen Weisen der Naturerfahrung sich aus den unterschiedlichen Zwecken und Methoden der jeweiligen menschlichen Handlungskontexte ergeben. Ethische und ästhetische Erfahrung gehört ebenso zur Natur wie die mechanischen Eigenschaften, die ihr die Physik zuschreibt. So können spezifisch menschliche Tätigkeiten wie Kunst und Wissenschaft als Sonderfälle natürlicher Prozessualität begriffen werden und nicht als das Andere der Natur.

Zur Neubestimmung des Naturbegriffs gehört daher auch eine Revision des Wissenschaftsbegriffs. Was wir unter Wissenschaft verstehen, so leitet Dewey seine Überlegungen ein, ist nicht nur inkohärent, sondern auch inadäquat mit Blick auf die Realität wissenschaftlicher Praxis: „Heutzutage haben wir eine ungeordnete Verknüpfung von Begriffen, die weder miteinander, noch mit dem Tenor unseres wirklichen Lebens übereinstimmen" (EN 268, dt. 335). So ist der Glaube verbreitet, dass allein die Wissenschaft uns die Wahrheit über die Natur vermittelt, weil sie naiv als eine Form von Erkenntnis verstanden wird, die einen Zugang zu den Gegenständen selbst verschafft, so wie sie unabhängig von den Erkenntnisverfahren existieren. Wissenschaftliche Erkenntnis gilt (ungeachtet der Kantischen Erkenntniskritik) vielen nicht als ein Handeln, das seinen Gegenstand verändert, sondern als ein Abbilden der Realität. Sobald man aber untersucht, wie Wissenschaft tatsächlich praktiziert wird, stellt man fest, dass sie sich gar nicht von Vorgehensweisen der Künste und Techniken unterscheidet; dass auch experimentelle Forschung ein menschliches Handeln ist, das natürliche Energien manipuliert und arrangiert. Dewey knüpft hier an den Baconschen Wissenschaftsbegriff an, der jene, sofern sie Zugang zur Wirklichkeit verschafft und nicht bloß spekuliert, gerade auf ihre experimentelle, die Natur verändernde Praxis zurückführt. (Bacon 1990, II § 1) Wenn Dewey fordert, auch die Wissenschaft, die sich heute „wie ein Alptraum über ein so weites Gebiet von Überzeugungen und Hoffnungen gelegt" habe (EN 286, dt. 359), wieder als eine Kunst zu begreifen, möchte er jedoch nicht nur auf das Faktum hinweisen, dass es sich um eine kollektive Praxis handelt, die an der Erzeugung ihres Gegenstands aktiven Anteil hat; es geht darum, sie auf den Zweck aller Praktiken zu verpflichten, nämlich zur Verbesserung des Lebens beizutragen.

Die Vermittlung der Begriffe Wissenschaft und Kunst geschieht über die Rekonstruktion des Begriffs der Erfahrung. Dewey knüpft an der gewöhnlichen Erfahrung an, an dem, was wir meinen, wenn wir sagen, wir hätten eine Erfahrung gemacht. Das ist kein wertneutrales Erfassen von Sinneseindrücken, wie der moderne Empirismus annahm, sondern ein qualitatives Erlebnis, das als langweilig, erschreckend, trivial, interessant, schön oder begeisternd erscheint. Es handelt sich auch weder um ein rein passives Aufnehmen von Daten, noch um einen rein sinnlichen Vorgang, sondern um eine Auseinandersetzung mit der Welt und den Mitmenschen, die Wahrnehmungen, Gefühle, Reflexion und Kommunikation involviert und sich als Mitgestalten dessen vollzieht, was erfahren wird. Wenn Dewey seinen eigenen Ansatz als „Empirismus" bezeichnet, ist also nicht der Erfahrungsbegriff des klassischen modernen Empirismus gemeint, der für das Gedankenkonstrukt einer im Ursprung passiven Rezeption von atomaren Sinnesempfindungen steht. Dewey sieht seinen Ansatz eher in der Tradition des griechischen Verständnisses von Erfahrung und Kunst. Der Begriff Erfahrung sei schon in der Antike „in einem ehrenvollen Sinne" verwendet worden, nämlich im Sinne eines Schatzes an praktischem Wissen, der Gedächtnis und Abstraktion einschließt (EN 266, dt. 334). Und in diesem Kontext habe Erfahrung dasselbe bedeutet wie Kunstfertigkeit, nämlich die Unterscheidungsfähigkeit, die den guten Zimmermann, Arzt usf. auszeichnet. Im Ausgang vom antiken Wortgebrauch von *techne* und *poiesis* erscheint Kunst nicht als exklusives Phänomen der „schönen Kunst" im Gegensatz zum Handwerk, sondern eingebettet in die Welt der alltäglichen Erfahrung.

10.3 Kunst und ästhetische Erfahrung

Aus den bisherigen Überlegungen wird bereits deutlich, dass Deweys Annäherung an die Themen Kunst und ästhetische Erfahrung die übliche Herangehensweise der klassischen ästhetischen Theorien umkehrt, die ihre Bestimmungen durch Abgrenzung zur wissenschaftlichen Erkenntnis und anderen Erfahrungsformen gewinnen wie etwa Kants Diskussion des Geschmacksurteils in der *Kritik der Urteilskraft* (1790) oder Heideggers Beschreibung der Kunsterfahrung als besondere Form von Welterleben in *Der Ursprung des Kunstwerks* (1935). Anstatt die Begriffe Erfahrung, Natur und Kunst durch unterscheidende Merkmale gegeneinander abzugrenzen, beschreibt Dewey sie als Aspekte von Prozessen, die einander wechselseitig bestimmen und verändert so die Bedeutung der Begriffe selbst. Während der ästhetischen Erfahrung bei Kant die Merkmale abgehen, die Erkenntnis und Handeln ausmachen, versteht Dewey das Künstlerische als die ganzheitlichste Form von Erfahrung. Während Kants Ansatz für ihn eine „blutarme Konzeption von Kunst" als Gegenstand interesseloser Kontemplation darstellt, insistiert er auf dem holistischen Charakter ästhetischer Erfahrung als eines integrativen Vorgangs, der Gefühle, Begehren, Erkennen und Gestalten verbindet: „Wir erfahren Farben bewußt, weil wir dem Trieb zu schauen nachgeben [...] Ein Gemälde verschafft ästhetische Befriedigung, weil es dem Hunger nach Szenen entgegenkommt, nach Szenen, die in höherem Maße Farben und Licht verbreiten, als die meisten Dinge, mit denen wir gewöhnlich umgeben sind. Ins Reich der Kunst wie der Gerechten kommen nur die, die hungern und dürsten" (KE 299). Nicht die Abwesenheit von Leiden und Leidenschaften, Erkenntnisinteressen und Wünschen nach Veränderung der Welt, sondern ihre Integration in eine Erfahrung, die uns nicht nur eine spezifisch ästhetische Lust bereitet, sondern wirklich (emotional und intellektuell) etwas bedeutet, ist charakteristisch für ästhetische Erfahrung (KE 297). Dewey hätte daher auch Heideggers exklusive Unterscheidung zwischen dem technischen und wissenschaftlichen Weltverhältnis und der Kunst als ein dem sozialen Alltags enthobenes Wahrheitsereignis als lebensfremden Ästhetizismus abgelehnt, als eine weitere intellektuelle Rationalisierung der sozialen Aufteilung der Bereiche der Technik und der ästhetischen Erfahrung, die sich nach Dewey keinesfalls der Natur der Sache verdanken, sondern allein den (die antike Kunsttheorien prägenden) sozialen Unterschieden zwischen der niederen Klasse der Künstler und der höheren Klasse der Kunstgenießer.

Wir sind gewohnt, den Begriff Kunst vor allem auf Gegenstände wie ein Gebäude, einen Roman, ein Gemälde oder einen Film zu beziehen. Diese vergegenständlichende Betrachtung, die von der sozialen Natur der Prozesse der Kunstproduktion und -erfahrung, aber auch von ihrer konkreten Bedeutung für den Kunstgenießer, abstrahiert, kann uns jedoch weder einen Zugang zur Lebenskunst im allgemeinen Sinne, noch zu den spezifischen Qualitäten von Kunstwerken verschaffen: „Löst man einen Kunstgegenstand sowohl aus seinen Entstehungsbedingungen als auch aus seinen Auswirkungen in der Erfahrung heraus, so errichtet man eine Mauer um ihn, die seine allgemeine Bedeutung, um die es in der ästhetischen Theorie geht, beinahe unerkennbar werden läßt. [...] Das reale Kunstwerk ist nicht der Gegenstand, sondern das, was er „mit und in der Erfahrung macht" (KE 9).[6] Der Begriff Kunst steht also nicht für einen Gegen-

---

6 Um subjektivierende Missverständnisse zu vermeiden, hatte Dewey später erwogen, den Begriff *Erfahrung* durch den der *Kultur* zu ersetzen. Ob das eine Lösung gewesen wäre, darf jedoch bezweifelt werden, denn dem Kulturbegriff fehlt wiederum der Aspekt subjektiven Erlebens. Zu diesen begrifflichen Problemen, vgl. Jackson 1998, 3. Um den Schwierigkeiten zu entgehen, die dadurch entstehen, dass vertrauten Begriffen wie Erfahrung im Kontext einer revisionären Metaphysik eine neue Bedeutung gegeben wird, der Leser aber schwerlich anders kann als die vertraute Bedeutung weiter mitzulesen, hatte Deweys Zeitgenosse Alfred North Whitehead in *Process and Reality* (1927/8) ein metaphysisches System, das ähnlich wie Deweys Ansatz auf Er-

standstyp, sondern für eine Eigenschaft von Erfahrungsprozessen: „Kunst ist eine Eigenschaft, die eine Erfahrung durchdringt."[7] Genauer: Sie ist eine Werteigenschaft, denn der Begriff Kunst steht für das, was Erfahrungen erfahrenswert und das Leben lebenswert macht.

Was ist das? Die klassische Unterscheidung zwischen schönen und nützlichen Künsten ist, das wird deutlich, auf Deweys Kunstbegriff nicht anwendbar, da er aller Kunst, die diesen Namen verdient, eine unverzichtbare zivilisatorische Funktion zuschreibt. Daher ist die vermeintlich nicht nützliche „schöne" Kunst, wenn sie gelingt, für unsere Ausbildung besonders nützlich (EN 293, dt. 368). Hingegen ist die verbreitete Vorstellung, künstlerisch wertvoll sei das, was keinem Zweck diene, sondern „seinen eigenen Zuständen eine freie äußere Darstellung gewährt", nach Dewey abwegig. Wenn der Selbstausdruck Selbstzweck wird, „ohne Rücksicht auf die Bedingungen, von denen verständliche Kommunikation abhängt" (EN 272, dt. 342), handle es sich nicht um Kunst, sondern um Amüsements und Zerstreuungen, die sich nur durch eine gewisse Kultiviertheit von anderen Amüsements unterscheiden. Aber auch Künste im Sinne von Techniken, die keinen ästhetischen Wert haben, sondern „nur" nützlich sind, sind nach Dewey keine Künste; er bezeichnet sie als „Routinen". Hingegen machen uns die Schöpfer neuer literarischer oder malerischer Stilmittel neue Bereiche der Wirklichkeit zugänglich und haben daher Anspruch auf dieselbe Dankbarkeit wie Erfinder von Mikroskopen und Mikrophonen (EN 293, dt. 368). Ihre Nützlichkeit liegt im Einüben neuer Weisen der Wahrnehmung. Man kann sich Deweys Überlegung am Beispiel narrativer Formen der Zeitbeschleunigung bzw. Verlangsamung im Verhältnis zur gewöhnlichen Erfahrung quasi verdeutlichen, die es uns ermöglichen, eine Handlung mitsamt ihren Langzeitfolgen wahrzunehmen, aber auch winzige kurze Momente quasi in Zeitlupe zu erleben. So setzt James Joyce in seinem 5 Jahre vor *Experience and Nature* veröffentlichten Roman Ulysses die Beschreibung der Bewegungen Leopold Blooms wie eine Zeitlupe ein, um seinen Leser etwas im Detail vor Augen zu führen – etwa die Gerüche und Geräusche beim Betreten eines Restaurants –, was wir im wirklichen Leben nur ganz selten so bewusst wahrnehmen würden, weil die Zeit gewöhnlich viel schneller vergeht. Hier übernimmt die Literatur in der Tat eine ähnliche Funktion wie das Experiment in den Naturwissenschaften, das eine künstliche Situation schafft, die gleichwohl etwas über die wirkliche Natur aussagt. Sie kann aber auch zum genaueren Verstehen von Gefühlen verhelfen, wie etwa Prousts minutiöse phäno-

---

fahrungen und Ereignissen aufbaut, in einer eigens konstruierten Terminologie entwickelt, was jedoch den großen Nachteil hat, dass die Leserin quasi eine neue Sprache lernen muss.

7 Hier macht Dewey auch deutlich: Sie „ist nicht – außer in der Redewendung – die Erfahrung selbst." KE 377.

menologische Beschreibungen von Stimmungswechseln oder dem Entstehen einer Verliebtheit in *Auf der Suche nach der verlorenen Zeit* (1913), die uns etwas deutlicher machen, was wir vielleicht kennen, aber noch nie so genau beschreiben konnten. Kurz, Kunst kann durch ihre Methoden der Intensivierung und Erweiterung unserer Wahrnehmungsfähigkeit durchaus zur Erkenntnis beitragen; sie zeigt uns, wie wir Aspekte von Situationen einfangen können, die wir im gewöhnlichen Leben nicht wahrnehmen, weil sie zu schnell vorübergehen, noch zu weit entfernt oder zu komplex sind.

Um solche Prozesse zu verstehen, muss man wissen, wie die verschiedenen Aspekte eines Kunstwerks in der ästhetischen Erfahrung zusammenwirken. Das wirft die Frage nach dem Verhältnis der Begriffe Kunst und ästhetische Erfahrung auf. Dewey kritisiert ihre häufig synonyme Verwendung, wodurch die Unterschiede und Beziehungen zwischen produktiven und rezeptiven Prozessen verschleiert würden:

> Auf der einen Seite steht ein Handeln, das mit Materialien und Energien außerhalb des Körpers zu tun hat, das sie sammelt, verfeinert, kombiniert, bearbeitet, bis deren neuer Zustand eine Befriedigung ermöglicht, die ihr Rohzustand nicht gewährt – eine Formel, die auf schöne wie nützliche Künste gleichermaßen anzuwenden ist. Auf der anderen Seite steht ein Entzücken, das Sehen und Hören begleitet [... I]n irgendeiner Form muß der Unterschied anerkannt werden (EN 267, dt. 335).

Während Dewey auf der Unterscheidung zwischen einem aktiven Bearbeiten von Materialien und dem sinnlichen Genuss des Wahrnehmens besteht, versteht er diese Unterscheidung jedoch nicht im Sinne von zwei unabhängig voneinander ablaufenden Prozessen der Produktion und Rezeption von Kunst. Ganz im Gegenteil: Alle Prozesse, die zu Recht als künstlerisch bezeichnet werden, umfassen nach Dewey sowohl aktive als auch rezeptive Stadien. Ein Begriff von Kunst, der allein ihre aktive produktive Seite betont (Kunst als poiesis) wäre ebenso unzulänglich wie ein Begriff der ästhetischen Erfahrung, der diese als rein rezeptiv beschreibt. Man muß jedoch beide Aspekte unterscheiden, um die innere Struktur sowohl von Produktions- als auch von Rezeptionsprozessen zu begreifen. Dewey erläutert die Abfolge von aktiven und passiven geistigen Einstellungen in *Art as Experience* an einem simplen Beispiel praktischer Erfahrung:

> Ein Mensch tut etwas – nehmen wir an, er hebt einen Stein auf. Folglich widerfährt ihm, erleidet er etwas: Gewicht, Druck, Struktur und Oberfläche des aufgehobenen Gegenstandes. Die so erfahrenen Eigenschaften bestimmen das weitere Handeln. Der Stein ist zu schwer oder zu kantig, oder er ist nicht hart genug; es kann aber auch sein, daß die erfahrenen Eigenschaften zeigen, daß er sich für den beabsichtigten Zweck eignet. Dieser Prozeß setzt sich so weit fort, bis eine gemeinsame Anpassung von Selbst und Objekt erkennbar wird und jene besondere Erfahrung ihren Abschluß findet. (KE 57)

Das trifft aber auch auf die Kunstproduktion zu: ohne eine ständige ästhetische Rezeption würde ein Produkt mechanisch werden. So hat eine Malerin zwar eine Vorstellung davon, wie das Bild werden soll, aus der sich ungefähr ergibt, was sie zu einem bestimmten Zeitpunkt mit dem Pinsel tut. Ein Gemälde ist aber keine schlichte Wiederholung einer Idee, sondern ein komplexer Prozess, in dem die Materialien, zu denen nicht nur die Farbtuben und Pinsel, sondern auch ihre momentane psychophysische Gestimmtheit gehört, eine nie ganz vorhersehbare Eigendynamik entfalten. Sie muss daher immer wieder zurücktreten und sich die Wirkung des Pinselstrichs und der Farbe anschauen, das Gesehene auf sich einwirken lassen, sonst merkt sie nicht, welche Richtung die Arbeit nimmt (KE 61). Auch eine Schriftstellerin erzeugt einen Roman nicht wie die Konstruktion einer geometrischen Figur, sondern indem sie das, was sie schreibt, aufnimmt und darauf reagiert; der Text klingt anders als geplant, die Figuren führen ein Eigenleben und nötigen sie evtl. zu einer Änderung des Plots oder der dramatischen Konstellation. Wenn sie hingegen unfähig ist, das Eigenleben der fiktiven Figuren wahrzunehmen und ihre Geschichte entsprechend umzuschreiben, wirkt sie konstruiert und gezwungen.[8]

Der instrumentelle Wert der Kunst, auf dem Dewey gegen die ästhetisierenden Kunsttheorien insistiert, ist also nicht mit ökonomischer Nützlichkeit oder anderen Formen der Unterordnung von Kunst unter kunstfremde Zwecke zu verwechseln. Er entspringt, ganz im Gegenteil, einem organischen Verhältnis zwischen Mittel und Zweck (vgl. EN 271, dt. 340):

> Das Tun oder Schaffen ist künstlerisch, wenn das wahrnehmbare Ereignis so geartet ist, daß seine Eigenschaften, so, wie sie wahrgenommen werden, das Problem der Herstellung bestimmt haben. Der Produktionsakt, von der Absicht bestimmt, etwas herzustellen, das durch unmittelbare sinnliche Absicht erfreuen soll, weist Eigenschaften auf, die einer spontanen, nicht gelenkten Handlung abgehen. (KE 62)

Die Mittel sind Bestandteil des Zwecks, so wie im Prozess des Malens die Farben Bestandteil des gesamten Gemäldes sind und das gesamte Gemälde als Vorhaben schon im Auftrag der Farben präsent ist. Dewey möchte die Unterscheidung zwischen einer bloß äußerlichen und einer organischen Mittel-Zweck-Relation nicht mit dem Unterschied zwischen Gebrauchsgegenständen oder alltäglichen Ritualen und sogenannter schöner Kunst wie einem Gemälde, gleichsetzen (KE 355). Alltagserfahrungen können ebenso wie die Produktion oder Rezeption „schöner Kunst" künstlerisch gelungen oder misslungen sein. So können wir Deweys Kriterien auch auf ein Alltagsritual wie das gemeinsame Abendessen

---

[8] Vgl. Deweys Kritik an allzu programmatischer Kunst, KE 83.

anwenden. In diesem Fall dürfen die Speisen nicht als zufälliges Mittel betrachtet werden, um einen Zweck (vollen Magen) zu erzeugen, der genauso gut durch eine Tüte Proteinpulver erreicht werden könnte, sondern als etwas, was unverzichtbar zum gemeinsamen Genuss gehört. Zur Mahlzeit als einer gelungenen oder auch misslungenen Ganzheit gehört aber auch das Tischgespräch, oder die gelungenen oder misslungenen Witzeleien, mit denen man gemeinsam auf die Stimmungen reagiert, die jeder einzelne aus seinem besonderen Tagesablauf mitbringt; alles zusammen macht ein gemeinsames Erlebnis aus.

Dieses Beispiel illustriert ein weiteres Merkmal ästhetischer Erfahrung, das Deweys Kunstauffassung grundlegend von der verbreiteten modernen Vorstellung von der Kunst als reinen Selbstausdruck des Künstlers unterscheidet: ihre kommunikative Funktion und Eingebundenheit in einen sozialen Kontext. Im Deweyschen Naturalismus entspringt jede Erfahrung der Interaktion zwischen einem Lebewesen und seiner Umwelt. Auch künstlerische Prozesse finden nicht isoliert im Geiste eines Individuums statt, sondern in einem sozialen Kontext und einer gewissen kulturellen Rezeptionstradition. Diese ist aber auch schon im Produktionsprozess präsent, denn jedes Kunstwerk spricht in einer eigenen Sprache – ob nun durch Töne, Bilder oder Sätze –, die Sprecher und antizipierte Hörer verbindet:

> Sprache gibt es nur, wenn sie gehört und gesprochen wird. Der Hörer ist unentbehrlicher Partner. Das Kunstwerk ist erst dann vollständig, wenn es in der Erfahrung eines anderen Menschen als dem, der es schuf, wirksam wird. (KE 125)

Ihr kommunikatives Potential ist für Dewey auch ein wesentliches Qualitätskriterium der Kunst: Während künstlerisch exzellente Objekte unbegrenzt als Mittel für neue befriedigende Erfahrungen dienen, verlieren Dinge geringer Qualität bald die Fähigkeit, die Aufmerksamkeit zu fesseln (KE 273, 343). In dem Maße, in dem eine Erfahrung den Titel „Kunst" verdient, hat sie eine über die Gegenwart hinausreichende Ausstrahlung und transportiert neue Ideen und Einstellungen auch in andere gesellschaftliche Bereiche. Der Grenzfall einer Kunst, die keine mehr ist, weil sie keine bedeutsamen Erfahrungen ermöglicht, wäre eine gegen Veränderung resistente Kunst, die allein gesellschaftlichen Distinktionsfunktionen dient und lediglich bekannte symbolische Beziehungen nachbildet. Da sie nicht das Gefühl hervorrufen könnte, dass hier etwas Wichtiges passiert, wäre sie – unabhängig von ihrer formalen Perfektion – ein bloßer Schein von Kunst. Genauso wenig kann Kunst aber umgekehrt als ein Sichereignen von vollständig Neuem gedacht werden. Gegen die in Kunstkreisen verbreitete Verabsolutierung des Kriteriums der formalen Originalität, des Experimentierens mit neuen Techniken und Sprachformen (EN 272, dt. 342), führt Dewey an, dass keine Kunst interessant sein kann, die sich nur auf das Neue fixiert. Etwas vollkommen Neues hätte für uns keine Bedeutung, weil es sich gar nicht in Beziehung zu unseren bisherigen Erfahrungen und Denkweisen setzen lässt. Erst die Verbindung von Gewohntem und Neuem, Unsicherem und Geklärtem macht eine Erfahrung interessant und bedeutungsvoll (vgl. EN 269, dt. 338). Dewey führt die kommunikative Fähigkeit der Kunst auch darauf zurück, dass hier ein persönliches Gefühl sich mit Inhalten und Formen verbindet und dadurch selbst transformiert wird.[9] Gerade diese transformative Verbindung von Persönlichem und Allgemeinem, Emotionen und Reflexionsformen – und nicht ihre formale Perfektion oder bloße Originalität – macht ihre Qualität und Attraktivität aus.[10]

Was wären Beispiele für die grenzüberschreitende Wirkung der Kunst? Dewey hatte vermutlich Literaturbeispiele vor Augen. Mit Blick auf die zweite Hälfte des zwanzigsten Jahrhunderts drängen sich aber auch Beispiele aus der Musik auf, etwa die Entwicklung der Rockmusik in den sechziger Jahren, die nicht nur musikalischer Ausdruck von Alltagserfahrungen war, sondern auch Gefühle der Rebellion und politische Gestaltungs- und Veränderungswünsche artikuliert hat und dadurch in eine politische Bewegung überging, die dem Leben einer ganzen Generation Sinn gab und ihr Selbstverständnis prägte.[11]

Auch der Film *O Brother, Where Art Thou?* der Coen-Brüder, wirkt – mit Deweys Augen betrachtet – als kreise die Handlung um das Thema der revolutionären Kraft der Kunst: Der Protagonist Ulysses Everett McGill scheitert immer wieder an der Aufgabe, sein Leben zu einem Erfolg zu machen, indem er fiktive Identitäten (Rechtsanwalt, Zahnarzt) annimmt, die anerkannten sozialen Rollen entsprechen; schließlich gelingt ihm quasi nebenher und unbeabsichtigt der Sprung zur Kunst, indem er gemeinsam mit anderen Gescheiterten als Folkgruppe *Soggie Bottom Boys* einen musikalischen Ausdruck für das misslingende Leben entwickelt, an den jeder anknüpfen kann; das führt letztlich sogar zu einer Kulturrevolution (Aufhebung der Rassentrennung), da das Publikum sich mit dem ästhetischen Ausdruck ihrer gemischtrassigen Gruppe identifizieren kann. Der Film lebt von der grundlegenden Spannung zwischen misslingender (der nachahmenden Hochstapelei des Protagonisten) und echter Kunst, d. h. der durch echte Emotion gespeisten kommunikativen und transformativen Kunst der *Soggie Bottom Boys*). Dass Kunsterfahrung das Leben verändert, gilt nach Dewey letztlich für alle Erfahrungen, die den Teilnehmenden etwas bedeuten. Sie sind auch in alltäglicheren Formen revolutionär, da sie die gewohnte Sicht der Dinge verändern

---

9 Zu einem Beispiel aus der bildenden Kunst vgl. KE 102.
10 Vgl. Deweys Kritik an einer rein am Formalen orientierten Kunstkritik in KE 103–108.
11 Zu diesem und anderen Beispielen vgl. Mattern 1999, 58 ff.

(EN 268, dt. 337) Dadurch verwandelt sich auch die Welt, in der man lebt, in einen anderen Ort (EN 272, dt. 342).

Dass die revolutionäre Kraft der Kunst nicht nur ein romantisches Wunschgebilde ist, zeigen aber auch reale Geschichten wie die der Rapperin Sonita Alizadeh, einer Jugendlichen aus einer afghanischen Flüchtlingsfamilie im Iran, die einer arrangierten Heirat entgegensieht, während sie in einem Teheraner Fitnessstudio als Putzfrau arbeitet. Dabei hört sie „Kim", ein Lied des Rappers Eminem, der einen mörderischen Streit mit seiner Frau besingt. Sie versteht kein Englisch und hat keine Ahnung, wovon das Lied handelt, aber die dramatische Inszenierung von Verzweiflung, Ohnmachtsgefühlen und zerstörerischer Wut löst etwas in ihr aus, wie sie später berichtet, und bringt sie dazu, sich gegen ihr eigenes Schicksal aufzulehnen: „Es war, als ob mir Eminem ein Werkzeug gegeben hätte, um endlich für mich einzustehen."[12] Sie beginnt selbst zu rappen, nimmt ein mittlerweile recht bekanntes Lied auf – „Brides for Sale"[13] – und setzt sich in der Familie gegen die Verheiratungspläne der Mutter durch (mittlerweile lebt sie durch ein Stipendium in den USA und schließt die Schule ab, mit dem Ziel, sich als Anwältin für Frauenrechte einzusetzen).

Wie kann ein Lied, dessen Text man nicht versteht, einen Emanzipationsprozess auslösen? Hier werden offenkundig weder Informationen über die Lage von Frauen in der afghanischen Kultur im Vergleich zu anderen Traditionen weitergegeben, noch normative Gesichtspunkte der Kritik an der Unterdrückung von Frauen überhaupt; Eminems Lied handelt von ganz anderem Leid. Dass Sonita Alizadeh durch die Musik dazu animiert wird, eine eigene Stimme zu entwickeln, obgleich dies nicht ihrem traditionellen Rollenverständnis und den Erwartungen ihrer Familie entspricht, ist auch nicht mit einer Übertragung von Gefühlen zu erklären; wie sollte das ihr unbekannte männliche Individuum Marshall Mathers ihr über eine derart große Entfernung hinweg seine (durch individuelles Temperament bedingten) Aggressionen gegen seine Ehefrau übermitteln? Zudem ist ein Lied, das durch eine persönlich erlebte Verzweiflung und Wut inspiriert ist und sie zum Thema macht, kein schlichtes „äußern" dieser Wut und Verzweiflung. Die Wut eines Amerikaners über eine eheliche Untreue könnte auch schwerlich ein junges afghanisches Mädchen interessieren, das sich in einem Zustand stummer Verzweiflung befindet, weil es von seiner Familie getrennt und als Ehefrau an einen ihr unbekannten viel älteren Mann verkauft werden soll. Die Wucht solcher Musik besteht gerade darin, dass sie ein ganz persönliches Gefühl

---

12 Zu ihrer Geschichte vgl. http://www.tagesanzeiger.ch/ausland/naher-osten-und-afrika/Es-war-als-haette-Eminem-mir-ein-Werkzeug-gegeben/story/19822884.
13 Vgl. www.youtube.com/watch?v=n65w1DU8cGU.

durch die Gestaltung des jeweiligen Materials in eine Form bringt, durch die es Bedeutung für die anderen Gefühle und Anliegen der Hörer bekommen und sich dadurch verändern kann. Wie Dewey es mit Blick auf die Lyrik formuliert:

> Ein Gedicht wird von einem jeden, der dichterisch liest neu geschaffen – was nicht bedeutet, daß das Rohmaterial neu ist, denn schließlich leben wir in ein und derselben Welt, sondern daß jeder einzelne in seiner individuellen Befindlichkeit eine bestimmte Art zu sehen und zu hören mitbringt, so daß er in deren Interaktion mit dem bestehenden Material etwas neues schafft. (KE 127)

Die Bedeutung eines Kunstwerks ist also weder als „monotone Gleichförmigkeit" zu verstehen (KE 128), noch entspricht ihr ein unpersönliches „rein ästhetisches" Erleben. Sie entspricht dem, „was immer du – oder ein anderer – aufrichtig, d. h. gemäß deiner persönlichen Lebenserfahrung daraus machst" (KE 128; Herv. M.-S. L.). Das ist nicht mit Beliebigkeit zu verwechseln, dem jeweiligen oberflächlichen Eindruck; es geht um einen künstlerischen Aneignungsprozess, der stets persönliche Gefühle involviert und transformiert. Für Dewey (schon Schiller dachte ähnlich) liegt die zivilisatorische Bedeutung der Kunst gerade darin, dass sie uns nicht nur auf unsere eigenen Gefühle aufmerksam machen kann, sondern durch ihre künstlerische Gestalt auch zeigen kann, wie wir sie selbst in Handlungsfähigkeit transformieren können, statt nur von ihnen beherrscht zu werden. Auch Wut macht stark, wenn sie einen nicht überfällt, sondern anerkannt und kontrolliert wird, und die im Lied ausgedrückte Wut verbindet beides: die archaische Kraft der Emotion und ihre Anerkennung und Gestaltung.

Literatur

Alexander, T. M. 1987: John Dewey's Theory of Art, Experience and Nature: The Horizons of Feeling, Albany, NY
Alizadeh, S.: Girls for Sale, https://www.youtube.com/watch?v=n65w1DU8cGU [27.04.2017]
über Alizadeh, S.: http://www.tagesanzeiger.ch/ausland/naher-osten-und-afrika/Es-war-als-haette-Eminem-mir-ein-Werkzeug-gegeben/story/19822884 [27.04.2017]
Bacon, F. 1990: Novum Organum, hrsg. v. Krohn, W., Hamburg 1990
Coen, J.; Coen, E. 2000: O' Brother Where Art Thou (Film).
Dewey, J. 1992: Critical Assessments, hrsg. v. Tiles J. E., Vol. III, London
Eminem 2000: Kim, auf: The Marshall Mathers LP (Lied)
Fisher, J. 1989: Some Remarks on what happened to John Dewey, in: The Journal of Aesthetic Education, Vol. 23, No. 3, 54–60
Jackson, P. W. 1998: John Dewey and the Lessons of Art, New Haven
McClelland, K. A. 2005: „John Dewey: Aesthetic Experience and Artful Conduct", in: Education and Culture 21 (2), 44–62

Mattern, M. 1999: „John Dewey and Public Life", in: The Journal of Politics, Vol. 61, No. 1 (Feb. 1999), 54–75
Shusterman, R. 1989: „Why Dewey now?", Journal of Aesthetic Education, Vol. 23 (3), 60–67
Whitehead, A. N. 1978: Process and Reality, New York

Andreas Hetzel
11 Philosophie als verallgemeinerte Kritik

(Zum zehnten Kapitel)

11.1 Einleitung

Im zehnten und letzten Kapitel von *Experience and Nature* zieht Dewey ein metaphilosophisches Resümee seines Buches, das in der Definition mündet, Philosophie sei „die kritische Methode der Entwicklung von Methoden der Kritik" (EN 326, dt. 407). Auf dem Weg zu dieser Definition setzt sich Dewey in den einleitenden Abschnitten mit der Wertphilosophie der Jahrhundertwende auseinander, der er vorhält, Werte zu hypostasieren. Die Wertphilosophie sanktioniere einen Dualismus von Wert und Wirklichkeit, dessen argumentative Kosten Dewey vermeiden möchte (1). Im Anschluss daran führt er das Konzept der Kritik als einer immanenten Reflexion der Ursachen und Konsequenzen von Werten ein; während die Wertphilosophie von einer Art platonischem Wertehimmel ausgehe, an den die einzelnen Werte geheftet und damit jedem Werden und Vergehen enthoben seien, richtet sich Kritik im Sinne Deweys auf die Genealogie von und die inferenziellen Verhältnisse zwischen Werten, die damit detranszendentalisiert werden (2). Kritik, so zeigt Dewey weiter, benötigt kein objektives Maß, sondern verfährt immanent; sie ist die Praxis der Aufdeckung von Bedingungen, Beziehungen und Konsequenzen solcher Entitäten, die, wie die Werte der Wertphilosophie oder die Dogmen von Weltanschauungen, absolut gesetzt werden, die unbedingt und ohne Bezug auf anderes gelten sollen. Kritik beginnt für Dewey nicht erst mit der Ausdifferenzierung von Philosophie und Wissenschaften als professionalisierten Disziplinen, sondern ist mehr oder weniger koextensiv mit der menschlichen Fähigkeit, Erfahrungen zu machen. Philosophie gilt Dewey als verallgemeinerte Form einer so verstandenen Kritik und damit selbst als Form der Erfahrung (3). Damit grenzt Dewey sein pragmatistisches und immanentes Kritikkonzept von einer transzendentalphilosophischen Vernunftkritik, die Bedingungen der Möglichkeit von Erfahrungen ermitteln möchte, sowie von all solchen Kritikkonzepten ab, die das zu Kritisierende an einem externen, der Kritik enthobenen Maßstab zu messen suchen (4). Die als offene und immanente Befragung von Werten und Wertsetzungen verstandene Kritik lässt sich für Dewey auch als eine Kritik an Formen von politischer Herrschaft auffassen, die sich eine metaphysische Legitimation zu geben suchen (5). Weil Philosophie Erfahrungen und Werte von innen reflektiert, gerät sie in die Nähe zu Kunst und Literatur. Mit einer Thematisierung des Verhältnisses von Literatur und Ethik endet das Kapitel. Im Gegensatz zu Wert-

und Prinzipienethiken, die das menschliche „Dasein *sub specie aeternitatis* ins Auge" fassen (EN 325, dt. 405), seien literarische Texte reflektierte Fortsetzungen des menschlichen Verkehrs, die es uns weit eher als universale Werte oder Prinzipien ermöglichen, die Formen dieses Verkehrs zu verstehen und zu transformieren (6).

11.2 Deweys Auseinandersetzung mit der Wertphilosophie

Dewey beginnt das Kapitel über *Wirklichkeit, Wert und Kritik* mit der Feststellung einer bis in die Zeit der Niederschrift von *Experience and Nature* reichenden Konjunktur von philosophischen Werttheorien, ohne dass er deren Protagonisten explizit benennen würde. Dewey dürfte an deutschsprachige Autoren des späten 19. und frühen 20. Jahrhunderts wie Hermann Lotze, Alexius Meinong, Nicolai Hartmann und Max Scheler denken. Lotze führt gegen Ende des 19. Jahrhunderts Begriff und Sache einer „Wertphilosophie" ein (vgl. Lotze 1883, 113). Er versteht Werte als Verkörperungen reiner ethischer „Geltungen", die unabhängig von individuellen Werturteilen gegeben seien, und sieht die Aufgabe der Wertphilosophie darin, eine Vermittlung zwischen so verstandenen Werten und dem naturalistischen Weltbild der modernen Naturwissenschaften zu leisten. Auf Lotze folgen eine Reihe von Autoren, die eine objektive Wertethik zu begründen suchen, ein philosophisches Unternehmen, dem auf kultureller Ebene Bemühungen entsprechen, die zunehmend als desaströs empfundenen Nebenfolgen des gesellschaftlichen Modernisierungsprozesses durch eine Rückkehr zu substantiellen Orientierungen zu kompensieren. Die Wert-Debatte bleibt nicht auf den deutschen Sprachraum beschränkt, sondern greift zu Beginn des 20. Jahrhunderts auf die USA über. Der vom Neukantianismus geprägte Philosoph Wilbur M. Urban stößt mit einer Monographie aus dem Jahr 1909 (Urban 1909) auch im anglophonen Sprachraum eine entsprechende Debatte an, an der sich Dewey seit 1918 beteiligt. (MW 11, 3–9)

Gegenüber der Sache und dem Programm einer Wertphilosophie zeigt sich Dewey allerdings spätestens in *Experience and Nature* sehr skeptisch. Er sieht in dieser Unternehmung einen unfruchtbaren und sogar „verzweifelten" (EN 295, dt. 369) Versuch, „die offensichtliche empirische Tatsache" (EN 295, dt. 369), dass wir im Alltag bestimmte Dinge und Ereignisse gegenüber anderen bevorzugen, zu hypostasieren und ein „Reich der Werte" (EN 295, dt. 369) zu errichten, in dem dann all diejenigen Erfahrungsqualitäten wie Schönheit, Freude, Bitterkeit usw. untergebracht würden, die der auf einen bloßen Mechanismus reduzierten Natur in der Neuzeit abgesprochen wurden. Die Wertphilosophie beginne und ende in einem Dualismus von Wert und Wirklichkeit, der für Dewey eine Reihe von

Scheinproblemen generiert, die er sinnkritisch analysiert. Der Dualismus wirft zuvorderst die Frage auf, wie sich Werte auf eine wertfreie Wirklichkeit, Geltungen auf Tatsachen beziehen lassen können. Als reine Geltungen könnten Werte nicht in einer vollständig am Leitfaden der Kausalität explizierbaren Welt verortet werden. Die zweite Frage betrifft die Herkunft und damit die Natur der Werte. Sind Werte bloß konventionelle, historisch kontingente Festlegungen von Gemeinschaften oder haben sie den Charakter eines „letzten und transzendenten Seins" (EN 295, dt. 369)? Dewey begreift diese Fragen, die in leicht abgewandelter Form noch im Zentrum heutiger Debatten um einen metaethischen Realismus und Antirealismus stehen, als Scheinfragen, denen wir dadurch entkommen können, dass wir philosophiehistorisch wieder hinter den neuzeitlichen Dualismus von Wert und Wirklichkeit und damit hinter den reduktionistischen neuzeitlichen Naturbegriff zurückgehen und zwar zur Teleologie der klassischen Antike. Für das teleologische Denken, wie es insbesondere von Aristoteles vertreten wird, ist es selbstverständlich, dass sich alles in der Natur durch Neigungen und Bestrebungen bestimmt, dass es auf Ursachen zurück- und auf einen Punkt seiner möglichen höchsten Vollendung vorausweist und sich retroaktiv von diesem Punkt aus bestimmt. Werte müssten aus einer aristotelischen Perspektive nicht erst von Menschen geschaffen oder aus transzendentalen Prinzipien abgeleitet werden, sondern sind Teil einer *physis*, die im Gegensatz zur neuzeitlichen Natur als eine Weise des Werdens und Sich-Entwickelns gedacht wird.

An der von Aristoteles entwickelten Teleologie möchte Dewey allerdings zwei entscheidende Modifikationen vornehmen. Er möchte einerseits „die Identifikation des natürlichen Endes (*telos*) mit dem Guten und der Vollkommenheit aufgeben" (EN 295 f., dt. 370). Was ihm vorschwebt, wäre eine Teleologie ohne das *eine* höchste Ziel. Man könnte auch sagen, dass sich das 10. Kapitel von EN um eine *Verweltlichung und Vervielfältigung möglicher Ziele* bemüht. Dewey spielt in diesem Zusammenhang mit dem Doppelsinn des englischen Substantivs *end*, das ja sowohl „Ziel" als auch „Ende" bedeuten kann. Er schlägt eine Teleologie vor, in der auch höchst profane Enden, etwa das Ende einer Geschichte oder der organische Tod, als *telos* fungieren können. In gleicher Weise, und das ist die zweite Modifikation, lehnt Dewey auch jede erste Ursache teleologischer Zweck-Mittel Ketten ab, insbesondere den aristotelischen unbewegten Beweger, den ersten Anfang aller Bewegung, der für Aristoteles nicht selbst bewegt sein kann. „Grenzen, Abschlüsse und Enden" (EN 296, dt. 370) bleiben für Dewey ähnlich kontingent wie die Grenzen von Staaten, sie werden aus seiner Sicht immer wieder neu „experimentell und dynamisch bestimmt" (EN 296, dt. 370). Dies bedeutet für Dewey auch, dass alle Begrenzungen immer auf einen Hintergrund des Unbegrenzten verweisen, auf eine, wie er schreibt „Ungewißheit und Unbestimmtheit"

(EN 296, dt. 370), die in uns erst das Bedürfnis erzeugt, die Offenheit des Seins durch ein Setzen von Zielen und Grenzen zu schließen.

Statt Werte zu transzendentalisieren und sie damit der Wirklichkeit abstrakt gegenüberzustellen, sind sie für Dewey, der im gesamten Buch für eine Kontinuität, wenn nicht gar Identität von Natur und Erfahrung plädiert, in gleicher Weise wirklich wie Steine und Bäume, sie sind Teil der Natur. Während in der neuzeitlichen, tendenziell mentalistischen Philosophie „Wünsche, Überzeugungen, ‚praktische' Aktivität, Werte ausschließlich dem menschlichen Subjekt" (EN 315, dt. 394) als geistige Zustände zugeschrieben werden, macht Dewey darauf aufmerksam, dass Werte immer schon in ihr wirksam sind, dass sie also in einer naturalistischen Sprache beschrieben werden können.

Damit bereitet Dewey jenen „Naturalismus der zweiten Natur" (McDowell 1998, 111) vor, der in den erkenntnistheoretischen Debatten der Gegenwart von John McDowell vertreten wird. (Welchman 2008, 50–58) So wie für Dewey die Fähigkeit des Menschen, etwas zu bewerten, die sich in seinen Wünschen, Bestrebungen und Idealen ausdrückt, für den Menschen „so natürlich ist wie seine Schmerzen und seine Kleider" (EN 312, dt. 390), so können wir aus der Sicht von McDowell sagen, „daß die Art und Weise, in der unser Leben von der Vernunft geprägt ist, natürlich ist, auch wenn wir leugnen, daß sich die Struktur des Raums der Gründe mit dem Bereich der Naturgesetze verbinden läßt". (McDowell 1998, 114) Um den seit Descartes bestehenden Graben zwischen Geist (dem Raum der Geltungen und Gründe) und Welt (der Natur als Inbegriff dessen, was den Naturgesetzen unterliegt), zu überwinden, schlägt McDowell wie Dewey vor, „„die Natur weiter auszudehnen", (Ebd. 136) sie also nicht länger nur mit dem zu „identifizieren, was die [tendenziell mechanistische, A.H.] Naturwissenschaft verständlich machen will". (Ebd. 96) Wie Dewey möchte auch McDowell diesen erweiterten Naturbegriff über eine Rückkehr zu einem modifizierten Aristotelismus gewinnen, einer Rehabilitierung der Teleologie, die von ihren metaphysischen Rahmungen befreit wird. McDowell liest Aristoteles dabei vor allem als einen Denker der Praxis, der insbesondere die menschliche Natur als das versteht, was der Mensch aus sich selbst macht.

Mit seiner naturalistischen Werttheorie bereitet Dewey aber nicht nur den erkenntnistheoretischen „entspannten Naturalismus" (Ebd. 115) McDowells vor, sondern auch eine Umweltethik, die sich nicht mehr ausschließlich auf Interessen menschlicher Akteure an spezifischen Aspekten von Natur berufen muss, um deren Schutzwürdigkeit zu begründen, sondern keine Schwierigkeiten damit hat, der Natur selbst moralisch signifikante Qualitäten oder Werte zuzusprechen. Bereits im ersten Kapitel von EN konstatiert Dewey, dass „moralische Eigenschaften" „tief in die Natur hineinreichen und etwas bezeugen, das ebenso wahrhaft zur Natur gehört wie die mechanische Struktur, die ihr in der Physik beigelegt wird" (EN 14, dt. 19). Auf diese Bemerkung begründet sich die inzwischen sehr reichhaltige und ausdifferenzierte Forschungstradition des *Environmental Pragmatism*, dessen wichtigste Vertreter wie Bryan Norton, Andrew Light und Eric Katz im deutschen Sprachraum, in dem die umweltethischen Debatten weitgehend unter der Vorherrschaft methodisch-anthropozentrischer Ansätze geführt werden, leider kaum rezipiert wurden. (Vgl. Light und Katz 1996; McDonald 2003; Norton 2005)

Auffällig an Deweys Kritik der Wertphilosophie ist, dass er sie mit objektivistischen Positionen identifiziert, die Werte in einem weiteren Sinne als transzendent begreifen und mit dem Wert insofern eine Art Reflexions- und Begründungsabbruch verbinden. Er geht damit nicht auf komplexere Werttheorien der Moderne ein, wie etwa auf Nietzsches in *Jenseits von Gut und Böse* (Nietzsche 1999; vgl. hierzu Hetzel 2015) entfaltete Konzeption der Umwertung von Werten, für die Werte als Ergebnisse von historisch wandelbaren Machtverhältnissen gelten. Werte reagieren aus Nietzsches Sicht immer schon auf eine Konstellation anderer, ihnen vorausgehender Werte, die sie transformieren. In einer vergleichbar relationalistischen Weise werden Werte von Georg Simmel in seiner 1900 erschienenen *Philosophie des Geldes* (Simmel 1989) begriffen, die sich wie *Experience and Nature* um eine nachmetaphysische Teleologie bemüht.

11.3 Kritik als Kritik der Werte

Im Zusammenhang mit seinen Überlegungen zur Offenheit einer Wirklichkeit, die im Rahmen einer Teleologie ohne Anfang und Ende gedacht wird, unterscheidet Dewey zwei Möglichkeiten, auf die „unendliche Unbestimmtheit" des Seins, die er an anderen Stellen in Anlehnung an Parmenides und Gorgias auch als „Nicht-Sein" (vgl. Dewey 2001, 22) bezeichnet, als Inbegriff von Mangel, Differenz, Kontingenz und Werden, zu reagieren. Die Wertphilosophie verkörpert eine dieser beiden Möglichkeiten. Sie transzendentalisiert Werte, um sie der ontologischen und sozialen Kontingenz entgegenhalten zu können. Die Wertphilosophie will das Verschwinden von Werten durch das thetische Postulieren ihrer Existenz kompensieren und trägt insofern antimodernistische Züge.

Die alternative Möglichkeit des Umgangs mit der „unendlichen Unbestimmtheit" (EN 296, dt. 371) sieht Dewey in der Theorie und Praxis einer immanenten Kritik, die Werte nicht einfach behauptet oder setzt, sondern die die konkreten „Bedingungen ihres Erscheinens" (EN 297, dt. 371) wie des Erscheinens ihrer Folgen und Konsequenzen für menschliches Handeln untersucht. Zu Werten können wir aus Deweys Sicht zwei grundlegend verschiedene Haltungen einnehmen. Die erste, naive, aber im Alltag weit verbreitete Haltung ist die des unreflektierten Für-gut-Befindens oder Geneigtseins. Ich überlasse mich in diesem Fall einfach meiner Neigung bzw. dem Objekt, dem meine Neigung gilt. Dewey belegt diese Haltung auch mit den negativ konnotierten Begriffen des „Besitzes" und des „Genusses" (EN 298, dt. 373). Das naive Genießen verwandelt die genossene Sache in einen Besitz, isoliert sie aus allen öffentlichen Zusammenhängen, unterstellt sie nur mir. Die kritische Haltung, die Dewey in diesem Kapitel zu entwickeln sucht, bleibt beim bloß besitzenwollenden Genießen oder der bloßen Erfüllung, dem Hier und Jetzt des genossenen Objekts, nicht stehen, sondern fragt nach den „Mitteln zu seiner Erlangung" (EN 297, dt. 372). Sie beginnt mit jedem Denken, das nicht einfach nur beglückt etwas konstatiert oder deiktisch darauf verweist, sondern auf „Mittel-Folgen-Beziehungen" (EN 297, dt. 372) reflektiert, in denen sich dieses Objekt als wertvoll erweist: „Denken überschreitet die unmittelbare Existenz auf ihre Beziehungen hin, die Bedingungen, die diese Existenz vermitteln, und die Dinge, die sie ihrerseits vermittelt. Und ein solches Vorgehen ist Kritik." (Ebd.)

Kritik entsteht also aus einem Denken, das nicht einfach nur etwas konstatiert und in seinem So-Sein bestätigt, sondern das nach dessen Ursachen und Folgen fragt. Damit ist Kritik der objektivistischen Wertphilosophie entgegengesetzt, die eine Art kalkulierten Begründungs- und Reflexionsabbruch betreibt. Die Werttheorie hält das, was die Kritik als „bestimmte Position in einer kausalen oder sequentiellen Beziehung" (ebd.) beschreibt, für ein letztes und unhintergehbares Faktum dem sein Gut-Sein, „seine eigene adäquate Beglaubigung ins Gesicht geschrieben ist" (EN 303, dt. 378), das also selbstevident ist und nicht weiter begründungsbedürftig. Sobald wir beginnen, Werte nicht einfach nur zu konstatieren, sondern zu befragen, betreten wir das Feld der Kritik. Kritik zeigt uns, dass Werte nicht ans ewige Firmament geheftet sind, sondern sich bewegen, in Beziehung zu einander treten, werden und vergehen, aber vor allem: aus Praktiken des Wertschätzens hervorgehen. Wertschätzung kommt für Dewey in jeder „reifen, gescheiten Erfahrung" (EN 300, dt. 375) vor, die Kritik könne also „ohne einen Maßstab" „die reflexiven Implikationen entwickeln, die sich innerhalb der Wertschätzung selbst finden." (EN 300, dt. 375)

11.4 Philosophie als verallgemeinerte Kritik

Gelingende Philosophie wäre für Dewey nichts Anderes als verallgemeinerte Kritik, sie kennt keine Haltung des Sich-Beruhigens im Besitz und lässt keine Selbstevidenz gelten. Zur Philosophie komme ich über ganz alltägliche Erfahrungen und Enttäuschungen, z. B. über die Erfahrung, dass mir das Objekt des unmittelbaren Wertschätzens und Genießens auch gehörige Probleme bereiten kann, etwa den Kater am Morgen danach, das schlechte Gewissen oder den bitteren Nachgeschmack. Werte, schreibt Dewey „sind so instabil wie die Formen der Wolken" (EN 298, dt. 373), was wir heute als Wert schätzen, kann ihn schon morgen wieder verlieren. Darüber hinaus geraten wir im Alltag wie in ethischen Entscheidungssituationen ständig in Wertkonflikte, die uns zu Abwägungen und Gewichtungen zwingen. Naive Wertschätzung geht, wenn sie gute oder schlechte Erfahrungen gemacht hat, auf natürliche Weise in kritische Wertschätzung über, diese wiederum in wertschätzende Kritik, und diese schließlich in jene „generalisierte Form von Kritik" (EN 300, dt. 375), die Dewey Philosophie nennt. Philosophie hat ihren Ursprung also in alltäglicher Erfahrung, in Hoffnungen und Enttäuschungen, nicht dagegen in einem transzendentalen Maß oder einer Richtschnur universaler Vernunft. Sie beginnt nicht mit dem Staunen angesichts einer erhabenen Entität, sondern mit dem Widerfahrnis einer Diskrepanz zwischen Möglichkeiten eines Glücks und der Erfahrung von Hindernissen, die sich der Verwirklichung dieses Glücks in den Weg stellen. Die erste philosophische Frage wäre also die, ob das Leben, das ich lebe alternativlos ist, oder ob ich es auch anders leben könnte. Aus dem in dieser Frage implizierten Gefühl einer Diskrepanz heraus beginnen wir zu philosophieren. Philosophie versteht sich nicht nur und primär als Wissenschaft, sondern als diejenige Wissenschaft, die in ihrem Wissenschaftscharakter nie ganz aufgeht. Als Praxis geht sie aus „wirklichen Situationen des Fürwahrhaltens, Sich-Verhaltens und kritischen Wahrnehmens" (EN 302, dt. 377) hervor. Sie rekonstruiert die in diesen Situationen implizierten Werte und bemüht sich auf dem Wege einer „Aufdeckung der Beziehungen, der Bedingungen und der Konsequenzen" (EN 301, dt. 377) dieser Werte darum, „dauerhaftere und umfassendere Werte zu erreichen und zu fixieren" (EN 302, dt. 377). Indem sie bestehende Werte kritisiert, schafft die Philosophin neue Werte.

Die Emergenz der Kritik vollzieht sich für Dewey in ästhetischen, moralischen und epistemischen Feldern auf identische Weise. Mit dem Projekt der Kritik verbindet Dewey also nicht, wie Kant und der Neukantianismus, den Anspruch einer Separierung unterschiedlicher Geltungssphären und ihnen korrespondierender Urteilsformen, die nicht aufeinander reduzierbar sind. Er schreibt ganz explizit, „daß es einen solchen Unterschied zwischen Wissenschaft, Moral und ästhetischer Wertschätzung [...] nicht gibt" (EN 304, dt. 380). Moralisches Gewissen, ästhetischer Geschmack und theoretische Überzeugungen bilden vorreflexive Ausgangspunkte von Kritik, die gerade darin konvergieren, dass sich in vergleichbarer Weise Fragen an sie anschließen. Gerät eine Lebenspraxis in eine Krise, bedeutet dies, dass die vermeintlichen Evidenzen des Gewissens, des Geschmacks und der Überzeugung in Fragen übergehen, Fragen, die letztlich eine philosophische Form annehmen können: „Ist ein kritisches Urteil ohne einen Maßstab der Werte möglich? Ist der Maßstab der Werte selbst ein Wert? Ist er von den Wertobjekten abgeleitet, auf die er angewendet wird? [...] Existiert ein transzendenter Maßstab unabhängig von konkreten beurteilten Fällen [...]? Gibt es unter den Menschen ein gemeinsames Maß des Wertes?" (EN 300–301, dt. 375–376) Diese Fragen, die wir sofort als genuin philosophische Fragen akzeptieren würden, werden von Dewey als Fragen begriffen, die sich aus alltäglichem Erfahrungsmaterial heraus entfalten. Kritik im Sinne Deweys entqualifiziert die Anschauungen nicht zu einem bloßen Material, dem der Verstand eine Form aufpressen kann. Sie entfaltet sich vielmehr aus dem Material, setzt es damit voraus und in sein Recht. Zwischen den Erfahrungen und den Bedingungen der Möglichkeit von Erfahrungen besteht eine Kontinuität, die Dewey prozessphilosophisch ausdeutet. Noch die abstraktesten Denkmuster der Philosophie gehen für Dewey auf „wirkliche Situationen" zurück. Philosophie ist eine „planmäßig und systematisch verfolgte, ihrer selbst und ihrer Folgen bewußt gewordene kritische Operation", die „von wirklichen Situationen des Fürwahrhaltens, Sich-Verhaltens und kritischen Wahrnehmens" (EN 302, dt. 377) ausgeht, ohne diese Situationen jemals ganz zu verlassen. „Der Mensch bedarf der Erde, um zu gehen, der See, um zu schwimmen oder zu segeln, der Luft, um zu fliegen. Zwangsläufig handelt er mitten in der Welt, und um zu sein, muß er sich in gewissem Maße als ein Teil der Natur an andere Teile anpassen." (EN 309, dt. 386) Das gilt auch für die Kritik die genauso natürlich ist wie das von ihr Kritisierte.

11.5 Immanente und transzendentale Kritik

Dass Kritik die sich in Gewissen, Geschmack und Überzeugungen manifestierenden unkritischen alltäglichen Einstellungen voraussetzt, bedeutet zugleich, dass Kritik sich nur an ihnen, in der Arbeit mit ihnen bewähren kann. Kritisch wäre also nicht die Zurückweisung und Negation alltäglicher Einstellungen anhand eines außeralltäglichen Maßstabs. Dewey versteht Kritik vielmehr im Sinne der Kunstkritik der deutschen Frühromantik. Sie richtet nicht anhand normativer Vorgaben einer Gattungspoetik, sondern greift das reflexive Potenzial eines Werkes auf, steigert es, möchte die in ihm liegenden Möglichkeiten verwirklichen. Jedes literarische Werk hat für die Romantiker seine eigene, „immanente" Poetik. (Blumenberg 1981) Novalis formuliert das in unübertroffener Weise: „Jedes Kunst Werk hat ein Ideal a priori – hat eine Nothwendigkeit bey sich da zu seyn. Hierdurch wird erst ächte Kritik [...] möglich." (Novalis 1968, 648) Literaturkritik richtet aus der Sicht der Romantiker nicht länger auf Grundlage der Maßstäbe einer normativistischen Poetik darüber, ob ein Werk gelungen ist oder nicht, sondern greift dessen Eigenreflexion auf und steigert sie. Die kritische Reflexion lässt sich dabei nie eindeutig von der Reflexion im Werk selbst trennen. In seiner berühmten

Rezension von Goethes *Wilhelm Meister* schreibt Friedrich Schlegel: Den Roman nach „einem aus Gewohnheit und Glauben, aus zufälligen Erfahrungen und willkürlichen Forderungen zusammengesetzten und entstandenen Gattungsbegriff beurteilen: das ist, als wenn ein Kind Mond und Gestirne mit der Hand greifen und in sein Schächtelchen packen will." (Schlegel 1967a, 133) Einer rationalistischen Klassifikation und Subsumtion von Kunstwerken unter „Gattungsbegriffe" setzt Schlegel ein Verfahren von Kritik entgegen, das „jedes Gebildete in seiner Sphäre [beläßt], und [...] es nur nach seinem eigenen Ideale [beurteilt]". (Schlegel 1967b, 295)

In einer ähnlichen Weise bezieht sich Kritik für Dewey auf menschliche Praxis, deren Seinsmöglichkeiten sie steigern möchte. Zwischen dem unmittelbaren und dem kritisch reflektieren Wertobjekt oder, wie Dewey auch schreibt, zwischen „dem gegebenen Guten und dem durch Reflexion erreichten und gerechtfertigten Guten" (EN 301, dt. 376), bestehen häufig Spannungen. Das bloße Genießen und Besitzenwollen dessen, dem ich zugeneigt bin, hindert mich häufig daran, Bedingungen zu schaffen, die das Eintreten des von mir Gewünschten befördern könnten. Außerdem können sich meine Neigungen immer auch auf ein falsches Gutes richten, da ich über keinen Maßstab verfüge, der es mir erlauben würde, vorab das Richtige vom Falschen zu unterscheiden. Die einzige Möglichkeit, über die wir verfügen, bei Wertkonflikten zu gewichten, liegt in dem, was Dewey als Reflexion und Rechtfertigung von Werten beschreibt. Wir können zwischen einem echten und einem falschen Guten insofern unterscheiden, als wir bei einem echten Guten die inferenziellen Beziehungen angeben können, in denen es steht, die Bedingungen, die es ermöglichen und die Konsequenzen, die es zulässt. Dewey macht das an Überzeugungen deutlich, die *de facto* oder *de jure* bestehen können (vgl. EN 301, dt. 376). *De facto* Überzeugungen haben wir einfach, über sie lässt sich aus kritischer oder philosophischer Perspektive nichts weiter sagen, sie verdammen uns zu schweigen. *De jure*-Überzeugungen sind dagegen solche, für die wir Gründe angegeben, die wir rechtfertigen können. Wir wissen, warum es gut ist, zu genau dieser Überzeugung zu kommen und können sie gegen konkurrierende Überzeugungen verteidigen. *De jure*-Überzeugungen sind bestätigte oder bewährte Überzeugungen, Überzeugungen, über die sich gut reden lässt. Eine *de jure*-Überzeugung ist einfach eine reflektierte Überzeugung, was aber nicht bedeutet, dass sie in einem Grund oder einer Praxis des Begründens verankert sein muss, die auf einer kategorial anderen Ebene anzusiedeln wären als die Überzeugung selbst. Nicht die Wahrheitsbedingungen einer Proposition oder die Akzeptanzbedingungen von Geltungsansprüchen, die mit einem Sprechakt erhoben werden und die, nebenbei bemerkt, einen genuinen Ort der Wahrheit und der Geltung voraussetzen würden, der von konkreten Erfahrungsgehalten getrennt wäre, machen eine Überzeugung zu einer *gerechtfertigten*, sondern die Fähigkeit, sie auf andere Überzeugungen zurückzuführen und weitere aus ihr abzuleiten, sie also zu sequenzialisieren und zu prozessualisieren. Wahrheit spielt für Überzeugungen nur eine bedingte Rolle: „Ein großer Teil unseres Lebens vollzieht sich in einem Reich der Bedeutungen, für das Wahrheit und Falschheit als solche irrelevant sind." (EN 307, dt. 384) Das Ziel der Kritik besteht nicht in der Etablierung oder Aktualisierung einer überzeitlichen Wahrheit, sondern in der Ermöglichung „der besten, reichsten und vollsten Erfahrung" (ebd.).

Trotz seiner Naturalisierung von Werten und Geltungen hält Dewey an einem Vorrang von *de jure-* vor *de facto*-Überzeugungen fest. Dies liegt nicht daran, dass sich *de jure*-Überzeugungen selbst genügen würden, dass sie einen Index *sui et falsi* zu verbürgen vermöchten. Die *de jure*-Überzeugungen bilden für Dewey, wie übrigens auch für McDowell, keinen geschlossenen Raum der Gründe. Rationale Wesen sind wir vielmehr nur dann, wenn sich für uns, wie McDowell schreibt „der Raum der Gründe weiter erstreckt als der Bereich des Begrifflichen", (McDowell 1998, 32) wenn sich Begriffe gleichsam freiwillig von außen, vom konkreten Reichtum der sinnlich erfahrbaren Welt, kontrollieren lassen und nicht reibungslos in sich bzw. in ihren inferenziellen Beziehungen kreisen. Ein Vorrang von *de jure-* vor *de facto*-Überzeugungen ergibt sich für Dewey also nicht aus ontologischen sondern aus pragmatischen Gründen. Er spricht von einer „Tragödie", die darin bestehe, „daß in so vielen Fällen die *Ursachen*, die dazu führen, daß das fragliche Ding ein Wert ist, nicht die *Gründe* dafür sind, daß es ein Gut ist, [...] während die Tatsache, daß es ein unmittelbares Gut ist, dazu tendiert, jene Suche nach Ursachen zu verhindern, jenes leidenschaftslose Urteil, das die Voraussetzung dafür ist, Güter *de facto* in Güter *de jure* zu verwandeln." (EN 303, dt. 379) Dem Grund kommt in diesem Zitat dadurch eine Art Mehrwert gegenüber der bloßen Ursache zu, dass er eine als Ursache gewusste Ursache ist. Wenn er bestimmte Überzeugungen deswegen bevorzugt, weil sie geprüft und begründet sind, meint Dewey damit nicht, dass sie in allgemeinverbindlichen Prinzipien begründet sein müssten. Begründet sind sie vielmehr im Bewusstsein der mit ihnen eröffneten Optionen oder der durch sie ermöglichten Konsequenzen. „Wir kennen ein Objekt, wenn wir wissen, wie es gemacht ist und wir wissen, wie es gemacht ist in dem Grade, in dem wir es selber machen." (EN 319, dt. 398) Die Operation der Rechtfertigung „besteht ganz wörtlich im Tun und Machen" (EN 320, dt. 399).

Kritik wäre also insgesamt als Form einer ergebnisoffenen *inquiry* zu verstehen und findet ihr Vorbild in den Wissenschaften, die weniger nach einem Sein oder einer Wahrheit fragen, als nach Ursachen und Konsequenzen. In Worten McDowells, denen sich Dewey anschließen würde, gehört zur Wissenschaft „die reflektierende Erforschung der Belege dafür, was zum gegenwärtigen Zeitpunkt als Forschung gilt". (McDowell 1998, 65) In genau dieser Offenheit begegnen sich

Wissenschaft und Philosophie. Zwischen Wissenschaft und Philosophie bestehen für Dewey große Affinitäten, aber auch Unterschiede, die vor allem damit zu tun haben, dass Wissenschaften unter Bedingungen der Moderne zunehmend nur im Singular vorkommen, sich spezialisieren. Zu Deweys Philosophie-Begriff gehört auch, dass er sich gegen eine „Überspezialisierung" (EN 306, dt. 383) der Disziplin richtet, einer Konsequenz jener zunehmenden Professionalisierung, mit der die moderne akademische Philosophie auf einen realen oder imaginierten Legitimationsdruck reagiert. Diese Professionalisierung hat einen hohen Preis. Philosophie verliert ihre Anschlussfähigkeit an Nachbardisziplinen, an Künste, an Religion, letztlich aber auch an die menschliche Lebenswelt insgesamt. Insofern sieht Dewey die Aufgabe der Philosophin eher in der des „Boten" oder „Verbindungsoffiziers", nicht im Kappen von Bezügen und Kommunikationen, sondern im Erweitern der Kommunikationsräume. Gerade in Zeiten einer immer größeren Ausdifferenzierung und Spezialisierung von Diskursen erwache ein Bedürfnis „nach einem generalisierten Medium der wechselseitigen Kommunikation, der gegenseitigen Kritik durch eine allen Zwecken dienende Übersetzung von einer getrennten Erfahrungsregion in die andere" (EN 306, dt. 383).

11.6 Metaphysik- und Herrschaftskritik

Wir haben zwei Hinsichten angedeutet in denen sich Deweys Kritikverständnis deutlich von Kants Projekt einer transzendentalen Vernunftkritik unterscheidet: Zum einen kennt Dewey keine extramundanen Bedingungen der Möglichkeit von Erfahrung, an deren Leitfaden sich einzelne Erfahrungsurteile auf ihre Gültigkeit hin prüfen ließen (bei Kant legen die Verstandesbegriffe fest, was sinnvollerweise über einen Naturgegenstand gesagt werden kann), zum anderen versteht Dewey Kritik nicht im Sinne der Separierung unterschiedlicher Urteilstypen, die mit je eigenen, nicht aufeinander reduzierbaren Geltungsansprüchen einhergingen. In einer dritten Hinsicht allerdings berührt sich Deweys Kritikverständnis mit demjenigen Kants. Beide Autoren synonymisieren Kritik mit *Metaphysik*kritik. Beide begreifen die Metaphysik als finalisierende, dogmatisch setzende und Reflexionsprozesse tendenziell unterbindende Diskursform. Beide haben ein Gespür dafür, dass Metaphysik mit politischer Herrschaft verschwistert ist. In fast allen Kapiteln von EN wird *en passant* der Verdacht artikuliert, dass die hierarchisierenden Unterscheidungen der parmenideisch-platonischen Metaphysik „auf Menschen angewandt, eine [...] Rechtfertigung der Klassenteilung" (EN 193, dt. 243) liefern. Die Ansprüche der Herren auf „inhärente Überlegenheit" gegenüber Sklaven und Handwerkern wird bei Platon „durch den nus symbolisiert" (EN 193, dt. 243), durch ein präreflexives Vermögen der Schau ewiger Ideen, das nicht allen Menschen in gleicher Weise gegeben sei. Kontingenz, die für Dewey ein „Zug der natürlichen Ereignisse ist", die also in die Ordnung des Kosmos selbst eingeschrieben ist, die diese Ordnung daran hindert, sich in sich abzuschließen, diese Kontingenz „in einer konkreten Lebenssituation festzustellen", ist einerseits der „Anfang der Weisheit" und andererseits die „Furcht des Herrn" (EN 309, dt. 386), da sie die Kontingenz auch seiner Herrschaftsansprüche impliziert. Eine als Kritik verstandene Philosophie wird damit auch zu einer kritischen Theorie, einer Kritik an Herrschaft und ihren metaphysischen Legitimationsversuchen, die die Philosophie durch ihre gesamte Geschichte begleitet. So erweist sich die gesamte politische Philosophie von Platon bis zu Hegel vor allem als eine Geschichte der Legitimation staatlicher Herrschaft, eine Geschichte, mit der Dewey ganz explizit bricht. Wie Nietzsche lädt er uns dazu ein, die Kontingenz nicht nur *auszuhalten*, sondern sie zu *bejahen* und zu *feiern*, eine Bejahung, deren politische Entsprechung nur eine plurale und radikale Demokratie sein kann. Die in *Experience and Nature* entfaltete immanentistische Position ist also immer auch Ausdruck eines politischen Projekts, eines Plädoyers, sich auf das Wagnis einer Demokratie ohne Geländer einzulassen.

Darin unterscheidet sich die Gesellschaftskritik Deweys, wie Arvi Särkelä überzeugend herausgearbeitet hat, von aktuellen Varianten einer neukantianisch geprägten Kritischen Theorie der Gesellschaft, die dem eigenen Selbstverständnis nach ebenfalls eine Strategie immanenter Kritik verfolgen. (Särkelä 2017) In Auseinandersetzung mit Arbeiten von Rahel Jaeggi (2014) und Titus Stahl (2013) weist Särkelä darauf hin, dass die hier entfaltete Kritik von Lebens- und Praxisformen von impliziten Normen ausgehe, um die sich diese Lebens- und Praxisformen formierten. Die Aufgabe der Kritik bestünde dann darin, Lebens- und Praxisformen daraufhin zu beurteilen, wie weit sie den in ihnen implizierten Normen entsprechen. Für Särkelä ist es nun entscheidend, dass die kritische Perspektive bei Jaeggi und Stahl von der Kritikerin ausgehe und nicht von der Lebens- und Praxisform selbst. Deweys Kritikbegriff eröffne demgegenüber die Perspektive „jede Sehnsucht nach Bedingungen der Möglichkeit von Kritik, die der kritischen Untersuchung vorausliegen, fallen zu lassen – unabhängig davon, ob diese Bedingungen als transzendentale (Apel), quasi-transzendentale (Habermas), formal-anthropologische (Honneth) oder sozial-ontologische (Jaeggi, Stahl) verstanden würden."[1] Im Gegensatz zu neueren Vertretern der Kritischen Theorie verstehe Dewey Kritik nicht als Methode, die sich von außen an ein soziales Feld

---

[1] „To drop any aspirations to look to the conditions of possibility of critique prior to critical inquiry – regardless of these conditions being understood as transcendental (Apel), quasi-transcendental (Habermas), formally anthropological (Honneth), or social-ontological (Jaeggi, Stahl)." Särkelä 2017, 223.

herantragen lasse, sondern als selbsttransformative, radikal fallibilistische und sich selbst korrigierende *inquiry*, die nicht nur das zu kritisierende Feld betreffe, sondern auch die Instanz und Position der Kritik selbst.

11.7 Kritik als Kultivierung von Neigungen

Kritik erschöpft sich für Dewey weder im formalen Reflektieren von Werten im Sinne ihrer Verortung in Erfahrungssequenzen, noch in der Zurückweisung dogmatisch-metaphysischer Erkenntnisansprüche. Sie hat darüber hinaus auch einen positiven, lebensbejahenden Zug, in ihr offenbart sich die Möglichkeit eines verantwortlichen Umgangs mit den eigenen Wertungen und Neigungen, eine Möglichkeit, diesen Neigungen in besonderer Weise die Treue zu halten. Dewey zitiert in diesem Zusammenhang ausgiebig den Juristen und Rechtstheoretiker Oliver Wendell Holmes: Kritik zielt für Holmes einfach darauf, „eine Zukunft herbeizuführen, wie wir sie wünschen" (n. EN 312, dt. 389). Dewey erweitert diesen Gedanken wie folgt: „[D]iese Anstrengung, unsere Wünsche, unsere Bestrebungen und unsere Ideale [...] zu artikulieren, sie in Termini der Erforschung ihrer Bedingungen und Folgen (nicht an sich, was unmöglich ist) zu definieren, ist das, was ich Kritik genannt habe; und wenn sie in allgemeiner Form verfährt, Philosophie." (EN 312, dt. 390) Philosophie wäre also, wie in den Glückssicherungsphilosophien der Antike, immer auch eine Weise, die eigenen Neigungen und libidinösen Besetzungen zu kultivieren, dem eigenen Begehren darin treu zu bleiben, dass ich das Begehrte zu einer „lebendigen Option" im Sinne von William James (James 1997, 153) werden lasse. „Treue gegenüber der Natur, zu der wir als ein wie kleiner Teil auch immer gehören, verlangt, daß wir an unseren Wünschen und Idealen festhalten, bis wir sie in Intelligenz verwandelt haben, sie nach Maßgabe der Wege und Mittel revidiert haben, die die Natur möglich macht." (EN 313, dt. 392) Meinem Begehren halte ich vor allem dadurch die Treue, dass ich ihm nicht blind folge, sondern mir vergegenwärtige, welche Optionen es mir eröffnet, und welche Wege zu gehen es nahelegt. Dazu gehört auch zu sehen, dass jedes Begehren natürlich ist, dass das „Streben des Menschen nach Gegenständen der Phantasie" eine „Fortsetzung natürlicher Prozesse" (EN 315, dt. 393) ist. Wie die meisten Vögel und Säugetiere werden auch Neigungen für Dewey „blind" (EN 320, dt. 400) geboren. Das Sehen muss ihnen erst beigebracht werden, genau darin liegt die Aufgabe von Kritik und Philosophie. „Alle echte Kritik ist nur ein anderer Name für jene enthüllende Entdeckung der Bedingungen und Folgen, die es der Neigung, der Tendenz, dem Interesse ermöglichen, sich verantwortlich und informiert statt unwissend und fatalistisch zu äußern." (EN 321, dt. 401)

11.8 Übergänge zwischen Philosophie und Literatur

Dewey betont abschließend, dass Philosophie nicht nur als eine Form von Wissenschaft verstanden werden kann, sondern auch als eine Form von Literatur. Wie die Literatur sei auch die Philosophie „ein Kommentar zu Natur und Leben im Interesse einer intensiveren und gerechteren Würdigung der Bedeutungen, die in der Erfahrung liegen" (EN 304, dt. 380). Damit nimmt Dewey eine zentrale These von *Art as Experience* (1934) vorweg, einem Werk, das ästhetische Erfahrung nicht kriteriell von alltäglichen Erfahrungen abzuheben sucht, sondern über ihren Intensitätsgrad. Die Doppelläufigkeit alltäglicher Erfahrung, ihr Oszillieren zwischen Tun und Erleiden, Akteur und Welt, werde in ästhetischer Erfahrung aufgenommen und gesteigert, intensiviert. Die ästhetische Erfahrung ist für Dewey also einfach eine Erfahrung, die in besonderer Weise ihrem Begriff und ihren Möglichkeiten entspricht. Philosophie bezieht sich auf Erfahrungen in vergleichbarer Weise wie die Literatur, sie steigert und reflektiert Erfahrungen, die sich wiederum durch eine Kontinuität mit der Natur auszeichnen, so die Grundthese des gesamten Buches. Erfahrungen sind nicht nur „*von* der Natur", sondern zugleich „*in* der Natur" (EN 11, dt. 18). „Das einzige Band, das niemals zerrissen wird, ist das zwischen den Energien und Akten, die die Natur ausmachen. Erkenntnis verändert dieses Band. Aber die Idee, dass Erkenntnis das Band löst [...], ist kaum weniger als kindisch" (EN 309, dt. 387). Die Aufgabe der Philosophie kann also weder darin bestehen „eine Welt der ‚Realität' *de novo* zu erschaffen" noch darin, in „Geheimnisse des Seins einzudringen, die dem gesunden Menschenverstand [...] verborgen sind" (EN 305, dt. 381). Philosophie ist, wie die Literatur, ein Modus des *steigernden Umgangs mit Erfahrungen* und Wissen, sie hat insofern keinen „Wissensbestand, der nur ih[r] eigentümlich wäre" (EN 305, dt. 381). Sie praktiziert eine Kultur des Wissens, das wir immer schon haben und sind. „Liebe zur Weisheit", so Dewey „ist nicht Wissen, kann aber ohne Wissen gleichwohl nicht sein" (EN 305, dt. 382).

In der Weise, wie Philosophie konkret mit Erfahrungen und mit Wissen umgeht, zeichnet sich aber auch eine Differenz zu Kunst und Literatur ab. Diese seien freier, sich mittels der Phantasie von der Natur zu trennen und eigene Welten entstehen zu lassen. Philosophie könne demgegenüber niemals fiktional sein. Sie hat in Bezug auf die Erfahrung eine spezifische Aufgabe, die Dewey wie folgt bestimmt: „Die Aufgabe dieses Diskurses ist es, das am besten verfügbare Wissen seiner Zeit und seines Ortes für eine bestimmte Absicht zu akzeptieren und nutzbar zu machen. Und die Absicht ist die Kritik der Überzeugungen, Institutionen, Sitten und politischen Strategien im Hinblick darauf, ob sie auf das Gute zielen. Das bedeutet, ob sie auf *das* Gute zielen, das in der Philosophie selbst erlangt und formuliert wird." (EN 305, dt. 381) Dieses Gute zielt darauf, Dinge gemäß der pragmatischen Maxime daraufhin zu beurteilen, welche Optionen sie uns eröffnen und mögliche Sackgassen zu vermeiden. Die Ethik des Pragmatismus will weniger eine bestimmte Gestalt gesellschaftlichen Seins vorschreiben, als Optionen offenhalten. Dewey schließt sich insofern der von Peirce als erstes Prinzip der Vernunft beschriebenen Maxime „Versperre nicht den Weg der Forschung" [2] an, die sich in ihrem Charakter als Maxime selbst in Frage stellt. In Bezug auf Deweys in *Experience and Nature* skizziertes Programm einer immanenten Kritik bedeutet dies: „Ein Gut ist auf jeden Fall ein Gut, aber für die Reflexion bewähren sich diejenigen Güter, ob sie nun Schönheit oder Wahrheit oder Rechtschaffenheit genannt werden, die das Urteilsvermögen bei der Schaffung neuer Güter und der Bewahrung alter Güter stabilisieren, beleben und entfalten." (EN 311, dt. 389)

Moral befasst sich nicht „mit Werten" an sich und Strategien ihrer Begründung, sondern „mit der Kritik der [...] Werte" (EN 322, dt. 402). Darin steht sie wiederum der Literatur nahe. Prinzipienethiken formulieren „schroffe Dogmen" (EN 322, dt. 402) und einen „willkürlichen Kodex von Vorschriften und Regeln" (EN 322, dt. 403), der die *inquiry* tendenziell unterbindet. „Der direkte Appell an die Erfahrung, der durch die Einsicht eines Künstlers konzentriert, verlebendigt, intensiviert und in literarischen Schöpfungen verkörpert worden ist" (EN 322, dt. 403), regt dagegen zu weiterer *inquiry* an und eröffnet Lebensmöglichkeiten. Philosophie und Literatur inszenieren Experimente mit dem Leben, die dessen Möglichkeiten zugleich erweitern und steigern.

Literatur

Blumenberg, H. 1981: „Sprachsituation und immanente Poetik", in: ders., Wirklichkeiten in denen wir leben, Stuttgart, 137–156
Dewey, J. 2001: Die Suche nach Gewißheit, Frankfurt a. M.
Hetzel, A. 2015: „Wertschöpfung als kulturelle Praxis. Ein Beitrag Nietzsches zur Kulturphilosophie", in: Nietzsche-Studien, 44/1, 2015, 88–97
Jaeggi, R. 2014: Kritik von Lebensformen, Berlin
James, W. 1997: „Der Wille zum Glauben", in: Pragmatismus. Ausgewählte Texte, hrsg. v. Ekkehard Martens, Stuttgart, 128–160, 153.
Light, A.; Katz E. (Hrsg.) 1996: Environmental pragmatism, London/New York
Lotze, H. 1883: Grundzüge der Logik und Encyclopädie der Philosophie, Leipzig
McDonald, H. P. 2003: John Dewey and Environmental Philosophy, Albany
McDowell, J. 1998: Geist und Welt, Paderborn

---

[2] „Do not block the way of inquiry." Peirce 1931, 135.

Nietzsche, F. 1999: „Jenseits von Gut und Böse", in: ders., Kritische Studienausgabe (KSA), Bd. 5, 9–244.
Norton, B. G. 2005: Sustainablility. A Philosophy of Adaptive Ecosystem-Management, Chicago/London
Novalis 1968: „Studien zur bildenden Kunst", in: ders: Schriften. Die Werke Friedrich von Hardenbergs, Stuttgart, Bd. 2
Peirce, C. S. 1931: „F.R.L. (First Rule of Logic), manuscript", in: ders., Collected Papers, hrsg. v. Hartshorne, C. und Weiss, P., Bd.1, Cambridge/Mass., 135–140, 135
Särkelä, A. 2017: „Immanent Critique as Self-Transformative Practice: Hegel, Dewey, and Contemporary Critical Theory", in: Journal of Speculative Philosophy, vol. 31, no. 2, 2017, 218–230
Schlegel, F. 1967a: „Über Goethes Meister", in: ders., Kritische Ausgabe, hrsg. v. Hans Eichner et. al., Erste Abteilung, Bd. 2, München/Paderborn/Wien, 126–146, 133
Schlegel, F. 1967b: „Gespräch über die Poesie", in: ders., Kritische Ausgabe, hrsg. v. Hans Eichner et. al., Erste Abteilung, Bd. 2, München/Paderborn/Wien, 284–362, 295.
Simmel, G. 1989: Philosophie des Geldes, Frankfurt a. M.
Stahl, T. 2013: Immanente Kritik. Elemente einer Theorie sozialer Praktiken, Frankfurt a. M.
Urban, W. M. 1909: Valuation: Its nature and laws, London
Welchman, J. 2008: „Dewey and McDowell on Naturalism, Values, and Second Nature", in: The Journal of Speculative Philosophy. New Series, Vol. 22, 2008, No. 1, 50–58

Peter Godfrey-Smith
12 John Dewey's *Experience and Nature*

John Dewey's *Experience and Nature* has the potential to transform several areas of philosophy. The book is lengthy and difficult, but it has great importance for a knot of issues in epistemology, metaphysics, and philosophy of mind. It bears also on metaphilosophy, devoting many pages to the discipline's characteristic pathologies, and advancing a view of what sort of guidance "naturalism" provides. Later chapters move on to discuss art, morality, and value. So this is a major statement by Dewey. It may one day transform moral philosophy as he hopes, but this review will focus on the central ideas of the first two-thirds of the book. Here Dewey does succeed, I think, in motivating us to look at his core topics—experience and nature—in a new way. And though Dewey's language is often obscure and unhelpful, some of the main ideas are simpler than they look.

Earlier "pragmatist" philosophical work was novel in its focus on the relation between thought and action. This work had a broadly empiricist orientation, but discarded much of the psychological picture associated with traditional empiricism, both for philosophical reasons and because science has moved beyond it. Drawing on Alexander Bain, Charles Peirce and William James understood belief in terms of its effects on *habits of action*. This shift, they thought, should change our views of justification, truth, and other epistemological topics. John Dewey, in his training and early inclinations, comes out of an idealist philosophical tradition, influenced by Hegel and the "St Louis Hegelians." But in part through the influence of James's *Principles of Psychology*, and Dewey's time at the University of Chicago, he moved towards a more naturalistic outlook. *Experience and Nature* is a mature statement of the view that has been reached.

A simple way to relate this work to earlier pragmatist ideas is to say that if earlier pragmatism broadened the empiricist treatment of thought by attending to the links between thought and action, Dewey broadens it further, to consider two kinds of relationships between cognition and the environment of the thinker.

First published in: Topoi, John Dewey's *Experience and Nature*, (2014) 33: 285–291, Peter Godfrey-Smith, DOI 10.1007/s11245-013-9214-7. (Published online: 8 November 2013.) © Springer Science+Business Media Dodrecht 2013.) Reprinted with permission of Springer. This is a *Topoi* "Untimely Review." In this series, *Topoi* chooses a classic philosophical work and asks that it be reviewed "as if it had just been published. This implies that the classical work must be contrasted with both past and current literature and must be framed in the wider cultural context of the present day."

Thought is a response to the changeable, unstable aspects of nature—what he calls its "precarious" side. This is what prompts inquiry. And while other pragmatists emphasized that beliefs are expressed in action, those actions, Dewey adds, transform the environment in which the agent lives and operates. Some actions change our relations to the environment, but not the structure of the environment itself—you can leave this room and enter another one. Other acts change the enduring physical structure of our surroundings—rather than leaving the room you can rearrange it, take it apart, or build something new. If all goes well, the actions guided by intelligence transform the factors that gave rise to the problem your environment was posing. In doing so, actions change what will be experienced at the next stages—from moments to years—in time.

That actions typically transform an agent's environment is a familiar everyday fact, in no sense a philosophical discovery. Anyone reading these words is experiencing an environment whose physical structure has been shaped to at least some extent by human action. The common pattern is like this: experience arises from our physical commerce with the environment, thought responds to experience, thought gives rise to action, and action alters the environment that will shape the next round of experience. These facts about our continual ordinary remaking of the world are not usually seen as especially important to philosophical debates about mind, knowledge, and reality. Debates about realism often examine whether the world "exists independently" from thought. In one obvious sense, much of the world does not; people change it as a consequence of what they believe and want. In current debates about realism this is not usually seen as the issue at hand. Writers sometimes note that there is a "mundane sort of empirical dependence" of many objects on thought (Miller 2012, see also Devitt 1991), and set it aside. Even philosophers who are receptive to "idealist" views (such as John McDowell 1994) do not make much of it.

These facts about our effects on the world might be humdrum from a philosopher's point of view, but in no other sense; we spend much of our lives engaged in the cycle: encountering situations in the environment, working out what is going on, working out how to act in response, and remaking our surroundings. Dewey wants to give these facts a large-scale philosophical role. He thinks there will be two kinds of payoff. First, we'll be able to formulate a more empirically grounded view of the relations between mind and the rest of nature. Second, he sees his positive account as leading to an understanding of why philosophy so often gets so strange. This happens, Dewey thinks, through an ongoing neglect or denial of a range of everyday facts, a denial arising for recurring, diagnosable reasons. *Experience and Nature* is full of sweeping historical stories, running back and forth over the centuries. They describe how the political and economic context of philosophical work interacts with evident features of everyday experience to produce errors and distortions, especially the postulation of gulfs and gaps between things that in ordinary experience are straightforwardly related to each other. I will say more about these diagnostic stories below, but first I'll look more closely at Dewey's positive views and how they bear on current debates.

Dewey, as I said, thinks it is an evident fact that nature contains a combination of "precarious" and "stable" elements. The former pose problems for us in a way the latter do not. Stable factors also provide resources for dealing with the instabilities. This is the way into Dewey's quasi- ecological embedding of earlier pragmatist ideas. Inquiry (whether casual or systematic) is an attempt to deal with problems that stem from variable, unstable aspects of nature. Especially in some of his other work, Dewey sometimes takes a further step, probably a step too far. Not only is action a response to problems deriving from instability, but the intended effect of inquiry and action is to generate or restore a kind of stability or order in what Dewey calls the "situation." This strongly directional view has a kind of neatness, but it is not as empirically grounded as the more basic moves Dewey makes. The ideas I see as essential here do not include this directional element, and the claim is not especially prominent in *Experience and Nature*.

What is essential to Dewey's position is the idea that human life exhibits a combination of receptivity and activity, taking things in and imposing structure on one's surroundings. But this combination is only present in virtue of action and its effects, as well as perception, thinking, and theorizing. It is impossible to make sense of this combination within a view that considers thought in isolation from action; any attempt to do so will inevitably lead to incoherence, or to magical thinking. And that, for Dewey, is exactly what has happened. Many philosophers have wanted to recognize and hold onto the constructive role of thought—the fact that it is not a mere bystander and recorder, the fact that it has consequences—within a truncated view of thought and its place in human life. This leads to claims that the world at large is mind-dependent in a way that does not involve the practical role of action. That is the road one part of the idealist philosophical tradition has taken. Idealists sense the wrongness of a view that sees external nature calling the shots, and mind simply as responding. They sense the wrongness of this and insist that thought is constructive, not only in its internal dynamics but in its consequences. But without the link between thought and action, there is no way for thought to actually achieve this.

The crucial point is expressed in this passage from Dewey's book:

> [I]t is not thought as idealism defines thought which exercises the reconstructive function. Only action, interaction, can change or remake objects. The analogy of the skilled artist still holds. His intelligence is a factor in forming new objects which mark a fulfillment. But this

is because intelligence is incarnate in overt action, using things as means to affect other things. (p. 158)

As Dewey puts it elsewhere, the attempt to hold onto the idea that thought makes a difference to the world within a truncated view of cognition results in the impossible claim that thought constructs external things, not by means of "practical overt acts having a temporal quality, but by some occult internal operation" (1929, p. 22). Dewey here is reminiscent of Karl Marx, in his *Theses on Feuerbach* (1845). Marx complained that in previous philosophy, "the active side was left to idealism." Dewey wants to reclaim the active side, not for "materialism," as I'll discuss below, but for a naturalistic view that treats organisms and environments in an empirical way.

For Dewey, the "realist" side of standard debates is right that the structure of the environments in which we live—a structure that does not depend on our mere thoughts or categories—determines the consequences of action, whether we succeed or fail. The "idealist" side is right that much of what effective action does is make changes to these circumstances, altering how things are laid out and hence what experience will bring in the next time-step. Above I noted that in familiar debates about realism, a standard question is whether the world exists "independently" of what people think and say. The physical dependence of many external things on thought might be briefly noted and set aside. For Dewey, if we have a naturalistic orientation then this is a bizarre way to proceed. Independence claims run afoul of the naturalistic fact that mind is part of the world's ongoing operation; mind is "an instrumental method of directing natural changes" (p. 160). Why would mind arise at all, if the rest of nature went on "independently" of it? God might bring mind into existence out of sheer whimsy, but evolution is not likely to do that.

This point, as I've described it so far, might be expressed by saying that standard expressions of *realism* are in tension with *materialism*; if mind is part of the material world, it will be embedded in the causal nexus with everything else. But Dewey does not see himself as a materialist. This is a further claim, optional with respect to the ideas above. For Dewey, "matter" is a term we use for a particular aspect of the world's working—a regular and uniform part, one that is not homeostatic or goal-directed. "Mind" is a term for another part of the world's workings. Between mental and physical, a third and intermediate grade of complexity is the "psycho-physical"—roughly, the biological. Walter Cannon's term "homeostasis" (1932) is not used by Dewey in describing the first steps away from physical patterns, but this is the basic idea, though combined with an emphasis on transformation of external factors as well as adjustment of the internal. So for Dewey, there is no question of reducing mind to matter, or vice versa. He thinks the mind/body problem is the mistaken result of reifying two aspects of natural processes, treating them as substances or things: "if there were an interdict placed for a generation upon the use of mind, matter, consciousness as nouns, and we were obliged to employ adjectives and adverbs, conscious and consciously, mental and mentally, material and physically, we should find many of our problems much simplified" (p. 75—quote marks absent in the original).

Dewey chooses the term "emergentist" for his view of the mind, though it might be better to see this as a version of *neutral monism*, and a more genuinely "neutral" one than some other views described with that term. Nature's activities are not grounded in the physical any more than in the mental. What we call the "physical" or "material" is part of what goes on; what we call the "mental" is another part.

These ideas also tie the doubt-thought-action aspect of the pragmatist tradition to another side, an optimistic and progressive side. In James, this theme was inchoate and cosmic—James hoped to justify the hope that the things that "throw the last stone" in the universe are the good things, rather than morally empty ones. In James this cosmic optimism was never well integrated with the treatment of belief and action. Dewey's book does better; it is not foolish to be optimistic about our capacity to improve things, but this improvement goes by way of the contingent effects of intelligence at work in a structured, constraining world. It is a bad philosophical error to look for a preexisting guarantee of outcomes that can only be achieved contingently and by effort. It is as much an error to use philosophical ideas to run down, or relegate to unreality, the capacity of intelligent action to make genuine improvements.

Despite all this emphasis on action, Dewey is not a *behaviorist*, or at least not in the usual sense. He does not think there is no more to an agent's psychology than their dispositions to behave in observable ways. Dewey does hold that thought only exists in a context in which agents are engaged in symbol-using behavior, and for Dewey symbol-using behavior is social. But there is no attempt to explain away or deflate private individual subjectivity. This is because we can turn our communicative capacities within. Mind only exists in a community of language-using agents, but once it exists, it can be "privatized". Dewey thinks that other philosophers have been rather blind to the psychological role of inner speech. Hume said that he could not find within him a unified "self," but only a sequence of impressions and ideas ("some particular perception or other, of heat or cold, light or shade, love or hatred, pain or pleasure"). Dewey replies: "It is altogether likely that the 'ideas' which Hume found in constant flux whenever he looked within himself were a succession of words silently uttered" (pp. 169–170). The private domain that is created by turning language inwards becomes a field of spontaneous creativity, and something valuable for us in itself; the inner life is "a new, readily accessible and cheaply enjoyed esthetic field," a domain for rehearsal and storytelling. So there is no attempt to belittle the subjective and private side of the mind, but Dewey sees the valuable features of individual subjectivity as products of social life.

Here Dewey is working alongside others in recent cognitive science who emphasize the organizing role of inner speech and the internalization of public language as a psychological tool (Dennett 1991; Carruthers 2002; Spelke 2003; Clark 2010; Lev Vygotsky, working in the Soviet Union in the 1920s and 1930s, is an important early figure in this tradition). Dewey gives less detail on the psychological side than these other writers, and within his rather brief discussions, it is surprising to me how much emphasis Dewey puts on the aesthetic role of inner story-telling, as opposed to its deliberative and experimental side. He does say that creative individual thought, the product of privatization of language, is the "counterpart" of what distinguishes modern science—"experimental, hypothetical," embracing "individual temperament, ingenuity"— from its precursors, and this is the counterpart also of "modern politics, art, religion and industry," where the individual again is given "room and movement." But this talk of a "counterpart" relation is weaker than the claim Dewey might have made at this spot; he might have said that the creative subjective mind, running on internalized language, is a crucial tool by which these features of modern culture are achieved.

Rather than looking closely at the psychology, Dewey discusses how the role of communication in shaping a mere "substratum of organic psycho-physical actions" into genuine thought affects broader philosophical issues. Interaction between different kinds of work in this area might benefit all sides. Compare, for example, the arguments of Clark and Chalmers (1998) about external tools for thinking, and what they call "the extended mind." Clark and Chalmers think that the routine use of notebooks, smartphones and the like motivates a view in which some of these devices are seen as inside, not outside, the mind itself. They accept a framework in which boundaries should exist somewhere, and their response to the cognitive role of these tools is to extend the boundaries of the mind outward. I think that Dewey sees a relocation of the boundary as the wrong response. It is central to Dewey's outlook that the entanglement between mind and the rest of nature brought about by communicative technologies is local and constrained, but not in a way that involves a boundary, either standard or unorthodox, between the two.

In other ways Dewey's treatment could be usefully augmented by attention to this work. Dewey's view is based on consideration of very simple communicative phenomena—speech, for the most part. Other communicative and cognitive technologies do not play much of a role in the discussion, and these should surely be part of the story. I have in mind especially the technologies of memory, and the cognitive integration of external artifacts that memory often involves (Sutton 2010). Human transformation of an environment is sometimes done for immediate purposes (heating a room) and sometimes for epistemic ones (making notes and records). The dependence of the "external" on thought, achieved via action, becomes more elaborate as technology develops, as Dewey emphasizes. One feature of this change, though, is a shift in what human control is aimed at. A huge amount of effort and energy now goes into the organization of enduring external marks that function as memory, some tightly and routinely bound to our "inner" processes, others more loosely bound.

The direction Dewey wants to take us in here is promising and the ties to cognitive science are rich, but he sometimes goes too far in his claims about the dependence of thought on communicative behavior.

> It is safe to say that psychic events, such as are anything more than reactions of a creature susceptible to pain and diffuse comfort, have language for one of their conditions. (p. 169)

Here Dewey surely oversteps. A view in which non-verbal animals are restricted to mere reactions to pain and comfort is empirically unsupportable. Work on how some nonverbal animals deal with space, in particular, has shown great sophistication; there is more going on inside than Dewey allows (see Emery and Clayton 2003; Gallistel and King 2010).

Next I will spend some time looking at the historical and critical side of the book. Dewey wants to understand how philosophy winds up in the strange places it does. He does this in part by charting its history, from ancient times onwards. The stories he tells are rich, though very abstract—"The Greeks" did this, and "medieval theology" did that. This intellectual history is told in a way that notes, with similar abstraction, changing political and economic circumstances. I find many of these stories quite convincing, but I am not a historian. Here I'll say something about the form of Dewey's treatment of the relations between philosophical ideas and their context.

The pathologies of philosophy as Dewey tells the story come from human responses to evident features of experience in the peculiar context of philosophical work. Some of those evident features of experience were described above: a combination of the variable and stable, with variability posing problems in a way stability does not. Philosophers sense these features of human life, as everyone does, and in their theories respond to them. At earlier times in history, when the capacity for control was very limited, much effort went into placating deities and rationalizing events. In philosophy, too, we see attempts to banish the changeable to unreality, especially in the Greek tradition. Modern times have seen an increase in real control, but philosophy has not fully caught up to this fact about our changed circumstances. Dewey sees in recent philosophy a continuation of the tradition of offering empirically unfounded insistences on stability and security.

> Our magical safeguard against the uncertain character of the world is to deny the existence of chance, to mumble universal and necessary law, the ubiquity of cause and effect, the uniformity of nature, universal progress, and the inherent rationality of the universe. (p. 44)

Dewey also has an interesting account of how the extravagant details of philosophical systems arise. For Dewey, an essential element in all theoretical work is what he calls "selection" or "selective emphasis." We ignore, or imagine away, most of what is present in a system, to concentrate on what we think is most relevant.

> Selective emphasis, with accompanying omission and rejection, is the heart-beat of mental life. To object to the operation is to discard all thinking. But in ordinary matters and in scientific inquiries, we always retain the sense that the material chosen is selected for a purpose; there is no idea of denying what is left out, for what is omitted is merely that which is not relevant to the particular problem and purpose in hand. But in philosophies, this limiting condition is often wholly ignored. (p. 25)

What Dewey calls "selective emphasis" is also discussed under the (contested) headings of *abstraction* and *idealization*, a discussion mostly taking place in the philosophy of science, not the philosophy of philosophy. Dewey thinks that philosophy has a problem with the mishandling of these operations, in part because the theoretical structures reached by means of philosophical idealization are not usually tested empirically. So philosophers throw away most of the contents of whatever they are studying (which is fine), build a theory with what remains, but then conclude that the things that were deliberately omitted do not exist at all.

Different times and different collections of workers make different choices, and these choices are influenced by what seems especially salient in a cultural setting. But philosophers tend in similar ways to obscure the nature of their choices. The result, Dewey says, is those "astounding differences in philosophic belief that startle the beginner and that become the plaything of the expert" (p. 30).

Many of the ideas I have emphasized in this review involve Dewey's taking up a link between thought and action that is characteristic of classical pragmatist philosophy, and extending the theme. Given this, it is notable that writers working in a broadly pragmatist tradition since the 1950s have generally given less and less role to this connection; other ideas have become more prominent. In dating the change to around 1950, I have in mind especially Quine, in the closing passage of "Two Dogmas," followed in the 1970s by Rorty, and then philosophers such as Brandom and Price. A strong recent statement of the shift that has occurred is seen in a paper by Macarthur and Price (2007); pragmatism, they say, is *linguistic priority* in philosophy without *representationalism*. Similarly, in Brandom's "analytic pragmatism" of 2010, the central move made concerns language—he wants people to move from asking about the *meaning* of expressions to asking about their *use*. Wittgenstein is an overt inspiration for some of this shift. Another side of recent pragmatism, also influenced in some cases by Wittgenstein, is an opposition to giving positive theories in most parts of philosophy, especially in metaphysics and epistemology. This is seen prominently in Rorty (1982), who regards pragmatism as *anti-essentialism* about just about all standard philosophical topics. Kitcher, too, distances Dewey as much as he can from epistemological and metaphysical debates (2010), doing so to prioritize moral and social philosophy. Macarthur and Price link their treatment of language to an anti-metaphysical orientation.

To note these shifts in pragmatist thinking is not to object to them. The pragmatist lineage evolves. Perhaps the new focus constitutes progress. Dewey's book, though, would return the tradition to the ideas that set it in motion, and is opposed to both currents described above. The book is steeped in metaphysics, trying to give a better account of the "generic traits of existence" than its predecessors, rather than dropping the topic. Dewey would say of "linguistic priority" that a focus on language can sometimes be helpful in dissolving problems—he often sees errors of reification, for example, as illustrated by the quote I gave about "mind" and "mental"—but Dewey is trying for an overall picture of experience, cognition, and action, and his approach to language is to integrate linguistic behavior with other aspects of human life.

Many other issues are covered in the book. Dewey claims that scientific theories are concerned with relations and patterns, not the intrinsic natures of things. Does this make Dewey a *structural realist* of some kind, like Worrall (1989) and Ladyman (2013)? Specifically, *ontic structural realism* holds that given what physical theories are telling us, we should conclude that all there is in the world, in some sense, is structure. Dewey rejects this view: "all structure is structure of something", he says. Dewey's response to a structural realist argument is to note that the features of nature that science is concerned with do not exhaust nature; science is only *interested* in patterns, but that does not mean that "qualities", for example, do not exist, or that we have no dealings with them. We have non-epistemic dealings with them; not all experience is a matter of thinking and knowing. Dewey's discussion of this topic also makes progress in another area that has been problematic for pragmatism, the relation between practical and epistemic goals. Dewey calls relations and connections "instrumental" features of nature—they are the features relevant to manipulation, prediction, and control. For Dewey, a crucial advance in the transition to modern science was to focus on these as subject-matter. That move yielded many practical benefits. But, Dewey says, the best way to investigate these features of nature is *not* to do so with much of an eye on present practical projects. Recognizing this—fusing empirical methods with a theoretically curious, open-ended orientation—was another historical advance. Science, for Dewey, could be described as the disinterested study of instrumentality.

Truth has been a perennial topic and often a difficult one for pragmatism. Dewey keeps (almost) clear of the issue, so much so that one wonders whether he has taken on board Rorty's suggestion (1986) that the best view of truth for a pragmatist is a deflationary one, in which the word "true" is seen not a name for a real property but as a logical and conversational device. A weaker aspect of Dewey's book, though, is its handling of a representationalist view of thought and other signs, when this view is treated as a contribution to an area of central concern to him—control and the transformation of environments. Dewey rejects "correspondence", and related notions, as the basis for a theory of the relations between thought and the world. A false dichotomy in this area has undermined many discussions of pragmatism, a dichotomy between representing the world and modifying it. There is no choice to make there, because representing things as they are might be a *means* to later modifying them. Perhaps, despite appearances, that is an error; perhaps accurate representation of things is not a good route to their effective modification. If so, that needs to be worked out. Dewey, however, does not grapple with this option, and some of his discussions fall into the false dichotomy. He discusses maps; surely a good map represents the world as it is? Dewey replies that a map, too, is an instrument of trans- formation; once America appeared on maps viewed in Europe, its future was changed. That is true. But there is a before-and-after to consider. A good map might correspond to the terrain mapped at one time, and be used later to change that very terrain. An irony can be seen here: the error being made involves time and the relations between before-and-after, a topic Dewey handles so well elsewhere.

I mentioned another deficiency above—an overstated treatment of the role of language in thought, as seen in claims made about animals. I also noted a tendency (not as marked as in some of his other work) to generalize in overly simple ways about the causes and consequences of effective action. In this area we can distinguish an initial Deweyan move from more contentious additional claims.

The initial move is to note that the actions caused by beliefs have effects on agents' environments; any empiricist should care about these effects, because by this route action shapes later experience, and this first move can also be seen as an extension of functionalism. Dewey's further moves offer generalizations about the typical circumstances that prompt inquiry, and the typical effects of the actions that result. Is it true that in a core set of cases, or a historically important set, there is a central role for "precarious" or variable conditions as the sources of problems, and "stable" features as resources? Perhaps this is how things work (or worked) in simple cases, but with less and less uniformity as human goals become more complex and idiosyncratic. What generalizations can then be made about the effects of action, both as it bears on organism-environment relationships and on the structure of environments themselves? How do the parts of nature subject to intelligent action tend to change?

Decades will be required to digest this material. My focus here has been on the first two-thirds of the book, before the fact/value gap is confronted. The treatment of value builds on these earlier chapters. It would be a distortion also to focus exclusively on the negative side of this work, the charting of past and present errors. The errors, for Dewey, are correctable errors about experience and about nature, and they arise because of comprehensible interactions between basic features of human life, changing political and technological contexts, and the way in which philosophy is done.

Dewey does not call his work here "pragmatist". He says his aim is an empirical naturalism, or naturalistic empiricism. This is indeed an important alternative to the more heavy-handed naturalism associated with Quine, and the aspiration to collapse epistemology into psychology. But though Dewey does not label this a pragmatist work, it is the culmination of much of that tradition. As I noted above, recent years have seen a number of philosophers influenced by pragmatism giving up on the attempt to use ideas from the classical pragmatists to give positive theories in epistemology and related areas, and seeing the best contributions of James and Dewey elsewhere. Dewey's book shows that the move away from positive theory was premature. *Experience and Nature* is —despite its excesses, its endless repetition, its occasional incomprehensibility —the best book written in the pragmatist lineage so far.

Acknowledgments: I am grateful to Richard Francis for emphasizing to me the importance of *Experience and Nature* as the best expression of Dewey's ideas. Correspondence and discussions with Tim Button have helped this review.

References

Brandom, R. 2010: Between saying and doing: toward an analytic pragmatism. Oxford University Press, Oxford
Carruthers, P. 2002: The cognitive functions of language. Behav. Brain Sci. 25:657–674
Clark, A. 2010: Supersizing the mind: embodiment, action, and cognitive extension. Oxford University Press, Oxford
Clark, A.; Chalmers, D. J. 1998: The extended mind. Analysis 58: 7–19
Dennett, D. C. 1991: Consciousness explained. Little, Brown and Co, New York
Devitt, M. 1991: Realism and truth, 2nd edn. Princeton University Press, Princeton
Dewey, J. 1925: Experience and nature. Open Court, La Salle
Dewey, J. 1929: The quest for certainty: a study of the relation of knowledge and action. Minton, Balch and Company, New York
Emery, N. C.; Clayton N. S. 2003: The mentality of crows: convergent evolution of intelligence in corvids and apes. Science 306:1903–1907
Gallistel, R.; King, A. 2010: Memory and the computational brain. Wiley-Blackwell, New York
Kitcher, P. S. 2010: The importance of Dewey for philosophy (and for much else besides). In: Shook, J.; Kurtz P. (eds.), Dewey's Enduring Impact. Prometheus Books, Amherst, NY
Ladyman, J. 2013: Structural realism. In: Zalta, E. N. (ed.), The Stanford encyclopedia of philosophy (Summer 2013 Edition). http://plato.stanford.edu/archives/sum2013/entries/structural-realism/
Macarthur, D.; Price H. 2007: Pragmatism, quasi-realism and the global challenge. In: Misak C (ed.) The new pragmatists. Oxford University Press, Oxford
Marx, K. 1845: Theses on Feuerbach. Reprinted in K. Marx and F. Engels, The German ideology, including theses on Feuerbach. Prometheus, 1998, Amherst, NY
McDowell, J. 1994: Mind and world. Harvard University Press, Cambridge, MA
Miller, A. 2012: Realism. In: Zalta EN (ed.) The Stanford encyclopedia of philosophy. Spring. http://plato.stanford.edu/archives/spr 2012/entries/realism/
Rorty, R. 1982: Consequences of pragmatism: essays 1972–1980. University of Minnesota Press, Minneapolis
Rorty, R. 1986: Pragmatism, Davidson, and truth. In: LePore E (ed.), Truth and interpretation: perspectives on the philosophy of Donald Davidson. Blackwell, Oxford, pp 333–355
Spelke, E. 2003: What makes us smart? core knowledge and natural language. In: Gentner, D., Goldin-Meadow, S. (eds.), Language in mind: advances in the investigation of language and thought. MIT Press, Cambridge, MA
Sutton, J. 2010: Exograms and interdisciplinarity: history, the extended mind, and the civilizing process. In: Menary, R. (ed.), The extended mind. MIT Press, Cambridge MA, pp 189–225
Vygotsky, L. 1932/1986: Thought and language. In: Kozulin, A. (ed.), MIT Press, Cambridge, MA
Worrall, J. 1989: Structural realism: the best of both worlds? Dialectica 43:99–124

Fabienne Forster
Auswahlbibliographie

1 Werke von John Dewey

1.1 Gesamtausgabe

John Deweys Werk ist gesammelt erschienen in der kritischen Gesamtausgabe *The Collected Works of John Dewey, 1882–1953*, ed. by Jo Ann Boydston (Carbondale/Edwardsville: Southern Illinois University Press, 1972–2008)/*The Collected Works of John Dewey, 1882–1953. The Electronic Edition*, ed. by Larry Hickman (Charlottesville 1996). Herausgegeben als:

— The Early Works [= EW], 1882–1898, 5 vols., Carbondale/Edwardsville
— The Middle Works [= MW], 1899–1924, 15 vols., Carbondale/Edwardsville
— The Later Works [= LW], 1925–1953, 17 vols., Carbondale/Edwardsville
— The Collected Works, 1882–1953. Supplementary Volume 1: 1884–1951, electronic ed.

1.2 Weitere Ausgaben

— 1973: Lectures in China 1919–1920, transl. from the Chinese and ed. by Robert W. Clopton, Tsuin-Chen Ou, Honolulu
— 2009: The Correspondence of John Dewey, 1871–1952 (I-IV), electronic ed., ed. by Larry Hickman, Charlottesville
— 1998: The Essential Dewey, 2 vols., ed. by Larry Hickman and Thomas M. Alexander, Bloomington
— 2012: Unmodern and Modern Philosophy, ed. and with an introduction by Phillip Deen, Carbondale/Edwardsville

1.3 Ausgewählte Schriften

— 1888: Leibniz's New Essays Concerning the Human Understanding, Chicago, wieder abgedruckt in: EW 1, 251–435
— 1899: The School and Society, Chicago, wieder abgedruckt in: MW 1, 1–109
— 1905: „The Postulate of Immediate Empiricism", in: The Journal of Philosophy, Psychology and Scientific Methods, Vol. 2, No. 15 (Jul. 20, 1905) 393–399, wieder abgedruckt in: MW 3, 158–167
— 1907: „The Practical Character of Reality", in: Essays Philosophical and Psychological in Honor of William James, New York, wieder abgedruckt in: Dewey 1931, 36–55, und in: MW 4, 125–142; dt.: „Der praktische Charakter der Realität", in: Philosophie und Zivilisation, übers. von Martin Suhr, Frankfurt a. M. 2003, 38–57

— 1908: „What Does Pragmatism Mean by Practical?", in: The Journal of Philosophy, Psychology and Scientific Methods, Vol. 5, No. 4 (Feb. 13, 1908), 85–99, wieder abgedruckt in: Dewey 1916b, 303–329, und in: MW 4, 98–115
— 1909: „Darwin's Influence upon Philosophy", in: Popular Science Monthly 75 (1909), 90–98, wieder abgedruckt unter dem Titel: „The Influence of Darwin on Philosophy", in: Dewey 1910b, 1–19, und in: MW 4, 3–14; dt.: „Der Einfluss des Darwinismus auf die Philosophie", in: Erfahrung, Erkenntnis und Wert, hrsg. und übers. von Martin Suhr, Frankfurt a. M. 2004, 31–43
— 1910a: How We Think, Boston, wieder abgedruckt in: MW 6, 177–355; dt.: Wie wir denken, mit einem Nachwort neu hrsg. von Rebekka Horlacher und Jürgen Oelkers, Zürich 2002
— 1910b: The Influence of Darwin on Philosophy and Other Essays in Contemporary Thought, New York, Essays gesondert wieder abgedruckt in: EW 5, MW 1, 3, 4, 6
— 1915: Schools of To-Morrow, New York, wieder abgedruckt in: MW 8, 205–404
— 1916a: Democracy and Education. An Introduction to the Philosophy of Education, New York, wieder abgedruckt in: MW 9; dt.: Demokratie und Erziehung. Eine Einleitung in die philosophische Pädagogik, hrsg. und mit einem Nachw. von Jürgen Oelkers, Weinheim 2000
— 1916b: Essays in Experimental Logic, Chicago, Essays gesondert wieder abgedruckt in: MW 1, 2, 4, 6, 8, 10
— 1917: „The Need for a Recovery of Philosophy", in: Creative Intelligence. Essays in the Pragmatic Attitude, New York, 3–69, wieder abgedruckt in: MW 10, 3–48; dt.: „Die Notwendigkeit einer Selbsterneuerung der Philosophie", in: Erfahrung, Erkenntnis und Wert, hrsg. und übers. von Martin Suhr, Frankfurt a. M. 2004, 145–195
— 1918: „The Objects of Valuation", in: The Journal of Philosophy, Psychology and Scientific Methods, Vol. 15, No. 10 (May 9, 1918), 253–258, wieder abgedruckt in: MW 11, 3–9
— 1920: Reconstruction in Philosophy, New York, wieder abgedruck in: MW 12, 77–201; dt.: Die Erneuerung der Philosophie, übers. von Martin Suhr, Hamburg 1989
— 1922a: Human Nature and Conduct, New York, wieder abgedruckt in: MW 14; dt.: Die menschliche Natur. Ihr Wesen und ihr Verhalten, mit einem Nachwort neu hrsg. von Rebekka Horlacher und Jürgen Oelkers, Zürich 2004
— 1922b: „Knowledge and Speech Reaction", in: The Journal of Philosophy, Vol. 19, No. 21 (Oct. 12, 1922), 561–570, wieder abgedruckt in: MW 13, 29–39
— 1923: Introduction to F. Matthias Alexander's *Constructive Conscious Control of the Individual*, London, wieder abgedruckt in: MW 15, 308–315
— 1925: Experience and Nature, Chicago/London, wieder abgedruckt in: LW 1; dt.: Erfahrung und Natur, übers. von Martin Suhr, Frankfurt a. M. 1995
— 1927a: „Half-Hearted Naturalism", in: The Journal of Philosophy, Vol. 24, No. 3 (Feb. 3, 1927), 57–64, wieder abgedruckt in: LW 3
— 1927b: „The Rôle of Philosophy in the History of Civilization", in: E. S. Brightman (ed.), Proceedings of the Sixth International Congress of Philosophy, New York, 536–542, wieder abgedruckt unter dem Titel „Philosophy and Civilization" in: Dewey 1931, 3–12, und in: LW 3, 3–10
— 1928a: „Meaning and Existence", in: The Journal of Philosophy, Vol. 25, No. 13 (Jun. 21, 1928), 345–353, wieder abgedruckt in: LW 3, 82–91

— 1928b: „Social as a Category", in: The Monist, Vol. 38, No. 2 (April 1928), 161–177, wieder abgedruckt unter dem Titel: „The Inclusive Philosophic Idea", in: Dewey 1931, 77–92, und in: LW 3, 41–54; dt.: „Die umfassende philosophische Idee", in: Philosophie und Zivilisation, übers. von Martin Suhr, Frankfurt a. M. 2003, 79–93
— 1929: The Quest for Certainty: A Study of the Relation of Knowledge and Action, New York, wieder abgedruckt in: LW 4; dt.: Die Suche nach Gewißheit. Eine Untersuchung des Verhältnisses von Erkenntnis und Handeln, übers. von Martin Suhr, Frankfurt a. M. 1998
— 1930a: Construction and Criticism, New York, wieder abgedruckt in: LW 5, 125–144
— 1930b: „Qualitative Thought", in: Symposium 1 (January 1930), 5–32, wieder abgedruckt in: Dewey 1931, 93–116, und in: LW 5, 243–262; dt.: Qualitatives Denken, in: Philosophie und Zivilisation, übers. von Martin Suhr, Frankfurt a. M. 2003, 94–116
— 1931: Philosophy and Civilization, New York, Essays gesondert wieder abgedruckt in: EW 5, MW 2, 7, 15, LW 2, 3, 5, 6; dt.: Philosophie und Zivilisation, übers. von Martin Suhr, Frankfurt a. M. 2003
— 1934a: A Common Faith, New Haven, wieder abgedruckt in: LW 9, 1–60; dt.: Ein allgemeiner Glaube, in: Erfahrung, Erkenntnis und Wert, hrsg. und übers. von Martin Suhr, Frankfurt a. M. 2004, 229–292
— 1934b: Art as Experience, wieder abgedruckt in: LW 10; dt.: Kunst als Erfahrung, übers. von Christa Velten u. a., Frankfurt a. M. 1980
— 1935: „Peirce's Theory of Quality", in: The Journal of Philosophy, Vol. 32, No. 26 (Dec. 19, 1935), 701–708, wieder abgedruckt in: LW 11, 86–94
— 1938: Logic. The Theory of Inquiry, New York, wieder abgedruckt in: LW 12; dt.: Logik. Die Theorie der Forschung, übers. von Martin Suhr, Frankfurt a. M. 2008
— 1939: Freedom and Culture, New York, wieder abgedruckt in: LW 13, 63–188
— 1946: „Peirce's Theory of Linguistic Signs, Thought and Meaning", in: The Journal of Philosophy, Vol. 43, No. 4 (Feb. 14, 1946), 85–95, wieder abgedruckt in: LW 15, 141–152, dt.: Peirces Theorie der sprachlichen Zeichen, des Denkens und der Bedeutung, in: Erfahrung, Erkenntnis und Wert, hrsg. und übers. von Martin Suhr, Frankfurt a. M. 2004, 77–90
— 1949: Knowing and the Known, with Arthur F. Bentley, Boston, wieder abgedruckt in: LW 16, 1–294

2 Literatur über John Dewey

2.1 Bibliographien

Boydston, J. A.; Poulos, K. (eds.) 1978: Checklist of Writings about John Dewey. Second Edition 1887–1977, Carbondale/Edwardsville
Levine, B. (ed.) 1996: Works about John Dewey 1886—1995, print ed., Carbondale/Edwardsville
Levine, B. (ed.) 2016: Works about John Dewey 1886—2016, electronic ed., Carbondale/Edwardsville, URL = http://deweycenter.siu.edu/publications-papers/work-about-dewey.php [15.03.2017]
Thomas, M. H. 1962: John Dewey. A Centennial Bibliography, Chicago

2.2 Einführungen, Überblicksarbeiten und Sammelbände zu Werk und Wirkung

Alexander, T. M. 1987: John Dewey's Theory of Art, Experience, and Nature. The Horizons of Feeling, Albany (=SUNY Series in Philosophy)
Bernstein, R. J. 1966: John Dewey, New York
Bernstein, R. J. 1971: Praxis and Action, Philadelphia; dt.: Praxis und Handeln, Frankfurt a. M. 1975
Bernstein, R. J. 2010: The Pragmatic Turn, Cambridge/Malden
Boisvert, R. D. 1988: Dewey's Metaphysics, New York
Boisvert, R. D. 1998: John Dewey. Rethinking Our Time, Albany (= SUNY Series, The Philosophy of Education)
Boydston, J. A. 1972: Guide to the Works of John Dewey, Carbondale/Edwardsville
Campbell, H. M. 1971: John Dewey, New York
Campbell, J. 1995: Understanding John Dewey. Nature and Cooperative Intelligence, Chicago/La Salle, IL
Cochran, M. (ed.) 2010: The Cambridge Companion to Dewey, Cambridge/New York
Eames, S. M. 1977: Pragmatic Naturalism: An Introduction, Carbondale/Edwardsville
Eames, S. M. 2003: Experience and Value. Essays on John Dewey & Pragmatic Naturalism, ed. by E. R. Eames and R. W. Field, Carbondale/Edwardsville
Eldridge, M. 1998: Transforming Experience. John Dewey's Cultural Instrumentalism, Nashville/London
Fesmire, S. 2015: Dewey, London/New York (= Routledge Philosophers)
Gale, R. M. 2010: John Dewey's Quest for Unity: The Journey of a Promethean Mystic, Amherst, NY (= Prometheus Lecture Series)
Garrison, J. (ed.) 1995: The new scholarship on Dewey, Dordrecht et al
Gouinlock, J. 1972: John Dewey's Philosophy of Value, New York
Gouinlock, J. 1998: „Dewey, John (1859–1952)", in: Routledge Encyclopedia of Philosophy, ed. by E. Craig, London/New York, 44–50; online: URL = https://www.rep.routledge.com/articles/biographical/dewey-john-1859-1952/v-1 [15.03.2017]
Hampe, M. 2006: Erkenntnis und Praxis. Zur Philosophie des Pragmatismus, Frankfurt a. M.
Hampe, M. (Hrsg.) 2009: Schwerpunktheft John Dewey, Allgemeine Zeitschrift für Philosophie, Heft 34 (3), 2009
Hartmann, M. 2003: Die Kreativität der Gewohnheit. Grundzüge einer pragmatistischen Demokratietheorie, Frankfurt a. M.
Hartmann, M. 2009: Vertiefung der Erfahrung. John Dewey in der deutschsprachigen Rezeption, in: M. Hampe (Hrsg.), Schwerpunktheft John Dewey, Allgemeine Zeitschrift für Philosophie, Heft 34 (3), 2009, 415–440
Hartmann, M.; Liptow, J.; Willaschek, M. (Hrsg.) 2013: Die Gegenwart des Pragmatismus, Berlin
Haskins, C.; Seiple, D. I. (eds.) 1999: Dewey Reconfigured. Essays on Deweyan Pragmatism, Albany
Hetzel, A.; Kertscher, J.; Rölli, M. (Hrsg.) 2008: Pragmatismus – Philosophie der Zukunft?, Weilerswist
Hickman, L. A. 1990: John Dewey's Pragmatic Technology, Bloomington,Indianapolis (= The Indiana Series in the Philosophy of Technology)
Hickman, L. A. (ed.) 1998: Reading Dewey. Interpretations for a Postmodern Generation, Bloomington/Indianapolis
Hickman, L. A. 2007: Pragmatism as Post-postmodernism. Lessons from John Dewey, New York

Hildebrand, D. L. 2003: Beyond Realism and Antirealism: John Dewey and the Neopragmatists, Nashville
Hildebrand, D. L. 2008: Dewey: A Beginner's Guide, Oxford
Hook, S. 1995 [1939]: John Dewey. An Intellectual Portrait, with an introduction by Richard Rorty, Amherst, NY
Joas, H. 1992: Pragmatismus und Gesellschaftstheorie, Frankfurt a. M.
Joas, H. (Hrsg.) 2000: Philosophie der Demokratie. Beiträge zum Werk von John Dewey, Frankfurt a. M.
Kertscher, J. (Hrsg.) 2009: Journal Phänomenologie 32, Schwerpunkt: Phänomenologie und Pragmatismus, 4–70
Kitcher, P. S. 2012: Preludes to Pragmatism. Toward a Reconstruction of Philosophy, Oxford
Malachowski, A. (ed.) 2013: The Cambridge Companion to Pragmatism, Cambridge/New York
Mead, G. H. 1935: The Philosophy of John Dewey, in: International Journal of Ethics, Vol. 46, No. 1 (Oct. 1935), 64–81
Menand, L. 2001: The Metaphysical Club. A Story of Ideas in America, New York
Misak, C. 2007: New Pragmatists, Oxford
Putnam, H. 1992: Renewing Philosophy, Cambridge; insbesondere Kap. 9: A Reconsideration of Deweyan Democracy, 180–202
Putnam, H. 1994: Words and Life, Cambridge; insbesondere Teil III.: The Inheritance of Pragmatism, 151–244
Rölli, M. 2012: Pragmatismus – moderate und radikale Versionen, in: Philosophische Rundschau, Bd. 59, Heft 1, 2012, 26–49
Rorty, R. 1979: Philosophy and the Mirror of Nature, Princeton, NJ; dt.: Der Spiegel der Natur. Eine Kritik der Philosophie, übers. von M. Gebauer, Frankfurt a. M. 1981
Rorty, R. 1982: Consequences of Pragmatism: Essays, 1972–1980, Minneapolis; insbesondere Kap. 5: Dewey's Metaphysics, 72–89
Schilpp, P. A.; Hahn, L. E. (eds.) 1989: The Philosophy of John Dewey, 3rd ed., La Salle (= The Library of Living Philosophers)
Shook, J. R. 2000: Dewey's Empirical Theory of Knowledge and Reality, Nashville (= The Vanderbilt Library of American Philosophy)
Shook, J. R.; Kurtz, P. (eds.) 2011: Dewey's Enduring Impact: Essays on America's Philosopher, Amherst, NY
Shook, J. R.; Margolis, J. (eds.) 2006: A Companion to Pragmatism, Oxford
Sleeper, R. W. 2001: The Necessity of Pragmatism. John Dewey's Conception of Philosophy, Introduction by Tom Burke, Urbana/Chicago
Suhr, M. 2016: John Dewey zur Einführung, 3. korr. Aufl., Hamburg
Tiles, J. E. 1988: Dewey, London/New York
Tiles, J. E. (ed.) 1992: John Dewey: Critical Assessments, 4 vols., London/New York (= Routledge Critical Assessments of Leading Philosophers)

2.3 Biographien

Coughlan, N. 1975: Young John Dewey. An Essay in American Intellectual History, Chicago/London

Dalton, T. C. 2002: Becoming John Dewey. Dilemmas of a Philosopher and Naturalist, Bloomington/Indianapolis
Dykhuizen, G. 1973: The Life and Mind of John Dewey, Carbondale/Edwardsville
Martin, J. 2002: The Education of John Dewey. A Biography, New York
Rockefeller, S. C. 1991: John Dewey. Religious Faith and Democratic Humanism, New York
Ryan, A. 1995: John Dewey and the High Tide of American Liberalism, New York/London
Wang, J. C.-S. 2007: John Dewey in China, Albany, NY
Westbrook, R. B. 1991: John Dewey and American Democracy, Ithaca/London

2.4 Weiterführende Literatur

Reviews* und Artikel zu *Experience and Nature*

Blacker, D. 1994: „On the Alleged Neutrality of Technology: A Study in Dewey's Experience and Nature", in: The Journal of Speculative Philosophy 8, No. 4, 1994, 297–317
Carr, H. W. 1926: „Review", in: The Philosophical Review, Vol. 35, No. 1 (Jan. 1926), 64–68
Gilmore, R. 2002: „Dewey's Experience and Nature as a Treatise on the Sublime", in: The Journal of Speculative Philosophy, New Series, Vol. 16, No. 4 (2002), 273–285
Hall, E. W. 1928: „Some Meanings of Meaning in Dewey's Experience and Nature", in: The Journal of Philosophy, Vol. 25, No. 7 (Mar. 29, 1928) 169–181
Hook, S. 1977: „Reflections on the Metaphysics of John Dewey: Experience and Nature", in: Revue Internationale de Philosophie, 1 January 1977, Vol. 31, No. 121/122 (3/4), 313–328, wieder abgedruckt als „Introduction" zu *Experience and Nature* in: LW 1, vii-xxiii
Santayana, G. 1925: „Dewey's Naturalistic Metaphysics", in: The Journal of Philosophy 22, 673–688, wieder abgedruckt in: Schilpp, P. A.; Hahn, L. E. (eds.) 1989, 245–261
Sellars, R. W. 1926: „Experience and Nature", in: The Journal of Religion 6, 89–91
Wieman, H. N. 1925: „Religion in Dewey's 'Experience and Nature'", in: The Journal of Religion 5, 519–542

Naturalismus

Alexander, T. M. 2006: Dewey, Dualism, and Naturalism, in: Shook, J. R.; Margolis, J. (eds.), A Companion to Pragmatism, Oxford, 184–192
Brodsky, G. M. 1964: „Dewey on Experience and Nature", in: The Monist 48.3, 366–381
Godfrey-Smith, P. 2002: „Dewey on Naturalism, Realism and Science", in: Philosophy of Science, Vol. 69, No. S3 (September 2002), 25–35
Godfrey-Smith, P. 2016: „Dewey and the Question of Realism", in: Nous, Vol.50:1 (2016), 73–89

---

* Für eine umfassende bibliographische Angabe der frühen Reviews vgl. die entsprechenden Einträge in der von Barbara Levine herausgegebenen Bibliographie *Works about John Dewey*: RV-26 und RV-27 (S. 444 f., print ed.).

Jung, M. 2016: „Die Natur der Werte – eine pragmatistische Perspektive", in: Deutsche Zeitschrift für Philosophie, 1 June 2016, 64 (3), 410–423
Pearce, T. 2014: „The Dialectical Biologist, circa 1890: John Dewey and the Oxford Hegelians", in: Journal of the History of Philosophy, Vol. 52, No. 4 (2014), 747–778
Randall, J. H. 1958: Nature and Historical Experience: Essays in Naturalism and the Theory of History, New York
Rea, M. C. 2002: World Without Design. The Ontological Consequences of Naturalism, Oxford
Särkelä, A. 2015: „Der Einfluss des Darwinismus auf Dewey. Metaphysik als Hypothese", in: Deutsche Zeitschrift für Philosophie, 63 (6), 1099–1123
Welchman, J. 2008: „Dewey and McDowell on Naturalism, Values, and Second Nature", in: The Journal of Speculative Philosophy, New Series, Vol. 22, No. 1, 50–58

Philosophie des Geistes

Alexander, F. M. 1923: Constructive Conscious Control of the Individual, with an introduction by Professor John Dewey, New York
Alexander, F. M. 1932: The Use of the Self: Its Conscious Direction in Relation to Diagnosis, Functioning and the Control of Reaction, with an introduction by John Dewey, New York
Bernstein, R. J. 1961: „John Dewey's Metaphysics of Experience", in: The Journal of Philosophy 58:1, 5–14
Crick, N. 2003: „Composition as Experience: John Dewey on Creative Expression and the Origins of 'Mind'", in: College Composition and Communication, Vol. 55, No. 2 (Dec. 2003), 254–275
Crippen, J. 2007: „Dewey's Conception of Mind in Contemporary Debate", in: International Philosophical Quarterly, Volume 47, Issue 4, December 2007, 443–450
Eames, S. M. 1961: „The Cognitive and the Non-Cognitive in Dewey's Theory of Valuation", in: The Journal of Philosophy, Vol. 58, No. 7 (Mar. 30, 1961), 179–195
Godfrey-Smith, P. 1996: Complexity and the Function of Mind in Nature, Cambridge (= Cambridge Studies in Philosophy and Biology); insbesondere Kap. 4: „Dewey's version", 100–130
Goudge, T. A. 1973: „Pragmatism's Contribution to an Evolutionary View of Mind", in: The Monist (1973) 57(2), 133–150
Johnson, M. 2010: „Cognitive science and Dewey's theory of mind, thought, and language", in: M. Cochran (ed.), The Cambridge Companion to Dewey, Cambridge/New York, 123–144
Johnston, S. 2010: „Dewey's 'Naturalized Hegelianism' in Operation: Experimental Inquiry as Self-Consciousness", in: Transactions of the Charles S. Peirce Society, Vol. 46, No. 3 (Summer 2010), 453–476
Kennedy, G. 1961: „Comment on Professor Bernstein's Paper, 'John Dewey's Metaphysics of Experience'", in: The Journal of Philosophy, Vol. 58, No. 1 (Jan. 5 1961), 14–21
Madzia, R. 2013: „Chicago Pragmatism and the Extended Mind Theory: Mead and Dewey on the Nature of Cognition", in: European Journal of Pragmatism and American Philosophy 5 (2013), 193–211
Morris, C. W. 1971 [1932]: Six Theories of Mind, 6. impr., Chicago; insbesondere Teil VI.: „Mind as Function", 274–330

Pape, H. 2009: „Deweys Situation. Gescheitertes Handeln, gelingendes Erkennen und das gute Leben", in: M. Hampe (Hrsg.), Schwerpunktheft John Dewey, Allgemeine Zeitschrift für Philosophie, 34 (3), 331–352

Shook, J. R.; Good, J. A. 2010: John Dewey's Philosophy of Spirit, with the 1897 Lecture on Hegel, New York

Shusterman, R. 2008: Body Consciousness. A Philosophy of Mindfulness and Somaesthetics, Cambridge/New York; insbesondere Kap. 6: „Redeeming Somatic Reflection: John Dewey's Philosophy of Body-Mind", 180–216

Smith, B. D. 1985: „John Dewey's Theory of Consciousness", in: Educational Theory, Vol. 35, No. 3 (Summer 1985), 267–272

Smith, P. L. 1976: „The Development and Formulation of John Dewey's Theory of Mind", in: International Philosophical Quarterly, Volume 16, Issue 4, December 1976, 275–303

Sprache und Bedeutung

Black, M. 1962: „Dewey's Philosophy of Language", in: The Journal of Philosophy 59, 505–523

Dreon, R. 2014: „Dewey on Language: Elements for a Non-Dualistic Approach", in: European Journal of Pragmatism and American Philosophy [Online], VI-2, 2014, URL = http://ejpap.revues.org/309>, doi: 10.4000/ejpap.309

Eames, S. M. 1961: „Experience, Language, and Knowledge", in: Philosophy and Phenomenological Research, Vol. 22, No. 1 (Sep., 1961), 102–105

Jung, M. 2009: Der bewusste Ausdruck. Anthropologie der Artikulation, Berlin/New York (= Humanprojekt 4)

Kertscher, J. 2009: „Normativer Pragmatismus ohne Transzendentalphilosophie. John Dewey als Sprachphilosoph", in: M. Hampe (Hrsg.), Schwerpunktheft John Dewey, Allgemeine Zeitschrift für Philosophie, 34 (3), 353–373

Mesthene, E. G 1959: „The Role of Language in the Philosophy of John Dewey", in: Philosophy and Phenomenological Research, Vol. 19, No. 4 (Jun. 1959), 511–517

Midtgarden, T. 2008: „Dewey's Philosophy of Language", in: Revue Internationale de Philosophie, 2008, Vol. 245(3), 257–272

Moreno, J. D. 1983: „The Dewey-Morris Debate in Retrospect", in: Transactions of the Charles S. Peirce Society, Vol. 19, No. 1 (Winter, 1983), 1–12

Ästhetik und Kritik

Alexander, T. M. 1998: „The Art of Life: Dewey's Aesthetics", in: L. A. Hickman (ed.), Reading Dewey. Interpretations for a Postmodern Generation, Bloomington/Indianapolis, 1–22

Alexander, T. M. 2002: „The Aesthetics of Reality: The Development of Dewey's Ecological Theory of Experience", in: Dewey's Logical Theory. New Studies and Interpretations, ed. by F. T. Burke, D. M. Hester and R. B. Talisse, Nashville, 3–26.

Croce, B. 1948: „On the Aesthetics of Dewey", in: The Journal of Aesthetics and Art Criticism 6, 203–207

Croce, B. 1952: „Dewey's Aesthetics and Theory of Knowledge", in: The Journal of Aesthetics and Art Criticism 11, 1–6

Douglas, G. H. 1970: „A Reconsideration of the Dewey-Croce Exchange", in: The Journal of Aesthetics and Art Criticism 28, 497–504

Eldridge, R. 2010: „Dewey's Aesthetics", in: M. Cochran (ed.), The Cambridge Companion to Dewey, Cambridge/New York, 242–264

Hagberg, G. L. 2013: „Dewey's pragmatic aesthetics: the contours of experience", in: A. Malachowski (ed.), The Cambridge Companion to Pragmatism, Cambridge/New York, 272–299

Hetzel, A. 2009: „Subjektlose Erfahrungen. John Deweys holistische Ästhetik", in: M. Hampe (Hrsg.), Schwerpunktheft John Dewey, Allgemeine Zeitschrift für Philosophie, 34 (3), 375–393

Hickman, L. A.; Flamm, M. C.; Skowroński, K. P.; Rea, J. A. (eds.) 2011: The Continuing Relevance of John Dewey. Reflections on Aesthetics, Morality, Science, and Society, Amsterdam/New York

Jackson, P. W. 1998: John Dewey and the Lessons of Art, New Haven

Leddy, T. 2016: „Dewey's Aesthetics", in: The Stanford Encyclopedia of Philosophy (Winter 2016 Edition), ed. by E. N. Zalta, URL = https://plato.stanford.edu/archives/win2016/entries/dewey-aesthetics/ [15.03.2017]

Light, A.; Katz, E. (eds.) 1996: Environmental Pragmatism, London/New York

Mattern, M. 1999: „John Dewey and Public Life", in: The Journal of Politics, Vol. 61, No. 1 (1999)

McClelland, K. A. 2005: „John Dewey: Aesthetic Experience and Artful Conduct", in: Education and Culture 21 (2), 2005, 44–62

McDonald, H. P. 2003: John Dewey and Environmental Philosophy, Albany

Särkelä, A. 2017: „Immanent Critique as Self-Transformative Practice: Hegel, Dewey, and Contemporary Critical Theory", in: The Journal of Speculative Philosophy 31, 218–230

Shusterman, R. 1989: „Why Dewey Now?", in: The Journal of Aesthetic Education 23, 60–67

Shusterman, R. 2000: Pragmatist Aesthetics. Living Beauty, Rethinking Art, 2nd ed., Lanham/Boulder/New York/Oxford

Zeltner, P. M. 1975: John Dewey's Aesthetic Philosophy, Amsterdam

Hinweise zu den Autoren und Autorinnen

Peter Godfrey-Smith, Distinguished Professor of Philosophy am Graduate Center der City University of New York und Professor of History and Philosophy of Science an der University of Sidney, Australia. *Wichtigste Veröffentlichungen:* Complexity and the Function of Mind in Nature (1996); Other Minds: The Octopus, the Sea, and the Deep Origin of Consciousness (2016).

Michael Hampe, ordentlicher Professor für Philosophie an der ETH Zürich. *Wichtigste Veröffentlichungen:* Erkenntnis und Praxis. Zur Philosophie des Pragmatismus (2006); Die Lehren der Philosophie. Eine Kritik (2014). Herausgeber: Schwerpunkt John Dewey. Allgemeine Zeitschrift für Philosophie, 34 (3), 2009.

Martin Hartmann, Professor für Praktische Philosophie an der Universität Luzern. *Wichtigste Veröffentlichungen:* Die Kreativität der Gewohnheit. Grundzüge einer pragmatistischen Demokratietheorie (2003); Die Praxis des Vertrauens (2011). Aufsätze: Gibt es eine pragmatistische Ethik?, in: Deutsche Zeitschrift für Philosophie, 64 (3), 2016; Vertiefung der Erfahrung. John Dewey in der deutschsprachigen Rezeption, in: Allgemeine Zeitschrift für Philosophie, 34 (3), 2009. Zahlreiche Aufsätze zur politischen Philosophie, Sozialphilosophie und Philosophie der Emotionen.

Andreas Hetzel, Professor für Philosophie an der Stiftung Universität Hildesheim. *Wichtigste Veröffentlichungen:* Zwischen Poiesis und Praxis. Elemente einer kritischen Theorie der Kultur (2001); Die Wirksamkeit der Rede. Zur Aktualität der Sprachphilosophie für die klassische Rhetorik (2011). Mitherausgeber der Allgemeinen Zeitschrift für Philosophie sowie der Buchreihe Zeitgenössische Diskurse des Politischen. Zahlreiche Aufsätze zur Sozialphilosophie, politischen Philosophie und Ethik.

Jens Kertscher, wissenschaftlicher Mitarbeiter am Institut für Philosophie der TU Darmstadt. *Wichtigste Veröffentlichungen:* Als Mitherausgeber: Praxis und ‚zweite Natur' (im Ersch. 2017); Lebensform und Praxisform (2015); Pragmatismus – Philosophie der Zukunft? (2008). Sowie zahlreiche Aufsätze zum Pragmatismus, insbesondere zu Dewey.

Jasper Liptow, Privatdozent und wissenschaftlicher Mitarbeiter an der Goethe-Universität Frankfurt am Main. *Wichtigste Veröffentlichungen:* Regel und Interpretation. Zur sozialen Struktur sprachlicher Praxis (2004). Mitherausgeber: Die Gegenwart des Pragmatismus (2013). Zahlreiche Artikel zur Philosophie der Sprache und des Geistes.

Maria-Sibylla Lotter, Professorin für Philosophie mit besonderer Berücksichtigung der Ethik, und Ästhetik am Philosophischen Institut I der Ruhr-Universität Bochum. *Wichtigste Veröffentlichungen:* Scham, Schuld, Verantwortung. Über die kulturellen Grundlagen der Moral (2012); Die Metaphysische Kritik des Subjekts. Eine Untersuchung von Whiteheads universalisierter Sozialontologie, in der Reihe Studien und Materialien zur Geschichte der Philosophie (Dissertation), hg. v. Gerhard Funke und Rudolf Malter (1996). Zahlreiche Artikel zu Fragen der praktischen Philosophie und zum Verhältnis von Ethik und Ästhetik.

Helmut Pape, ist apl. Professor für Philosophie an der Universität Bamberg und betreibt den Weinversand Vinosophia. *Wichtigste Veröffentlichung:* Die Unsichtbarkeit der Welt. Eine visuelle Kritik neuzeitlicher Ontologie (1997). Neben 30 Buchveröffentlichungen, darunter vier Monographien und sechs Bände mit Übersetzungen der Schriften von C. S. Peirce, hat er 200 Aufsätze und andere kleinere Arbeiten über Sprachphilosophie, Semiotik, Pragmatismus, Erkenntnistheorie, Philosophie des Geistes und Naturphilosophie und Ethik veröffentlicht.

Marc Rölli, Professor für Philosophie an der Hochschule für Grafik und Buchkunst (HGB) in Leipzig. *Veröffentlichungen:* Kritik der anthropologischen Vernunft (2012). Herausgeber: Fines Hominis? Zur Geschichte der philosophischen Anthropologiekritik (2015). Mitherausgeber: Pragmatismus – Philosophie der Zukunft? (2008); Macht. Begriff und Wirkung in der politischen Philosophie der Gegenwart (2008); Raumprobleme. Philosophische Perspektiven (2011); Zahlreiche Aufsätze zur Philosophie des Pragmatismus und insbesondere zu John Dewey.

Arvi Särkelä ist Oberassistent am Philosophischen Seminar der Universität Luzern. *Wichtigste Veröffentlichungen:* Ein Drama in drei Akten. Der Kampf um öffentliche Anerkennung nach Dewey und Hegel, in: Deutsche Zeitschrift für Philosophie, 61 (5/6), 2013; Immanent Critique as Self-Transformative Practice: Hegel, Dewey, and Contemporary Critical Theory, in: Journal of Speculative Philosophy, 31 (2), 2017; Degeneration of Associated Life: Dewey's Naturalism about Social Criticism, in: Transactions of the Charles S. Peirce Society, 53 (1), 2017.

Jörg Volbers, Vertretungsprofessor und Privatdozent an der FU Berlin. *Wichtige Veröffentlichungen:* Autonomie durch Erfahrung (2018); Performative Kultur (2014). Mitherausgeber: Praxis denken (2015 zus. mit Th. Alkemeyer und V. Schürmann); Zeigen (2011 zus. mit W.-M. Stock und R. Schmidt). Zahlreiche Aufsätze zu Praxistheorie, Pragmatismus, Cavell und Wittgenstein.

Katrin Wille, Wissenschaftliche Mitarbeiterin an der Universität Hildesheim und Privatdozentin an der Universität Jena. *Wichtigste Veröffentlichungen:* Ethik der Veränderung. Überlegungen im Ausgang von John Dewey, in: Deutsche Zeitschrift für Philosophie 64 (3), 2016; Die Praxis des Unterscheidens (im Ersch.). Aufsätze zu Hegels spekulativem Unterscheidungsgebrauch und Kants praktischer Philosophie.

Personenregister

Adorno, T. W.   7, 27, 43 f., 46, 145
Alexander, F. M.   13, 137–139
Alexander, T. M.   144
Alizadeh, S.   156
Alkemeyer, T.   100
Apel, K.-O.   2, 14, 66, 170
Aristoteles   28, 34, 38, 45, 73, 110, 117 f., 121, 123, 161 f.
Aydede, M.   130

Bacon, R.   18, 78, 148
Bain, A.   175
Beeley, P.   118
Bentley, A. F.   41
Bergson, H.   38, 71, 114, 118
Bernstein, R. J.   51 f., 97, 132
Bertram, G. W.   108
Black, M.   88, 92
Boas, F.   57
Brandom, R.   88, 183
Butler, J.   97
Button, T.   185

Cannon, W.   178
Carey, S.   94
Carnap, R.   1
Carruthers, P.   180
Chalmers, D. J.   127, 180
Clark, A.   180
Clayton, N. S.   181
Coen, E.   14, 155
Coen, J.   14, 155
Colapietro, V. M.   97

Darwin, C.   45, 67
Davidson, D.   95
Deen, P.   3, 30
Deleuze, G.   23
Dennett, D. C.   180
Derrida, J.   97
Descartes, R.   8, 65, 99, 118, 162
Descola, P.   122
Devitt, M.   176

Dingler, H.   75
Dreyfuß, H.   22

Einstein, A.   45, 115
Emery, N. C.   181
Eminem   156
Engel, P.   76
Engels, E.-M.   27

Feyerabend, P. K.   7, 9, 26 f.
Fisher, J.   145
Foucault, P.-M.   18, 97 f., 100
Fraassen, B. C. van   78
Francis, R.   185
Frank, P.   1
Frege, F. L. G.   95
Freud, S.   23, 97

Gabriel, M.   22
Gale, R. M.   67
Galilei, G.   123, 125
Gallistel, R.   181
Geuss, R.   18
Gimmler, A.   124
Gödel, K.   1
Godfrey-Smith, P.   1, 175
Goethe, J. W. v.   5, 23, 167
Goldenweiser, A.   57
Good, J. A.   109
Gorgias   163
Goudge, T.   134
Grice, H. P.   85
Gross, N.   6

Habermas, J.   2, 14, 33 f., 170
Hall, E. W.   91
Hampe, M.   8, 18, 33, 35, 46, 54, 71, 75, 78
Hartmann, M.   9 f., 42, 44, 77 f., 146
Hartmann, N.   160
Hartshorne, C.   6
Hegel, G. W. F.   3, 7–9, 38, 45, 72 f., 97 f., 100, 102 f., 108 f., 117, 170, 175
Heidegger, M.   2, 18, 41, 46, 97, 103, 130, 145, 147, 149 f.

Heine, C. J. H.   23
Hempel, C. G.   1
Hetzel, A.   14, 50, 163
Hildebrand, D. L.   67, 74
Hitler, A.   1
Hobbes, T.   97
Holmes, O. W.   171
Honneth, A.   14, 170
Horkheimer, M.   7, 27, 33
Hume, D.   4, 65, 179
Husserl, E.   13, 29, 71, 78, 125

Jackson, P. W.   150
Jaeggi, R.   14, 17, 170
James, W.   1, 50, 76, 151, 171, 175, 179, 185
Jespersen, O.   57f.
Joyce, J.   151
Jung, M.   50, 102

Kant, I.   4, 8, 26, 38, 53, 65, 75, 97, 103, 144, 149, 165, 169
Kaplan, A.   143
Katz, E.   163
Kennedy, G.   52
Kertscher, J.   11, 19, 25, 52, 65, 125
King, A.   181
Kitcher, P. S.   183
Kuhn, T. S.   26
Künne, W.   77
Kutschera, F. v.   68

Ladyman, J.   183
Latour, B.   37
Lavoisier, A. L. de   102
Lawick-Godall, J. van   94
Leibniz, G. W.   114, 118, 121
Levi, I.   39f., 67, 74
Light, A.   163
Liptow, J.   11, 52
Locke, J.   53, 65, 123
Lotter, M.-S.   13f., 24, 51, 53, 57, 63
Lotze, H.   160
Lovejoy, A. O.   3, 122

Macarthur, D.   183
Marx, K.   8, 23, 40, 178
Mattern, M.   155

Maxwell, J. C.   115
Mayr, E.   53f.
McClelland, K. A.   143
McDonald, H. P.   163
McDowell, J.   162, 168, 176
Mead, G. H.   2, 92
Meinong, A.   160
Menke, C.   104
Merker, B.   125
Merleau-Ponty, M.   130
Miller, A.   176
Mises, R. v.   1
Morgan, C. L.   121
Müller, M.   90

Nagel, T.   53, 127
Nagl, L.   102
Newton, I.   18, 45, 115
Nietzsche, F. W.   22–24, 40, 97, 107, 117, 145, 163, 170
Noë, A.   131
Norton, B. G.   163
Novalis   14, 166

Pape, H.   13, 52, 124, 127, 134
Parmenides   7, 163
Peirce, C. S.   2, 6, 50, 66, 76, 85, 102, 105, 107, 134, 173, 175
Platon   6–8, 22, 68, 117, 169f.
Price, H.   183
Proust, M.   151
Putnam, H.   1f., 35, 39

Quine, W. V. O.   1f., 5, 183, 185

Randall, J. H.   35, 56
Robbins, P.   130
Rölli, M.   12f., 51, 71, 104, 117, 122, 124
Rorty, R.   2, 4, 6f., 19f., 35, 183f.
Russell, B.   74, 76

Santayana, G.   1, 3, 53
Sapir, E.   57
Särkelä, A.   7, 9f., 40f., 45, 67, 170
Sartre, J.-P.   103
Scheler, M.   160
Schelling, F. W. J.   5

Schiller, F.   157
Schlaudt, O.   76
Schlegel, K. W. F. v.   167
Sedgwick, S. S.   97
Sellars, R. W.   1, 3
Sellars, W.   1, 88
Sherrington, C. S.   120
Shook, J. R.   109
Shusterman, R.   136 f., 139, 144
Simmel, G.   163
Sokrates   68
Spelke, E.   180
Spinoza, B. de   4–6, 9, 23, 97
Stahl, T.   170
Suhr, M.   36, 128
Sutton, J.   181

Taylor, C.   22, 102
Tarantino, Q.   29

Testa, I.   41
Tetens, H.   66

Urban, W. M.   160

Volbers, J.   12, 50
Vygotsky, L.   180

Weiss, P.   6
Welchman, J.   162
Whitehead, A. N.   6, 21, 147, 150
Whitney, W. D.   90
Wille, K.   10, 18, 24 f.
Wirth, U.   107
Wittgenstein, L. J. J.   2, 29, 82, 130, 183
Worrall, J.   183

Yovel, Y.   23

Sachregister

Abduktion 107
Abschluss (der Erfahrung) 10 f., 49 f., 60, 68, 73 f., 77
Alexander-Technik 52, 137–139
Alltagserfahrung 10, 20, 25, 43, 54 f., 62 f., 153, 155
Anomalie 134
Anthropologie 57 f.
Arbeit 8, 24 f., 56, 58 f. 62, 69 f., 82, 144, 153, 166
Ästhetische Erfahrung 14, 25, 62, 144 f., 148–152, 154, 172

Bedeutsamkeit 10, 14, 19, 50, 56 f., 62, 87
Bedeutung 6, 9, 11, 13, 19, 50, 52, 57, 75, 77, 81–91, 93–96, 100–102, 106, 115, 120, 123, 127–141, 143, 147, 149 f., 155, 157, 168, 172
Bedeutungsbewusstsein 52, 127–129, 131 f., 140 f.

Demokratie 170
Denken, – als experimentelle Praxis 1, 3 f., 6 f., 9 f., 12, 19, 21, 23, 29 f., 43 f., 50 f., 53, 56, 59, 62 f., 68, 70, 74 f., 78, 81, 83, 94, 96 f., 99 f., 102–110, 116–118, 121 f., 130, 132, 136 f., 141, 143–145, 160 f., 164
Dialektik 7, 43, 73, 109, 123
Drama/Dramatik 49 f., 54, 56 f., 61 f., 153, 156
Dualismus 3 f., 38, 51, 60, 68, 114, 116, 118, 121, 123 f., 147, 159–161

Empirismus/empiristisch 1, 5, 9, 18, 78, 87, 121, 140, 149, 175, 185
Enaktivismus 131
Environmental Pragmatism 163
Erfüllung (consummation) 10, 49 f., 55, 57, 61, 70, 132, 139, 164
Erkenntnis 6 f., 10–12, 18 f., 22, 24–27, 33 f., 42, 54, 61 f., 65–68, 70, 74 f., 83, 87, 105, 121, 124, 131, 134, 140, 145, 148 f., 152, 172

Erkenntnistheorie 2, 4 f., 8 f., 19 f., 25–27, 29, 54, 65, 68 f., 74 f., 114, 121, 134, 147
Evolution 53, 134, 178
Ewigkeit 6, 10, 29
Existenz 4, 20, 27, 36 f., 50, 52, 75, 77, 90, 95, 100, 102 f., 116 f., 124, 128, 131, 163 f.
Experiment 14 f., 29, 77, 104–106, 151, 173

Fallibilismus 39 f., 66
Final/Finalität 11, 40, 49–54, 56, 59–61, 68, 70, 76, 82, 132
Forschung 43, 57, 65 f., 68, 74, 76 f., 114, 124, 134, 148, 168, 173
Forschungsprozess 11, 51, 66, 68, 75, 77, 134
Frankfurter Schule 33, 147

Geist 3–5, 8 f., 12, 17 f., 27, 51, 67, 75, 83 f., 94, 101, 104, 113, 115–122, 124 f., 128 f., 131–134, 143, 154, 162, 193
Genuss 24 f., 59, 69, 71, 152, 154, 164
Geschichten 10, 49 f., 53, 55 f., 61, 156
Geschmack 123, 165 f.
Gesellschaftskritik 10, 170
Gewissen 165 f.
Gewohnheit 13, 41, 55 f., 101, 106, 109, 115, 122, 135–140, 167

Humanismus/humanistisch 10, 17 f., 45 f., 81, 128

Ideal 24, 34 f., 40, 42, 59, 61, 66, 125, 138–140, 162, 166 f., 171
Idealismus 11, 20, 43, 75 f., 177 f.
Imagination 55–57
Individualität, – als Motor von Veränderung 98–100, 102–104
Instrumentalismus 11, 65–67, 72, 76, 116
Intensität 22 f., 120

Kontingenz 34, 40, 42, 45 f., 72, 93, 105, 134, 163, 170
Kontinuum 52, 72–74, 113 f., 118, 125

Körper 3, 13, 51f., 104f., 113, 117–119, 130f., 133, 135–139, 141, 143, 152
Körperbewusstsein 135–138
Körperempfindung 135–137
Körpergefühl 136–139
Korrigibilismus 40
Kritik 2, 4–14, 17, 19–22, 30, 33–35, 38, 41, 50–52, 59, 67f., 76, 78, 82, 84, 97f., 100, 103f., 114, 116, 121, 123, 125, 136, 144–149, 153, 155f., 159f., 163–173, 194
Kunst 4, 13f., 35, 50f., 54, 57, 59, 62, 70, 77, 143–157, 159, 166, 172

Leben/Lebenserfahrung 6f., 9, 14f., 17–20, 22–28, 30, 35, 41, 55, 62, 71, 83, 113, 115, 117, 121f., 132, 135, 143–148, 151f., 155, 157, 162, 165, 168, 172f.
Literatur 14, 151, 159, 172f., 175

Materialismus 5, 75f., 178
Mathematisierung 71, 125
Mensch 3–5, 9f., 13, 17–21, 23–25, 27, 30, 35f., 39, 55f., 62, 69, 89, 98f., 103, 106f., 116f., 127f., 130, 132–134, 136f., 139–142, 146f., 152, 154, 161f., 166, 169–171
Metaphysik 4, 9f., 21–24, 29, 33–36, 38–41, 44–47, 53, 63, 78, 117f., 121, 146f., 150, 169
Metaphysikkritik 35f., 40, 147, 169
Methode 9, 17–19, 29, 54, 68–71, 116, 119, 123, 137, 148, 152, 159, 170
Mittel 5, 8, 11, 36, 58f., 65–74, 76, 93, 101, 105–108, 114, 123, 125, 139, 153f., 161, 164, 171f.
Moderne, – als Individualisierung 3, 13, 17, 27, 36, 43, 45, 57, 59f., 62, 69–72, 74, 84, 98–100, 106, 109f., 115, 118f., 123, 125, 136, 143f., 147, 149, 154, 160, 163, 169
Moral 35, 40, 145, 165, 173, 175, 183

Naturalismus/naturalistisch 3–6, 10–13, 17, 34–36, 43–46, 66f., 81f., 84, 90, 94, 104, 122f., 128–134, 137, 141f., 154, 160, 162, 175, 178, 185
Natur, – als Prozess 4f., 10, 14, 18, 35f., 49, 53, 63, 74, 76, 100–102, 148, 172, 179
Naturwissenschaft 4f., 18, 20, 43, 45, 60, 62, 69, 98, 116, 124, 147f., 151, 160, 162
Objekte, primäre-, sekundäre 8, 13, 21, 24f., 29f., 44, 52, 54, 70f., 74f., 83f., 86, 94f., 101, 106, 120, 124, 131, 133, 141, 154

Praxis 2, 10, 33, 39, 41–43, 45f., 49, 58, 63, 66, 74f., 96, 98–100, 102, 105–107, 109f., 123, 125, 143–146, 148, 159, 162f., 165, 167
Primärerfahrung 33, 43, 46, 101
Prozess 4, 10f., 13f., 21f., 26, 36f., 44f., 47, 49, 53, 57, 61, 65–77, 99, 101, 103, 109, 114f., 119, 121f., 125, 127–132, 134, 137, 142, 149f., 152–154, 171

Qualität 10, 12f., 17, 49–57, 59–63, 71, 85, 87, 101, 113–116, 119–125, 127f., 132–135, 137, 145f., 148, 150, 154f., 162

Rationalismus 139
Reales 76f.
Realismus 11, 22, 52, 75f., 128, 161, 176, 178, 183
Reduktion 18, 46, 53f., 59f., 62, 125
Reflexivität, – beim Organismus und beim Subjekt 12, 99, 103–105, 107
Relationen, – der Erfahrung 13, 50, 68, 71f., 74, 76f., 101, 113, 115–117, 123, 153
Rhythmus 10, 45, 50

Selbst, – als Werkzeug der Werkzeuge 12, 21, 27, 97–100, 103f., 107–110, 136, 152
Selbstkontrolle 13, 137–139
Selbstkorrektur 140
Situation 10, 13, 19, 39f., 44, 49–52, 55f., 62, 74, 81, 88, 90–92, 94f., 105, 107, 114–116, 119, 121f., 124, 134, 151f., 165f., 176f.

Sachregister

Sozialphilosophie 8, 41, 43, 63
Struktur 10–12, 35, 41f., 44f., 47, 49, 53f., 70, 75, 82, 91f., 97, 100, 106–110, 146, 152, 162
Subjektivierung, – der Erfahrung, – durch Festlegung 53, 97, 100, 106, 108, 110

Technik 13, 26, 65, 67, 69f., 72, 77f., 116, 139, 148, 150f., 154
Teilhabe 51, 56, 62, 90
Teleologie 10, 49, 53, 63, 161–163

Unbestimmtheit 51, 53, 105, 134, 161, 163
Unmittelbarkeit 87, 132, 134, 138
Ununterscheidbarkeit 133, 135

Vagheit 51
Verkörperung 130, 160
Vermengung 54, 59f.
Vorurteil 24, 43, 77

Wachstum 26
Wahrheit 27, 39, 72, 76f., 109f., 114, 148, 167f., 173

Welt 3f., 10–12, 14, 20–22, 25, 27f., 34–37, 41, 47, 56, 71, 83f., 86–88, 91, 95, 97, 101, 103, 105, 107, 109f., 128, 132f., 140f., 144, 147, 149f., 156f., 161f., 166, 168, 172
Werkzeug 44, 58, 65, 69f., 83f., 93f., 107, 109, 136, 156
Wert 14, 30, 34, 40, 59, 65, 84, 114, 121, 133, 135, 139, 148, 151, 153, 159–168, 171, 173
Wertphilosophie 14, 159f., 163f.
Wissen 5–10, 17, 19, 24–29, 36, 39, 42f., 52, 58–61, 65–69, 72, 74, 101, 124, 127f., 133, 140, 149, 152, 167f., 172

Ziel 13, 17, 27f., 30, 34, 36, 41f., 60f., 65, 68, 70, 72f., 77, 96, 98, 132, 139, 156, 161f., 168, 172
Zuschauertheorie 66, 70
Zweck 8, 28, 36, 53, 59–61, 63, 68, 71–74, 87, 91, 105f., 118, 132, 147f., 151–154, 161, 169

www.ingramcontent.com/pod-product-compliance
Lightning Source LLC
Chambersburg PA
CBHW071819230426
43670CB00013B/2501